O vento comum

Universidade Estadual de Campinas

Reitor
Antonio José de Almeida Meirelles

Coordenadora Geral da Universidade
Maria Luiza Moretti

Conselho Editorial

Presidente
Edwiges Maria Morato

Carlos Raul Etulain – Cicero Romão Resende de Araujo
Dirce Djanira Pacheco e Zan – Frederico Augusto Garcia Fernandes
Iara Beleli – Marco Aurélio Cremasco – Pedro Cunha de Holanda
Sávio Machado Cavalcante – Verónica Andrea González-López

Julius S. Scott

O vento comum
Correntes afro-americanas na Era da Revolução Haitiana

Prólogo
Marcus Rediker

Tradução
Elizabeth de A. S. Martins

SISTEMA DE BIBLIOTECAS DA UNICAMP
DIVISÃO DE TRATAMENTO DA INFORMAÇÃO
BIBLIOTECÁRIA: MARIA LÚCIA NERY DUTRA DE CASTRO – CRB-8ª / 1724

Sco84v   Scott, Julius S.
        O vento comum : correntes afro-americanas na era da Revolução Haitiana /
Julius S. Scott ; tradutora: Elizabeth de A. S. Martins. – Campinas, SP : Editora
da Unicamp, 2024.

        Título original: *The Common Wind. Afro-American Currents in the Age of the
Haitian Revolution.*

        1. Haiti – História – Revolução. 2. Haiti – Política e governo. 3. Haiti –
História social. I. Martins, Elizabeth de A. S. II. Título.

CDD – 972.9403
– 320.97294
– 305.80097294

ISBN 978-85-268-1677-0

Copyright © by Julius S. Scott
Copyright da tradução © by Elizabeth de A. S. Martins
Copyright © 2024 by Editora da Unicamp

Título original:
The Common Wind.
Afro-American Currents in the Age of the Haitian Revolution.
First published by Verso, 2018.

As opiniões, hipóteses, conclusões e recomendações expressas
neste livro são de responsabilidade do autor e não
necessariamente refletem a visão da Editora da Unicamp.

Direitos reservados e protegidos pela lei 9.610 de 19.2.1998.
É proibida a reprodução total ou parcial sem autorização,
por escrito, dos detentores dos direitos.

Foi feito o depósito legal.

Direitos reservados a

Editora da Unicamp
Rua Sérgio Buarque de Holanda, 421 – 3º andar
Campus Unicamp
CEP 13083-859 – Campinas – SP – Brasil
Tel.: (19) 3521-7718 / 7728
www.editoraunicamp.com.br – vendas@editora.unicamp.br

Aos meus pais e à memória dos meus avós

Sumário

Prólogo, por Marcus Rediker 9

Prefácio 15

Agradecimentos 19

Abreviaturas 21

Mapa 23

1 – "A Caixa de Pandora": o Caribe sem senhores de escravos no final do
século XVIII 25

2 – "Negros em navios estrangeiros": marinheiros, escravos
e comunicação 59

3 – "A incerteza é de mil formas perigosa": notícias, rumores
e política às vésperas da Revolução Haitiana 95

4 – "As Ideias de Liberdade mergulharam tão profundamente":
comunicação e revolução, 1789-1793 135

5 – "Conheçam seus verdadeiros interesses": Saint-Domingue
e as Américas, 1793-1800 175

Epílogo 215

Bibliografia 225

Índice remissivo 247

Prólogo

Marcus Rediker

Toussaint: dos homens o mais infeliz!
Ora um semeador arranha seus ouvidos
Ao arar; agora sua cabeça jaz
No fundo de uma masmorra inaudível.
Oh miserável chefe, onde e quando
Terá descanso? Mas não morra! Carregue
Com suas correntes uma face alegre.
Se, caído, não mais se levantar,
Viva e se console! Você deixará
Forças em seu lugar: terra, céu e ar.
Sequer um arfar do vento comum
o esquecerá! Grandes são seus aliados:
as agonias, os entusiasmos,
o amor e a humana mente inconquistável.

O título deste livro vem de um soneto que William Wordsworth escreveu em 1802: "To Toussaint L'Ouverture", o grande líder da Revolução Haitiana, que logo morreria de pneumonia como prisioneiro de Napoleão no Fort de Joux, no leste da França.

Julius S. Scott nos mostra o poder humano coletivo por trás das palavras de Wordsworth. Ele se concentra na "respiração do vento comum", questionando quem inalou a história de Toussaint e da revolução e quem a sussurrou novamente como histórias subversivas que circularam com velocidade e força pelo Atlântico. Scott dá substância à bela abstração de Wordsworth ao mostrar "mentes invencíveis" em ação – uma tripulação heterogênea de marinheiros, escravos fugitivos, pessoas de cor livres, quilombolas, soldados desertores, mulheres do mercado, condenados fugitivos e contrabandistas. Essas pessoas, em movimento, tornaram-se os vetores pelos quais as notícias e experiências circularam por dentro, em torno e por meio da Revolução Haitiana. Scott nos oferece uma história social e intelectual extraordinária da revolução vista de baixo.

Não seria exatamente correto chamar *O vento comum* de um "clássico subterrâneo". Seu *status* de clássico é indiscutível, mas a metáfora seria equivocada: o livro trata do que aconteceu não no subterrâneo, mas sim abaixo do convés, no mar e nas docas, em navios e canoas e nas águas agitadas das cidades portuárias durante a era da Revolução Haitiana. No entanto, seria correto dizer que o livro e sua reputação são paralelos ao mundo dos marinheiros e de outros trabalhadores itinerantes que são seu tema central: ambos viveram uma existência de fugitivos – difíceis de encontrar e conhecidos em grande parte por meio de histórias contadas boca a boca. Durante décadas, os historiadores têm falado nas suas conferências em tom baixo, admirado e conspiratório sobre o trabalho de Scott – "você já ouviu falar...?". Desde seu início como uma tese de doutorado em 1986, passando por suas incontáveis citações por acadêmicos de diversas áreas até o presente, *O vento comum* ocupou por muito tempo um lugar incomum no mundo acadêmico.

Lembro-me perfeitamente do momento em que ouvi falar dele pela primeira vez. O amigo e mentor de Julius S. Scott na Duke University, Peter Wood, tinha ido em 1985 à Georgetown University, onde eu lecionava na época, para dar uma palestra. Depois, enquanto atravessávamos a "Praça Vermelha" e discutíamos questões que surgiram sobre sua palestra, Wood mencionou que tinha um aluno de doutorado que estava estudando o movimento marítimo das ideias e notícias da Revolução Haitiana durante e após a década de 1790, a década em que o Atlântico estava em chamas, de Porto Príncipe a Belfast, Paris e Londres.

Minhas primeiras palavras para Wood foram: "Como alguém pode estudar *isso*?". Lembre-se de que eu havia concluído recentemente uma dissertação sobre marinheiros atlânticos do século XVIII; portanto, se alguém poderia saber como Scott fez isso, esse alguém poderia ser eu. Mesmo assim, fiquei impressionado com a descrição do projeto feita por Wood e mais do que curioso para saber mais. Wood nos colocou em contato, Scott e eu começamos a nos corresponder e, mais ou menos um ano depois, após sua apresentação e defesa, li *O vento comum*. Na época, eu estava convencido, e estou convencido agora, de que esse é um dos estudos históricos mais criativos que já li.

Scott aborda uma questão que há muito incomodava os senhores de escravos ao redor do Atlântico – o que um deles, em 1791, chamou de "modo desconhecido de transmitir inteligência entre os negros". Inteligência é exatamente a palavra certa, pois o conhecimento que circulava no "vento comum" era estratégico em suas aplicações, ligando as notícias do abolicionismo inglês, do reformismo espanhol e do revolucionarismo francês às lutas locais no Caribe. Pessoas itinerantes usavam as redes de comércio e sua própria mobilidade autônoma para formar redes subversivas, das quais as classes dominantes da época estavam bem cientes, mesmo que os historiadores posteriores, até Scott, não estivessem.

Scott, portanto, cria uma nova maneira de ver um dos maiores temas da história, o que Eric Hobsbawm chamou de "a era das revoluções". Ele altera a nossa percepção em dois sentidos: vemos a época flamejante de baixo para cima e do lado do mar. Ao enfatizar os homens e as mulheres que conectaram por mar Paris, Sevilha e Londres a Porto Príncipe, Santiago de Cuba e Kingston, e que depois, em pequenas embarcações, conectaram portos, *plantations*, ilhas e colônias entre si, Scott cria uma geografia transnacional de luta nova e altamente imaginativa. Momentos de resistência de baixo para cima em várias partes do mundo, até então desconectadas, agora aparecem como partes constituintes de um amplo movimento humano. As forças – e os criadores – da revolução são esclarecidos como nunca antes.

O livro é povoado por figuras há muito esquecidas, que, no passado, inspiraram suas próprias histórias. Um fugitivo do Cap Français se autodenominava "Sans-Peur" ("Sem Medo"), um nome com uma mensagem, tanto para seus companheiros inimigos da escravidão quanto para qualquer um que tentasse caçá-lo. As quitandeiras africanas sem nome em Saint-Domingue chamavam umas às outras de "marinheira", expressando por meio de seus cumprimentos uma forma de solidariedade que remonta aos bucaneiros do século XVII. John Anderson, conhecido como "Old Blue", era um marinheiro jamaicano que escapou de seu dono com uma enorme coleira de ferro em volta do pescoço. Ele evitou ser capturado ao longo da orla por 14 anos, período em que sua reputação era "tão longa e distinta quanto sua barba grisalha" (p. 89). A riqueza da narrativa do livro é extraordinária.

Um dos pontos principais do trabalho de Scott é a cidade portuária, onde povos itinerantes de todo o mundo se reuniam para trabalhar. Inseridos em relações de trabalho cooperativo pelo capital transnacional para transportar as mercadorias, esses trabalhadores transformavam sua cooperação em projetos próprios. Scott mostra como o modo capitalista de produção de fato funcionou nas cidades portuárias, não apenas gerando muita riqueza por meio do comércio, mas também produzindo movimentos de oposição de baixo para cima. Como o miserável Lord Balcarreses, governador da Jamaica, explicou em 1800, "pessoas turbulentas de todas as Nações" compunham a classe baixa de Kingston. Caracterizadas por "um espírito de nivelamento geral", elas estavam preparadas para a insurreição – prontas para incendiar a cidade e deixá-la em cinzas (p. 40). Scott mostra como a orla marítima se tornou um "caldeirão de insurreições" (p. 128) e como "ciclos de agitação" transnacionais eclodiram em muitas cidades portuárias durante as décadas de 1730, 1760 e 1790. O último deles explodiu em uma revolução que alcançou todo o Atlântico.

Scott estava fazendo história transnacional e atlântica muito antes de essa abordagem e esse campo terem se tornado novas tendências na escrita histórica. Dizer que ele estava à frente de seu tempo seria uma afirmação insuficiente. Muitas das frases que ele escreveu há mais de 30 anos parecem ter sido escritas ontem. "Atravessando fronteiras linguísticas, geográficas e imperiais, a tempestade criada [...] por pessoas itinerantes [...] em sociedades escravocratas viria a ser um grande ponto de virada na história das Américas" (p. 18). Essas conclusões baseiam-se em uma extensa pesquisa de arquivos realizada na Espanha, na Grã-Bretanha, na Jamaica e nos Estados Unidos e em fontes primárias publicadas em e sobre Cuba, Saint-Domingue e outras partes do Caribe. Elas contam uma história nova e surpreendente nos orgulhosos anais da "história vista de baixo".

Scott utilizou de forma criativa um rico conjunto de conhecimento radical para conceituar o livro. Da obra de Christopher Hill, *O mundo de ponta--cabeça: ideias radicais durante a Revolução Inglesa de 1640* (1987), Scott utiliza a noção de "sem senhor" (*masterless*), originalmente usada para descrever os homens e mulheres do século XVII que andavam soltos e eram muitas vezes expropriados, para criar algo totalmente novo, "o Caribe sem senhores", os homens e mulheres que ocupavam e se movimentavam entre os espaços altamente "dominados" do sistema de *plantations* escravagistas. Inspirado pelo livro de C. L. R. James intitulado *Mariners, renegades, and castaways: the story of Herman Melville and the world we live in* (1953), Scott considera os sujeitos heterogêneos e nômades que conectaram o mundo no início da era moderna e que mais tarde ganharam vida nos romances marítimos de Melville. Scott também se baseia no trabalho de Georges Lefebvre, o grande historiador da Revolução Francesa que cunhou a expressão "história vista de baixo" na década de 1930 e que mostrou, em sua obra clássica *O grande medo de 1789: os camponeses e a Revolução Francesa* (1932), como os boatos provocaram uma grande agitação social e política. Rumores de emancipação, espalhados por tripulações heterogêneas sem senhores, tornaram-se uma força material em todo o Caribe e no Atlântico durante a década de 1790.

O vento comum é uma daquelas obras raras que transmitem não apenas novas evidências e novos argumentos, embora haja uma abundância de ambos, mas uma visão totalmente nova de um período histórico, neste caso, a era das revoluções, um dos momentos mais profundos da história mundial. A Revolução Haitiana, Wordsworth ficaria feliz em saber, "não morre". Julius S. Scott segue o rastro do povo invicto que ele estuda, contando-nos uma nova história – de exultação e agonia, de amor e revolução. Ele nos deu um presente para todos os tempos.

PREFÁCIO

No verão de 1792, apenas três dias antes do terceiro aniversário da Tomada da Bastilha em Paris, três batalhões de voluntários do exército esperavam ansiosamente no porto de La Rochelle, na França, para embarcar para o Caribe francês. Ansiosos, leais à República francesa e fortemente comprometidos com os ideais da revolução que continuava a se desenrolar ao seu redor, esses soldados, no entanto, tinham apenas uma vaga noção da situação complexa que os aguardava nas colônias.

Assim que a Revolução Francesa começou em 1789, os habitantes dos domínios franceses no exterior perceberam que as amplas mudanças governamentais e sociais na pátria-mãe representavam uma oportunidade para promover seus próprios interesses. Os fazendeiros e comerciantes buscavam maior liberdade em relação ao controle dos ministros coloniais, e as pessoas de cor livres procuravam livrar as colônias da desigualdade de castas, mas os escravos, que constituíam a grande maioria da população em todos os territórios franceses na América, montaram o desafio mais fundamental à autoridade metropolitana. Ocorreram revoltas esporádicas de escravos nas ilhas francesas já no outono de 1789, inspiradas nas ideias de "liberdade, igualdade e fraternidade". Embora os colonos brancos tenham conseguido conter esses primeiros distúrbios, em agosto de 1791 uma rebelião maciça de escravos eclodiu em Saint-Domingue (atual Haiti), a colônia escravocrata francesa mais rica e importante no Caribe. Enquanto essas jovens tropas se reuniam em La Rochelle, as forças francesas continuavam a lutar em vão para subjugar a revolução dos escravos em Saint-Domingue, que já durava quase um ano inteiro. Os voluntários enfrentavam uma tarefa difícil: restabelecer a ordem em Saint-Domingue em nome da Assembleia Nacional Francesa.

Antes de partir, os jovens recrutas foram submetidos a uma inspeção pelo general La Salle, ele próprio pronto para partir para Saint-Domingue como membro do mesmo contingente. Duas dessas unidades recém-criadas haviam, após cuidadosa deliberação democrática, adotado *slogans* que descreviam sua missão e seu compromisso, como fizeram muitos dos batalhões criados na época da Revolução Francesa. Eles estampavam as palavras preciosas em seus bonés e as costuravam em seus estandartes coloridos. La Salle examinou os *slogans* com grande interesse. A bandeira de um dos batalhões dizia, de um lado, "Virtude em ação" e, do outro, "Sou vigilante pelo país", palavras de ordem que La Salle considerou aceitáveis. Mas o *slogan* escolhido pelo batalhão do Loire chamou a atenção do general: "Viva livre ou morra".

Preocupado com a possibilidade de os soldados não entenderem a natureza delicada de sua missão, o general reuniu as tropas e explicou-lhes o perigo que tais palavras representavam "em uma terra onde toda propriedade é baseada na escravidão dos negros, que, se adotassem esse *slogan*, seriam levados a massacrar seus senhores e o exército que está atravessando o mar para trazer paz e lei à colônia". Embora elogiasse seu forte compromisso com o ideal de liberdade, La Salle aconselhou as tropas a encontrar uma maneira nova e menos provocativa de expressar esse comprometimento. Diante da desagradável perspectiva de deixar para trás seu estandarte "ricamente bordado", os membros do batalhão seguiram relutantemente a sugestão do general e cobriram seu *slogan* com tiras de tecido com a inscrição de dois novos credos escolhidos às pressas e com significados muito diferentes: "A Nação, a Lei, o Rei" e "A Constituição Francesa". Além disso, aqueles que ostentavam "Viva livre ou morra" em seus bonés prometeram que iriam "suprimir" esse *slogan*. Para maior desânimo das tropas, o general lhes impôs outras mudanças. Em vez de plantar uma tradicional e simbólica "árvore da liberdade" em sua chegada a Saint-Domingue, os batalhões agora plantariam "uma árvore da paz", que também teria a inscrição "A Nação, a Lei, o Rei". Escrevendo para o atual governador-geral em Saint-Domingue, La Salle concluiu que tudo o que restava era "neutralizar a influência dos mal-intencionados" e manter sob controle o fervor revolucionário equivocado dos soldados durante a longa viagem transatlântica.[1]

Como La Salle reconheceu, os recentes acontecimentos nas Américas, especialmente a revolução em Saint-Domingue, demonstraram de forma convincente o poder explosivo das ideias e dos rituais da era das revoluções em sociedades baseadas na escravidão. Durante três anos, oficiais franceses como La Salle tentaram impedir que *slogans* e práticas revolucionárias atravessassem o Atlântico para circular nas ilhas francesas e inspirar escravos e pessoas de cor livres, mas sem sucesso. Aparentemente determinados a "viver livres ou morrer", os rebeldes negros da colônia francesa iniciaram uma insurreição que, apesar da oposição de milhares de tropas como as que embarcaram nos navios com o general La Salle em julho de 1792, teria sucesso na conquista da libertação dos escravos e culminaria na segunda nação independente do Novo Mundo em 1804.

As autoridades britânicas, espanholas, norte-americanas e de outros territórios onde havia escravidão africana compartilhavam o problema de La Salle. Assim como as notícias e as ideias da Revolução Francesa se mostraram voláteis demais para ser contidas, relatos da rebelião negra em Saint--Domingue se espalharam rápida e incontrolavelmente por todo o hemisfério. Por meio do comércio legal e do contrabando, e da mobilidade de todos os tipos de pessoas, de marinheiros a escravos fugitivos, ocorreu um amplo contato regional entre as colônias americanas antes de 1790. Na última década do século XVIII, os residentes das ilhas do Caribe e dos continentes do norte e do sul passaram a depender da movimentação de navios, mercadorias, pessoas e informações.

Antes, durante e depois da Revolução Haitiana, as redes regionais de comunicação traziam notícias de interesse especial para os afro-americanos em todo o Caribe e além. Antes do início da revolta em Saint-Domingue, as autoridades britânicas e espanholas já lutavam contra rumores desenfreados que previam o fim da escravidão. Esses relatos ganharam intensidade na década de 1790. Enquanto os fazendeiros viam com alarme a perspectiva crescente de um território negro autônomo, temendo que um levante violento e bem--sucedido dos negros pudesse levar seus próprios escravos a se revoltarem, os acontecimentos em Saint-Domingue proporcionaram notícias empolgantes para escravos e negros livres, aumentando o interesse deles por assuntos regionais e os estimulando a organizar suas próprias conspirações. No final da década, os governantes das sociedades escravistas da Virgínia à Venezuela tentaram restringir a rede de rebelião negra criando obstáculos à comunicação efetiva entre as colônias.

Embora o general La Salle entendesse, em 1792, o impacto potencial das correntes revolucionárias no mundo atlântico sobre as mentes e aspirações dos escravos caribenhos, nem ele nem seus comandados poderiam prever até que ponto os ventos da revolução soprariam na direção oposta. Atravessando fronteiras linguísticas, geográficas e imperiais, a tempestade criada pelos revolucionários negros de Saint-Domingue e comunicada por pessoas itinerantes em outras sociedades escravistas viria a ser um ponto de inflexão significativo na história das Américas.

NOTA

[1] General La Salle para Governador-Geral Desparbés, 11 de julho de 1792, reproduzido em Corre, 1897, pp. 26-27.

AGRADECIMENTOS

Há muitas, muitas pessoas a quem agradecer. Seria impossível agradecer a todas elas. Em primeiro lugar, agradeço às pessoas que me ajudaram na pós-graduação na Duke University. Peter Wood nos mostrou uma maneira totalmente nova de pensar sobre nós mesmos e sobre a história intelectual. Ele me ensinou a entender os escravizados como pessoas pensantes, e este livro é um tributo a ele. John Jay TePaske, que lecionou história colonial da América Latina, me convenceu a ir a Sevilha. Raymond Gavins me ensinou a ser um cidadão na profissão. Aprendi muito com Larry Goodwyn e Bill Chafe.

Sou grato aos bolsistas e à equipe do Carter G. Woodson Institute, da Universidade da Virgínia, e ao falecido Armstead L. Robinson, diretor do Instituto na época, que merece um agradecimento especial. Além disso, várias pessoas me ajudaram ao longo dos anos e apoiaram o empreendimento de *O vento comum*: Laurent Dubois, Ada Ferrer, Neville Hall, Tera Hunter, Robin Kelley, Jane Landers, Peter Linebaugh, Marcus Rediker, Elisha Renne, Larry Rowley, Rebecca Scott, James Sidbury, Matthew Smith, Rachel Toor e Stephen Ward.

Agradeço também à equipe dos vários arquivos e bibliotecas que visitei: Archivo General de Indias (Sevilha), Public Record Office (Londres, agora chamado de The National Archives), Jamaica Archives (Spanish Town), National Library of Jamaica (Kingston), Institute of Commonwealth Studies (Londres), John Carter Brown Library (Providence, Rhode Island), Historical Society of Pennsylvania (Filadélfia), American Antiquarian Society (Worcester, Massachusetts), a Bibliothèque des Frères (Porto Príncipe, Haiti) e a Bibliothèque de Saint-Louis-de-Gonzague (Quebec). Um agradecimento especial à comunidade do Departamento de Estudos Afro-Americanos e Africanos da Universidade de Michigan. Por fim, gostaria de agradecer a Ben Mabie e Duncan Ranslem, da Verso Books, por sua assistência cuidadosa e gentil.

Abreviaturas

AAS | American Antiquarian Society, Worcester, Massachusetts

ADM | Admiralty Records, Public Record Office, Londres

AGI | Archivo General de Indias, Sevilha

CO | Colonial Office Records, Public Record Office, Londres

CVSP | Calendar of Virginia State Papers, Palmer y McRae (ed.)

FLB | Letterpress Books, Stephen Fuller Papers, Duke University Library

HSP | Historical Society of Pennsylvania, Filadélfia

JA | Jamaica Archives, Spanish Town

JHCVA | Records of the Jamaica High Court of Vice--Admiralty, Jamaica Archives

LEG | *Legajo* (maço de documentos nos arquivos espanhóis)

Minutes of WIPM | Minutes of the West India Planters and Merchants, West India Committee Archives, Institute of Commonwealth Studies, Londres

NLJ | National Library of Jamaica (Institute of Jamaica), Kingston

PRO	Public Record Office, Londres
RSD	Revolutions de Saint-Domingue Collection, John Carter Brown Library, Providence, Rhode Island
WIPM	India Committee Archives, Institute of Commonwealth Studies, Londres
W.O.	War Office Records, Public Record Office, Londres

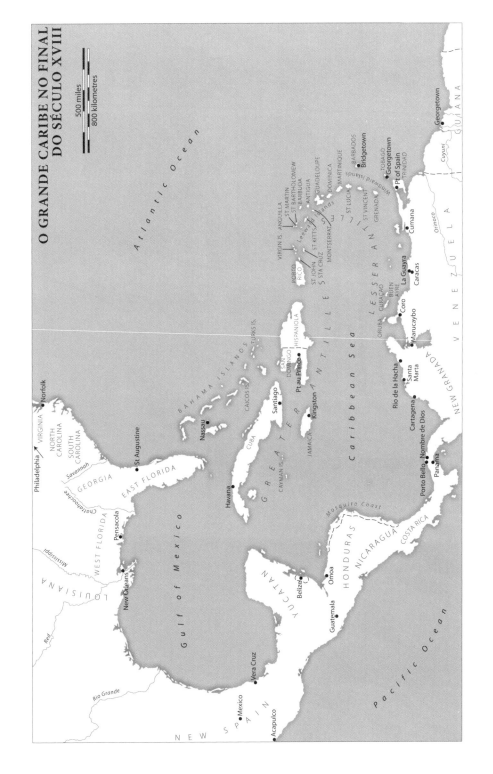

1

"A Caixa de Pandora":
o Caribe sem senhores de escravos
no final do século XVIII

No final do século XVII, as nações colonizadoras europeias temporariamente deixaram de lado suas diferenças e iniciaram um esforço conjunto para livrar o Caribe dos bucaneiros, piratas e outros fugitivos que haviam se refugiado na região. Essa iniciativa para expulsar o povo "sem senhor" das Índias Ocidentais sinalizou a transformação das ilhas: de refúgio de piratas e renegados foram convertidas em colônias sustentadas por *plantations* e pelo trabalho escravo. A mesma ofensiva que tinha dado vantagem aos grandes fazendeiros em Barbados na década de 1670 ganhou força irreversível em todo o Caribe na metade do século XVIII. O aumento constante do preço do açúcar no mercado mundial após 1740 favoreceu a expansão da monocultura nas áreas que antes eram pasto para gado e porcos e território de caçadores, cortadores de pau-campeche, escravos fugitivos e outros dissidentes caribenhos.

Pouco mais de meio século após um terremoto em 1692 ter destruído Port Royal, na Jamaica, um antigo reduto de piratas de toda a região, o Caribe já havia se tornado um lugar muito diferente do que tinha sido durante o auge da pirataria. Não apenas seus esconderijos remotos desapareceram, mas as imagens mais antigas de ilhas "encantadas" libertadas das hierarquias do Velho Mundo eram difíceis de sustentar, pois as *plantations* devoravam avidamente o que antes eram áreas fronteiriças. À medida que ganharam controle sobre a terra, os fazendeiros intensificaram o controle da mão de obra. O comércio de escravos africanos aumentou constantemente ao longo do século, e a cena comum de navios negreiros descarregando suas cargas humanas aniquilou graficamente os sonhos anteriores de viver "sem senhor". Ao final do século, a fluidez da economia e da sociedade que existia antes das *plantations* havia dado lugar a uma paisagem sinistra de soldados e navios de guerra imperiais, *plantations* e engenhos de açúcar, senhores e escravos.[1]

Porém, mesmo durante tal período de avanço e consolidação, fazendeiros e comerciantes encontraram zonas de resistência a seus anseios por autoridade absoluta. De fato, empregadores de ambos os lados do Atlântico, apesar de entusiasmados com a prosperidade econômica, ainda se preocupavam com as diversas maneiras como indivíduos e grupos conseguiam proteger e ampliar a sua existência fora do domínio dos senhores. Tanto no Velho Mundo quanto no Novo, essas preocupações se centravam no persistente problema da "mobilidade fervilhante" de setores substanciais das classes trabalhadoras. Na Inglaterra do século XVIII, de acordo com E. P. Thompson, os senhores de trabalho se queixavam dos aspectos problemáticos do desenvolvimento do mercado de trabalho "livre" – da "indisciplina dos trabalhadores, sua falta de dependência econômica e sua insubordinação social" – que era consequência da mobilidade da mão de obra.[2] Os fazendeiros ecoaram preocupações semelhantes na região do Caribe, onde bucaneiros e piratas, os antigos flagelos dos fazendeiros e comerciantes, haviam sido efetivamente suprimidos, mas onde uma diversa gama de personagens atrevidos e insubordinados continuava a circular e resistir à autoridade. Senhores e empregadores em economias do Velho Mundo em processo de industrialização, baseadas no trabalho "livre", sentiam-se apenas levemente ameaçados por tal mobilidade.

Nas sociedades baseadas em *plantations* do Caribe, no entanto, onde a falta de liberdade da grande maioria da força de trabalho foi inscrita na lei e sancionada à força e onde os trabalhadores "livres" eram a anomalia e não a regra, a persistência da mobilidade do trabalho exigiu uma resposta angustiada da classe dominante. Pelas mesmas razões, a perspectiva de uma existência sem domínio dos senhores e mobilidade fora da órbita do mundo das *plantations* era um apelo especialmente sedutor para as pessoas insatisfeitas que se lançavam em busca de novas opções. Na Inglaterra, os senhores ressentiam-se de um certo grau de movimento não controlado entre seus trabalhadores. No Caribe, os senhores recorreram a uma abundância de leis locais e tratados internacionais para manter essa mobilidade dentro dos limites mais estreitos possíveis.

Embora os esforços dos fazendeiros para restringir a liberdade ao longo do século XVIII tenham imposto severas limitações à mobilidade, essas medidas nunca conseguiram impedir completamente as pessoas de buscar alternativas à vida sob o sistema de *plantation*. No final do século XVIII, assim como no seu início, pessoas de várias descrições enfrentaram os riscos e tentaram escapar de seus senhores. Escravos fugiram das *plantations* em grande número; trabalhadores urbanos se esconderam de seus proprietários; marinheiros abandonaram os navios para evitar açoites e o recrutamento forçado; milicianos e tropas regulares resmungaram, ignoraram ordens e abandonaram seus postos; mascates saíram do seu local de trabalho para vender seus produtos no mercado negro; e contrabandistas e estrangeiros suspeitos se deslocaram de ilha em ilha com propósitos misteriosos. Além disso, o próprio crescimento do mercado comercial que os agricultores e comerciantes aplaudiram abriu novas avenidas de mobilidade. As cidades expandiram e amadureceram, atraindo escravos fugitivos e abrigando uma movimentada rede subterrânea, repleta de conexões regionais surpreendentes. A expansão das ligações comerciais permitia a chegada e a partida de navios de todos os tamanhos e nações. Os portos das ilhas exigiam palhabotes com navegadores experientes para guiar os navios mercantes que chegavam a ancoradouros seguros, além de uma gama de embarcações costeiras e marinheiros habilidosos para dar conta dos seus mercados movimentados. Essa rede de comércio aproximava as ilhas da região cada vez mais à medida que o século avançava, proporcionando canais de comunicação, bem como convidativas rotas de fuga.

Na véspera da revolução caribenha, a maioria dos fazendeiros e comerciantes ingleses, franceses e espanhóis da região estava no auge de um longo ciclo de prosperidade. No entanto, eles continuaram a buscar, como haviam feito no final do século anterior, soluções comuns para o problema de controle de fugitivos, desertores e vagabundos na região. Enquanto homens e mulheres sem senhores encontrassem maneiras de se mover e ludibriar as autoridades, os fazendeiros e os comerciantes entendiam que essas pessoas carregavam em si tradições de resistência popular que poderiam eclodir a qualquer momento. Examinar o rico mundo habitado por esses fugitivos móveis – o complexo (e em grande parte invisível) submundo criado pelos "marinheiros, renegados e náufragos" do Caribe para se protegerem diante da consolidação dos senhores de grandes *plantations* – é crucial para entender como notícias, ideias e animação social se propagavam no eletrizante ambiente político do final do século XVIII.[3]

***

Todas as Índias Ocidentais sentiram os efeitos do *boom* do açúcar na metade do século XVIII, especialmente as Grandes Antilhas – Jamaica, Cuba e Hispaniola, as maiores ilhas do noroeste do Caribe. No século após 1670, embora em velocidades diferentes e por processos históricos distintos, a expansão do cultivo de açúcar transformou essas três ilhas de postos fronteiriços pouco povoados em sociedades de *plantations* baseadas no trabalho africano cativo.

O crescimento britânico se concentrou na Jamaica. Após 1740, os donos de *plantations* conseguiram conter o intenso faccionalismo e a rebeldia negra da década anterior o suficiente para atrair colonos brancos, provenientes em grande parte das ilhas estagnadas ao leste. Eles começaram a desmatar e cultivar novas terras no norte e oeste da ilha, além de comprar centenas de milhares de africanos para trabalhar nas novas *plantations*. Em 1766, a Jamaica já havia ultrapassado significativamente os outros domínios britânicos nas Índias Ocidentais em importância, tanto como entreposto comercial quanto como economia produtora de artigos básicos. Cerca de 200 mil pessoas, metade da população das colônias de açúcar da Grã-Bretanha, residiam lá, e seus portos movimentados controlavam metade do comércio britânico na região. Apesar dos contratempos enfrentados durante o período da Revolução Americana, a rápida expansão da monocultura do açúcar na Jamaica continuou ao longo dos anos 1780.[4]

À medida que o açúcar passou a dominar a economia da Jamaica, o equilíbrio demográfico entre jamaicanos negros e brancos se deslocou decisivamente a favor da população africana. A importação de escravos para a ilha aumentou constantemente ao longo do século XVIII, ultrapassando 120 mil no período de 20 anos entre 1741 e 1760, somando quase 150 mil nas duas décadas subsequentes, e aumentando a um ritmo ainda mais rápido após 1781. Já em 1730, nove a cada dez jamaicanos eram escravos negros, e na véspera da

Revolução Americana quase 94% da população da ilha tinha ancestralidade africana.[5]

A transição de Cuba para investimentos maciços na indústria açucareira, bem como sua absorção demográfica na Afro-América, ocorreu mais tarde e de forma mais abrupta do que na Jamaica. A ocupação britânica de Havana em 1762 foi crucial para a expansão do açúcar nessa colônia espanhola. Em um período de 11 meses, os britânicos introduziram cerca de dez mil escravos na ilha, dando fôlego à indústria açucareira que os fazendeiros cubanos mantiveram após a partida dos britânicos. A participação de Cuba no comércio de escravos africanos, embora ainda minúscula em relação aos seus vizinhos mais desenvolvidos, aumentou consideravelmente após 1763. Quase 31 mil africanos foram importados entre 1763 e 1789, e, em 1792, dados do segundo censo oficial da ilha revelaram que, pela primeira vez na história da ilha, a população branca de Cuba havia ficado abaixo do número de não brancos.[6]

Mas em nenhum lugar a sociedade foi transformada mais rápida ou completamente do que na colônia francesa de Saint-Domingue. O progresso do açúcar na Jamaica e em Cuba empalideceu diante da explosão econômica nessa faixa montanhosa de terra que compreendia o terço ocidental da ilha de Hispaniola. Mesmo com a ascensão e o declínio dos franceses na intensa competição imperial que culminou na Guerra dos Sete Anos, o surgimento repentino de Saint-Domingue foi surpreendente. Ainda um posto de bucaneiros após sua cessão à França em 1697, em 1739 Saint-Domingue já havia se tornado a colônia escravista mais rica e lucrativa do mundo. O número de engenhos de açúcar já tinha atingido 450, comparado a apenas 35 no início do século, e havia mais africanos escravizados – mais de 117 mil – trabalhando em Saint-Domingue do que na Jamaica ou em qualquer outra ilha caribenha. Três anos mais tarde, Saint-Domingue produzia mais açúcar do que todas as ilhas açucareiras britânicas combinadas. Durante a Revolução Americana, os fazendeiros franceses aproveitaram a fome e a desorganização econômica nos territórios britânicos para conquistar uma fatia ainda maior do mercado mundial de açúcar. O crescimento do volume do comércio de escravos para Saint-Domingue reflete o novo auge da década de 1770. Em 1771, os comerciantes trouxeram um pouco mais de dez mil novos africanos para Saint-Domingue; cinco anos depois, o número mais que dobrou. A expansão da colônia francesa continuou nos anos 1780. Nos dez anos que antecederam a Revolução Francesa, a economia em expansão de Saint-Domingue foi a principal responsável por triplicar o volume do comércio francês de escravos em relação à década anterior, e as estatísticas oficiais mostraram que as importações anuais de africanos rivalizavam consistentemente com o tamanho de toda a população branca da colônia ano após ano, atingindo um total vertiginoso de pelo menos 30 mil já em 1785. Em 1789, Saint-Domingue era o maior produtor mundial de açúcar e café; suas *plantations* produziam o dobro de todas as outras colônias francesas juntas, e os navios franceses que entravam e saíam de seus portos eram responsáveis por mais de um terço do comércio exterior da metrópole.[7]

***

Embora a expansão econômica decisiva após 1700 tenha anunciado o fim, tanto em imagem quanto na realidade, do Caribe sem senhor de tempos anteriores, também produziu novas camadas de indivíduos descontentes que continuavam a se esforçar para ficar fora da órbita das *plantations* e sobreviver. Além disso, formas de resistência já endêmicas na região continuaram a prosperar e se espalhar. A prática de africanos fugirem de seus senhores, por exemplo, já era uma tradição de longa data no início do século XVIII. Com a expansão da produção de açúcar e o perfil demográfico da região fortemente a favor dos africanos, o problema do controle de escravos fugitivos tornou-se uma das principais preocupações dos fazendeiros do Caribe, das autoridades coloniais e de outros brancos. Trabalhadores que fugiam das *plantations* e tentavam estabelecer comunidades próprias ofereciam tanto alternativas concretas ao regime das *plantations* quanto uma poderosa metáfora que informava outros modos de mobilidade e resistência na região.

Os africanos na Jamaica alcançaram notável sucesso em seus esforços para se tornarem independentes. A acidentada região florestal no noroeste da ilha, conhecida como "cockpit country", e as Montanhas Azuis no leste abrigavam refugiados da escravidão desde os primeiros anos do domínio espanhol; esses grupos de fugitivos formaram as primeiras comunidades quilombolas da região. Na medida em que as importações de escravos dispararam após 1700, os africanos seguiram os caminhos já trilhados por seus antepassados, deixando as *plantations* para se estabelecerem em quilombos em expansão nas paróquias de Trelawny, St. James, St. Elizabeth e St. George. À medida que essas comunidades cresciam, também aumentavam seus contatos com as *plantations*, pois quilombolas e escravos mantinham um comércio clandestino de munições e provisões, e os quilombolas realizavam incursões periódicas. Durante a década de 1730, um período de agitação entre os escravos em todo o Caribe, os problemas relacionados à deserção de escravos e às atividades hostis das comunidades de fugitivos tornaram-se particularmente graves, levando os fazendeiros a uma guerra aberta contra os quilombolas. Uma década de conflito finalmente forçou o governo a reconhecer, por tratado, o *status* semi-independente de várias cidades quilombolas em 1739. Por meio desses tratados, o governo britânico concordou em permitir que essas cidades quilombolas existissem sob um governo autônomo limitado, mas ao mesmo tempo solicitou sua ajuda no policiamento da ilha. Em troca do reconhecimento oficial, os quilombolas prometeram desencorajar, capturar e devolver futuros fugitivos. Com o objetivo de criar um fosso entre as cidades quilombolas e as *plantations* vizinhas, as leis aprovadas na esteira da rebelião ameaçavam os quilombolas culpados de "aliciar escravos" das *plantations* ou "abrigar fugitivos" com o banimento da ilha.[8]

Não é de surpreender que o conflito e a ambiguidade tenham complicado a história desse acordo entre a classe dos fazendeiros e os quilombolas no meio século após 1740. Ocasionalmente, os moradores das cidades quilombolas fielmente equipavam um grupo de homens que rastrearam fugitivos em suas áreas, e os relatos trazidos de volta às propriedades pelos escravos recapturados geravam uma animosidade marcante nas senzalas.[9] Esses exemplos de lealdade levaram o governador Adam Williamson a afirmar com esperança em 1793 que "os Quilombolas estão bem-intencionados e se esforçariam tanto na defesa da Ilha quanto na repressão das insurreições internas".[10] Os próprios fazendeiros, no entanto, enxergavam perigo na mobilidade despreocupada dos supostos aliados negros, preocupações que surgiam repetidamente. Eles observavam que as leis que restringiam os movimentos dos quilombolas eram aplicadas de maneira indiferente, e viam os quilombolas vagarem com facilidade pelas cidades e pelo campo, onde tinham amplo contato com os escravos das *plantations*. Os homens de Trelawny Town, a maior das cidades quilombolas, geraram "numerosos filhos com escravas, residentes nas *plantations*" das paróquias vizinhas, e, concluiu um relatório de 1795, "a natureza de suas conexões era alarmante". Quando os quilombolas de Trelawny pegaram em armas contra o governo naquele mesmo ano, as autoridades agiram rapidamente para isolar os rebeldes, cortando essa comunicação, com a esperança de que sua "busca por armas escondidas em todos os alojamentos de negros em toda a ilha" descobrisse e frustrasse suas redes.[11]

Por fim, os críticos dos tratados do governo apontaram que o acordo com os quilombolas não impediu grupos de novos fugitivos de buscarem uma independência ainda maior e de se refugiarem nas matas e montanhas para estabelecerem suas próprias cidades. Bem conhecidos de propriedade em propriedade, os atos audaciosos dos líderes de grupos de fugitivos provocavam conversas animadas entre os escravos jamaicanos e os lembravam constantemente dos riscos e das promessas de tais atividades. Dias de mercado, bailes, corridas de cavalos e outras ocasiões públicas que atraíam grandes concentrações de escravos permitiam a circulação de notícias sobre esses acontecimentos. Quando Mingo, um pescador e ex-motorista de uma grande propriedade em Trelawny, "fez um baile [...] após o término da colheita" no outono de 1791, os escravos de propriedades vizinhas que compareceram ficaram surpresos ao ver que Brutus estava presente. Um fugitivo incorrigível cumprindo pena de prisão perpétua na *work house* (casa de trabalho, ou instituição onde presos eram obrigados a trabalhar) da paróquia de Martha Brae por seu papel na organização de cidades quilombolas não autorizadas na década de 1780, Brutus tinha escapado e já estava retomando seus velhos hábitos. No baile, Brutus zombou das tentativas de seu proprietário de recapturá-lo e confirmou os rumores espalhados por fugitivos recentemente retornados de que ele, junto com "cerca de 18 outros escravos negros e três mulheres de diferentes países e proprietários" de Trelawny, Runaway Bay e Clarendon, havia estabelecido uma nova vila rural inexpugnável nas matas da paróquia. Muitos dos que compareceram ao baile de Mingo já deviam saber da vila, conhecida como "Brutus Town". Seus residentes tinham plantado provisões e, por meio de "correspondência" com escravos de confiança das *plantations*, mantinham o assentamento abastecido de "rum, açúcar, sal e outros itens necessários". Meses após a dramática aparição de Brutus, os escravos em St. Ann e Trelawny depuseram perante autoridades locais "que todos os negros sabem dessa cidade" e "que se essa cidade não for destruída [os fazendeiros] não conseguirão impedir que um único negro vá para lá, pois todos estão tentando chegar lá". Na verdade, Brutus Town era apenas uma de várias comunidades semelhantes de fugitivos que inspiravam a imaginação, se não a participação ativa, de escravos em toda a "cockpit country".[12]

A empolgação do outono e do inverno de 1791-1792, ampliada pela revolução negra na vizinha Saint-Domingue, energizou as redes de comunicação de escravos na Jamaica, e escravos fugitivos móveis como Brutus podem ter desempenhado um papel fundamental, embora oculto, na propagação de notícias de *plantation* em *plantation*. Dois episódios da costa norte da Jamaica durante esse período ilustram que os escravos prestavam atenção aos acontecimentos ao seu redor e que criavam maneiras clandestinas de transmitir informações de forma rápida e eficaz. Em novembro de 1791, John Whittaker, proprietário de uma *plantation* remota, descobriu que seus escravos ficaram sabendo de acontecimentos recentes na costa antes dele. Depois que um de seus trabalhadores o informou sobre um episódio recente em Montego Bay na noite anterior à chegada da notícia do incidente por um mensageiro a cavalo, Whittaker refletiu com espanto e alarme que devia haver "algum modo desconhecido de transmitir inteligência entre os negros". Nesse caso, a rede de informações dos escravos superou vários obstáculos significativos. A propriedade de Whittaker ficava "em uma localização isolada, sem estrada pública passando por perto", e Whittaker mantinha seus escravos sob supervisão constante e estava certo de que "nenhum negro meu poderia ter estado ausente de seu trabalho durante o dia". Para completar, a distância até Montego Bay, cerca de 30 milhas (48 quilômetros), "era grande demais para ir e voltar durante a noite. No entanto", relatou Whittaker, seus escravos "foram informados de todas as circunstâncias de lá em menos de 24 horas após essas circunstâncias terem ocorrido". Na mesma época, um estofador de Montego Bay, Robert Parker, vislumbrou acidentalmente uma comunicação noturna quando saiu de seu quarto em uma noite de insônia. Em frente ao seu estabelecimento, ele viu "quatro negros [...] em uma discussão animada", evidentemente aguardando uma reunião agendada com "mais dois negros que estavam do outro lado da ponte". Enquanto esperavam, a conversa deles dizia respeito ao número de "armas e soldados" dos brancos. Parker teve outra surpresa quando, após a chegada de seus amigos, os quatro companheiros originais abandonaram o inglês e começaram a conversar no que Parker identificou como "Coromantee".[13]

As atividades das comunidades de escravos fugitivos na Jamaica não passaram despercebidas na vizinha Cuba, ressaltando o fato de que as histórias das sociedades quilombolas nas duas ilhas no século XVIII estavam intimamente entrelaçadas. Primeiro, os quilombolas nas duas ilhas praticamente compartilhavam um espaço comum. Um dos centros de atividade dos quilombolas na colônia espanhola, a íngreme e densamente arborizada Sierra Maestra que se estendia ao longo da costa leste-oeste no extremo sudeste de Cuba, ficava a uma curta distância por mar da extremidade da "cockpit country" da Jamaica, e, de pontos elevados na Sierra, podia-se enxergar os picos das Montanhas Azuis da ilha britânica.[14] A curta distância entre as duas ilhas preocupava as autoridades espanholas, que temiam que as comunidades de escravos fugitivos na Sierra Maestra pudessem unir forças com as forças britânicas hostis na Jamaica.[15]

Um capítulo da história comum dos quilombolas na Jamaica e em Cuba foi escrito na década de 1730, quando a Primeira Guerra dos Quilombolas na Jamaica coincidiu exatamente com uma revolta semelhante entre os escravos que trabalhavam perto da costa leste de Cuba. Em 1731, precisamente no momento em que os rebeldes na Jamaica estavam iniciando sua luta armada pela independência, escravos nas minas de cobre administradas pelo Estado perto de Santiago de Cuba se revoltaram em massa e se refugiaram nas montanhas a leste da cidade, perto do local atual de El Cobre. Assim como seus equivalentes na Jamaica, esses chamados *cobreros* conseguiram resistir a repetidas tentativas de desalojá-los e causaram preocupação considerável para os fazendeiros no vale abaixo. Na década de 1780, os descendentes dos rebeldes originais, agora somando mais de mil, haviam se espalhado a partir de El Cobre para pequenas comunidades dispersas ao redor de toda a serra.[16] Novamente durante a década de 1790, o ciclo de agitação e ansiedade oficial sobre a atividade quilombola afetou tanto Cuba quanto a Jamaica. Governadores de Santiago de Cuba, agora fortemente envolvidos no investimento em grande escala e crescente em mão de obra escrava africana em Cuba, relataram que seus melhores esforços para controlar os *cobreros* tinham falhado. Na verdade, até o meio da década, El Cobre acolhia todos os tipos de fugitivos da escravidão, "*cobreros*, bem como outros escravos", e era lar de vários personagens infames que estavam foragidos havia anos.[17] Preocupadas que a Guerra dos Quilombolas da Jamaica de 1795-1796 se espalhasse para as montanhas de Cuba, como aparentemente acontecera na década de 1730, as autoridades cubanas não hesitaram em mostrar solidariedade com seus vizinhos britânicos; quando a Assembleia da

Jamaica solicitou que os cubanos enviassem um número de seus ferozes cães farejadores e caçadores para controlar os rebeldes, eles aceitaram com uma rapidez incomum.[18]

Durante esse período incerto e ativo, os *cobreros* móveis construíram uma rede de notícias e rumores que se estendia até mesmo ao outro lado do Atlântico. Na década de 1780, as autoridades espanholas não conseguiam controlar os boatos de que o rei finalmente havia concedido liberdade e terras aos *cobreros*, apenas para ver seus desejos frustrados pela resistência dos funcionários locais. Convencido de que os escravos deveriam ter fontes independentes de informação transatlântica, um pequeno grupo de *cobreros* delegou Gregorio Cosme Osorio para viajar para a Espanha com o objetivo de representar os interesses dos descendentes dos escravos fugitivos de El Cobre na corte. Os relatórios de Osorio ajudaram a manter o espírito de resistência vivo até meados da década de 1790. Em 1795, Juan Baptista Vaillant, o governador de Santiago de Cuba, relatou que uma nova onda de boatos de libertação estava se alastrando pela costa leste de Cuba e que os escravos estavam fugindo das *plantations* em números preocupantes. O governador Vaillant culpava a grande circulação de várias cartas recentes de Osorio por esses acontecimentos.[19]

A geografia de Saint-Domingue, com suas montanhas escarpadas e majestosas que margeiam a longa e irregular fronteira leste da colônia, também oferecia aos escravos que podiam circular amplas oportunidades de fuga. Após 1700, a atividade dos quilombolas cresceu e se expandiu tão rapidamente quanto a própria escravidão nas *plantations*. No início do século, bandos de quilombolas habitavam a região em torno da rica planície do norte. Em meados do século, o centro da atividade dos quilombolas havia se deslocado para o sul, ao longo da borda das montanhas com vista para as novas áreas em expansão de Mirebalais, Cul-de-Sac e Anse-à-Pitre. Embora os quilombolas tenham sido um fator significativo que afetou a natureza do sistema escravista em Saint-Domingue, a região centro-leste entre Cul-de-Sac e a fronteira espanhola continuaria a ser, até a época da Revolução, o local das sociedades quilombolas mais estáveis, bem como o cenário de guerra contínua entre quilombolas e expedições patrocinadas pelo governo. Quando o domínio da escravocracia entrou em seus dias finais na década de 1780, quilombos de vários tamanhos e descrições se estendiam em uma linha pontilhada desde as áreas mais ao norte de Saint-Domingue até a sua extremidade sul. O papel desses quilombos haitianos no avanço da iminente revolução continua a ser um tema de intenso debate.[20]

As atividades dos quilombos de Saint-Domingue provocavam grande preocupação entre os fazendeiros, mas a tradição de fuga individual de curto prazo, sem dúvida, teve um impacto maior no funcionamento cotidiano das *plantations* e nos próprios escravos. Seja ao visitar parentes, escapar de um castigo iminente ou se envolver em comércio e outras atividades proibidas, os escravos que se ausentavam por períodos curtos e distâncias curtas causavam muitos problemas aos administradores de cada *plantation*. Os proprietários e capatazes se acostumaram tanto com essas ausências de curto prazo de suas fazendas e eram tão incapazes de controlá-las que muitas vezes nem se davam o trabalho de remover os nomes dos escravos ausentes, especialmente os daqueles que tinham o hábito de se ausentar, das listas atualizadas de escravos da *plantation*.[21] Além disso, frequentemente os capatazes relatavam encontrar escravos fugitivos de outras propriedades da região escondidos nos alojamentos de seus próprios escravos. Em 1790, o capataz de uma *plantation* no distrito de Cap Français prendeu 27 escravos fugitivos em sua proximidade em um curto espaço de tempo, "tanto nas senzalas quanto nos morros".[22] No entanto, a atitude relaxada dos dias anteriores à chegada das notícias da Revolução Francesa havia começado a ceder lugar a novos temores sobre o que essas notícias poderiam significar para os escravos das *plantations*. Em 1790, os brancos reconheciam a possibilidade de que a rebelião poderia se espalhar facilmente para o interior e que não poderiam mais ignorar essas fugas de curto prazo.[23]

Enquanto as montanhas e o interior, com suas comunidades quilombolas, proporcionavam esperança no imaginário popular em relação à fuga individual e à resistência coletiva ao longo do século XVIII, as crescentes cidades costeiras nutriam os padrões de mobilidade mais complexos e apresentavam os problemas mais desafiadores de controle para todas as potências coloniais. As cidades do Caribe eram mais do que centros de trocas comerciais, população e governo; elas eram, de fato, centros de educação. As cidades forneciam anonimato e abrigo para uma ampla variedade de homens e mulheres sem senhor, incluindo escravos fugitivos, e ofereciam oportunidades únicas para que essas pessoas convivessem, compartilhassem experiências e ampliassem seu conhecimento sobre o mundo caribenho e além. Na década de 1790, cidades maiores, como Kingston, Cap Français e Havana, podiam ser corretamente chamadas de capitais da Afro-América, e dissidentes em dezenas de centros costeiros menores estavam envolvidos em transações que desempenharam um papel crucial na disseminação do entusiasmo da era das revoluções no Caribe.

No início do século XVIII, entretanto, essas cidades apresentavam um quadro muito diferente. Havana, com suas impressionantes catedrais e fortificações de pedra, tinha poucos rivais na região. Os futuros centros urbanos do Caribe britânico e francês eram assentamentos incipientes que se assemelhavam mais aos "vilarejos superdimensionados" da costa leste da América do Norte britânica do que às capitais estabelecidas pelos espanhóis e portugueses. No início do século XVIII, apenas cerca de duas mil pessoas moravam em Kingston, a cidade fundada para substituir Port Royal em 1692. Da mesma forma, Cap Français, destinada a se tornar a cidade mais importante de Saint-Domingue e posteriormente a capital revolucionária do Caribe, havia herdado recentemente seu papel como centro de assentamento de La Tortue, lugar dos bucaneiros do outro lado do canal. Na época da fundação de Kingston, "Le Cap" abrigava apenas 160 homens brancos, 63 mulheres brancas e 34 escravos negros, e 20 anos depois a cidade ainda tinha apenas cerca de mil residentes.[24]

O progresso da agricultura comercial na região entre 1700 e 1790 transformou esses assentamentos tanto em tamanho quanto em função. Sobrevivendo a desastres naturais periódicos e incessantes guerras, esses e outros centros costeiros haviam crescido significativamente até a época da Revolução Haitiana. Uma geração de intensa atividade econômica e reforma após 1763 tornou Havana um próspero entreposto, cuja população, incluindo a rede de subúrbios adjacentes, variava entre 44 mil e 50 mil habitantes. A cidade continuou a expandir-se durante os anos da revolução em Saint-Domingue, dobrando de tamanho entre 1791 e 1810. Outras cidades da América espanhola, especialmente Caracas, cuja população quase dobrou entre 1772 e 1812, e Buenos Aires, experimentaram desenvolvimento semelhante como centros populacionais e de comércio.[25] Até 1790, Kingston se tornou o centro de redes sobrepostas de comércio regional e transatlântico na órbita britânica; de todas as cidades da América de língua inglesa, somente Nova York e Filadélfia tinham mais habitantes.[26] Em 1788, as estatísticas oficiais indicaram que a população do Cap Français era de 12.151 pessoas na cidade propriamente dita, número que não incluía dezenas de milhares de pessoas que viviam nas *plantations* nas colinas próximas, cujas vidas estavam intimamente ligadas à cidade.[27]

Além do amadurecimento e crescimento das maiores cidades da região, vários centros costeiros menores também conseguiram conquistar uma espécie de *status* urbano no final do século XVIII. Enquanto as maiores cidades dominavam o comércio transatlântico, seus concorrentes agressivos ofereciam transporte para a produção das *plantations* locais por meio de um próspero comércio costeiro e regional de curta distância, utilizando pequenas embarcações construídas localmente. Ao contrário de Havana e das cidades próximas na costa oeste de Cuba, que dominavam o Estreito da Flórida e se voltavam para o Atlântico, o conjunto de cidades que cercavam a região leste da ilha, desde Trinidad e Puerto Príncipe na costa sul até Holguín no lado oposto, voltava-se para o Caribe. Mais antiga do que Havana e a primeira capital colonial da ilha devido à sua proximidade com a costa de Hispaniola, Santiago de Cuba era apenas um pouco menor do que Kingston em 1791, com uma população total de 19.703 habitantes.[28]

A partir de seu porto bem protegido, Santiago de Cuba avistava um sistema de cidades portuárias menores na Jamaica e em Saint-Domingue, ligadas pelo comércio e pela proximidade geográfica. A apenas cerca de 12 horas de navegação a sudoeste estavam os excelentes portos da costa norte da Jamaica. Conforme o "Lado Norte" da Jamaica se desenvolvia no século XVIII, esses portos serviam como saídas para o mar para as paróquias produtoras de açúcar do norte – Hanover, St. James, Trelawny, St. Ann, St. Mary e Portland. Ao mesmo tempo, essas cidades, situadas próximas a colônias estrangeiras e cercadas por "inúmeras enseadas e baías, onde pequenas embarcações podem entrar a qualquer momento", serviam como áreas de apoio para contrabandistas com base na Jamaica e portos de escala para seus colegas de Cuba, Saint-Domingue e outros lugares.[29] Em 1758, dois dos portos mais movimentados, Montego Bay e Port Antonio, haviam alcançado estatura suficiente para serem nomeados, juntamente com Kingston e Savanna-la-Mar, portos oficiais de entrada e ganharam tribunais e aparatos alfandegários adequados. As outras cidades do norte – St. Ann's Bay, Falmouth, Martha Brae e Lucea – tornaram-se centros de importância comercial antes de atrair grandes números de residentes.

Um observador descreveu os assentamentos adjacentes de Falmouth e Martha Brae em 1794 como compreendendo entre eles "de 700 a 800 habitantes brancos, além das pessoas de cor, que são bastante numerosas". No entanto, as *plantations* em seu interior haviam se expandido tão rapidamente que os funcionários previam que, "com o tempo, mais açúcar e rum seriam embarcados lá do que em qualquer outro porto". Portanto, o pedido de Martha Brae para obter a designação de porto livre recebeu séria consideração, apesar do tamanho diminuto da cidade.[30] Mas, quando as autoridades em Kingston e Port Royal falavam sobre a costa norte da ilha, elas enfatizavam a vulnerabilidade da região tanto quanto o progresso comercial. Desprotegidos contra "as frequentes depredações feitas pelos barcos espanhóis de Cuba", os residentes dos portos do norte também viviam sob a longa sombra do "cockpit country" e dos quilombos. Por todas essas razões, relatou o governador Williamson em 1792, "o espírito de descontentamento geralmente se manifesta primeiro" entre os escravos da costa norte.[31]

Apenas 14 léguas (cerca de 68 quilômetros) a sudeste da Cuba espanhola, estava Môle Saint-Nicolas na costa de Saint-Domingue, a peça estratégica para o vital Canal de Barlavento. Essa era apenas uma entre uma dúzia de cidades costeiras igualmente vibrantes, de tamanhos variados, que pontilham a costa recortada da rica colônia francesa.[32] Comprimida em uma faixa de terra entre as montanhas e a costa, a colônia de Saint-Domingue mostrava uma orientação ainda mais forte em direção às suas cidades e ao mar do que Cuba ou Jamaica. Assim como Santiago de Cuba, Montego Bay e suas menores cidades-satélites, as cidades das províncias ocidentais e meridionais de Saint-Domingue deviam seu desenvolvimento e sua perspectiva tanto a fatores intracaribenhos quanto à intervenção metropolitana. O isolamento em relação a Cap Français devido às montanhas acidentadas do interior frequentemente deixava as cidades do oeste e do sul de Saint-Domingue por conta própria.

Os moradores de Gonaïves, Saint-Marc e Porto Príncipe, no oeste, e de Jérémie, Cayes e Jacmel, no sul, poderiam facilmente ter se sentido mais próximos, tanto geograficamente quanto em outros aspectos, de Cuba, da Jamaica e da costa norte do continente sul-americano do que do Cap ou da França. Em grande parte ignorados pelos navios da França e acostumados a buscar suprimentos em colônias estrangeiras em tempos de escassez, mercadores e fazendeiros dessas cidades fizeram os protestos mais fervorosos por independência comercial e política nos primeiros anos da Revolução Francesa.

***

Mesmo antes das revoluções na América do Norte, na França, em Saint-Domingue e na América espanhola levarem essas cidades a lutar por um governo autônomo, as cidades portuárias do Caribe eram ímãs naturais para todos os tipos de pessoas que buscavam independência pessoal. As autoridades coloniais estavam sempre atentas aos muitos convites à ausência de controle que as cidades ofereciam, mas também às dificuldades associadas à regulamentação da vida nesses locais. Em comparação, a vida no campo, mesmo com os muitos problemas associados ao controle do trabalho escravo, era idílica, ordenada e devidamente regulamentada. Enquanto a vida no campo girava em torno do regime previsível e estável da *plantation*, as cidades inverteram esses valores de trabalho de maneira muito hostil ao sistema escravagista. Uma visita em 1801 à movimentada Kingston fez com que um viajante britânico observasse que "o desejo de adquirir riqueza sem o devido esforço é a paixão mais vituperativa e perniciosa. Por isso, em todos os entrepostos comerciais, encontramos uma proporção maior do que em qualquer outro lugar de apostadores, vigaristas, ladrões, mendigos, charlatões e vendedores ambulantes".[33] Os observadores brancos já familiarizados com esse panorama diverso se preocupavam com o fato de que o teor da vida sem senhor nas cidades representava um perigo sempre presente de sedição. A descrição que o governador fez da mesma cidade um ano antes refletia com precisão as preocupações e os temores dos fazendeiros de toda a Afro-América. Segundo o relato de Lorde Balcarres em 1800,

> Todo tipo de vício que se encontra em cidades comerciais é proeminente em Kingston: aqui, a imaginação da Caixa de Pandora é plenamente exemplificada. Pessoas turbulentas de todas as Nações envolvidas em comércio ilícito; uma classe de Negros extremamente devassada, envolvida em todo tipo de travessura e um espírito de nivelamento geral, é a característica das classes mais baixas em Kingston. [...] Caso haja em algum momento uma Insurreição entre os escravos, aqui não é apenas um lugar de refúgio em primeira instância, mas a cidade pode ser rapidamente reduzida a cinzas.[34]

Como Balcarres sabia muito bem, as cidades haviam sido locais de refúgio para dissidentes das *plantations* por gerações. Em meados do século, as cidades maiores atraíam muitos escravos fugitivos das áreas rurais vizinhas. Em 1744, em resposta a esse problema, as autoridades policiais de Kingston determinaram que as cabanas nas áreas periféricas da cidade, habitadas por negros livres e pelos fugitivos que eles protegiam, poderiam ter apenas uma porta, e que as agrupações de mais de quatro cabanas poderiam ter somente uma entrada comum.[35] Os primeiros anúncios de fugitivos de Saint-Domingue, publicados na recém-fundada *Gazette de Saint-Domingue* em 1764, mostram que os escravos fugitivos nas paróquias do norte da colônia francesa pressentiram uma perspectiva maior de fuga bem-sucedida no Cap Français e seus arredores do que nas montanhas ou perto da fronteira da vizinha colônia espanhola.[36]

À medida que as cidades portuárias do Caribe cresciam, sua atração para os escravos fugitivos também aumentava. Na década de 1790, relatórios das colônias espanholas confirmaram a presença de bandos de fugitivos nas cidades costeiras e em seus arredores. Em Caracas, esses grupos habitavam vastas planícies, ou *llanos*, que se espalhavam a partir da capital. Uma estimativa conservadora calcula que o número de escravos fugitivos que viviam e atuavam nas proximidades de Caracas era de cerca de 300 em 1791, e esse número aumentou rapidamente na década seguinte. A composição desses grupos provavelmente incluía tanto fugitivos de *plantations* e fazendas de gado quanto outros que trabalhavam na própria cidade.[37] Contingentes semelhantes se concentravam no distrito de Havana, em Cuba, onde os fugitivos eram tão ativos quanto nas montanhas da região de Santiago de Cuba no outro extremo da ilha. Em junho de 1791, a dificuldade de "recolher negros fugitivos, tão necessários aos seus proprietários, de capturar desertores que lotam o campo e, por fim, de conter os distúrbios provocados por toda parte pelos malfeitores abrigados nas montanhas" sobrecarregou severamente a capacidade das autoridades municipais de Havana de lidar com eles.[38] Menos de um ano depois, o prefeito de Jaruco, uma pequena cidade satélite de Havana, na costa leste de Cuba, solicitou ajuda do governo para reprimir os recorrentes "roubos e outros escândalos" perpetrados por escravos fugitivos na área.[39] Até 1798, as novas regulamentações elaboradas para controlar os fugitivos da economia escravagista em rápida expansão em Cuba reconheciam tanto o problema dos escravos que fugiam para as cidades quanto a dificuldade de impedir a fuga dos escravos urbanos, já que "a maioria dos escravos fugitivos pertence a residentes da cidade de Havana".[40]

Os escravos fugitivos também estavam ativos nas cidades das colônias francesas e britânicas e em seus arredores na década de 1790. Entre outubro de 1790 e agosto de 1791, as autoridades francesas prenderam 500 fugitivos somente nas proximidades do Cap Français. Os registros de fugitivos recapturados e o local de sua apreensão parecem indicar que aqueles que iam para a cidade em si escaparam das autoridades com mais sucesso do que os que perambulavam pelos distritos periféricos.[41] Na Jamaica, os fugitivos se aglomeravam na movimentada Port Royal na década de 1790. Citando "o número de negros fugitivos com os quais [a cidade] está infestada", os habitantes brancos solicitaram à Assembleia, em 1801, recursos para a construção de "um local de confinamento" para controlar essa população e desencorajar a vinda de outros.[42]

Além de oferecer oportunidades únicas para escravos fugitivos, as cidades caribenhas também exerciam atração especial para os negros e pardos livres, os mais marginais entre os vários grupos que compunham a população "sem senhor" do Caribe. Seja exercendo ofícios, buscando trabalho ou vivendo de sua astúcia, os não brancos livres tendiam a se estabelecer nas cidades, e o número de pessoas urbanas livres de cor aumentou de forma constante durante o período da Revolução Francesa. Sempre temidas por sua capacidade de se locomover e perturbar o funcionamento tranquilo da economia das *plantations*, as comunidades urbanas de pessoas de cor e negros livres absorveram o espírito igualitário da época e rapidamente assumiram uma voz política que surgiu e se amadureceu durante a década de 1790.

As pessoas de cor livres eram mais numerosas no Caribe espanhol, onde ocupavam um nicho demográfico de destaque nas áreas urbanas. Elas representavam 22% da população de Havana e seus subúrbios em 1791. A população das cidades ao longo da costa leste voltada para o Caribe continha até maiores percentuais de residentes negros e pardos livres. Em Santiago de Cuba, dados de 1791 listaram 6.698, ou 34%, dos 19.703 habitantes da cidade como "negros" ou "mulatos" livres. Um censo realizado no ano seguinte mostrou um padrão semelhante para Bayamo, onde metade da população negra era livre, e os não brancos livres representavam mais de 37% da população da cidade, que era de 22.417.[43]

Durante o período revolucionário após 1791, a concentração urbana dessa população se expandiu significativamente. Alexander von Humboldt, visitando Cuba nos primeiros anos da independência do Haiti, comentou longamente sobre o recente aumento do tamanho da população negra livre urbana em Cuba. Como "a legislação espanhola [...] favorece em um grau extraordinário" suas aspirações de liberdade, ele observou, "muitos negros adquirem/conseguem sua liberdade nas cidades". Humboldt também citou um estudo populacional de 1811 realizado pelo *ayuntamiento* [câmara municipal] e pelo consulado de Havana, que constatou que a população negra, tanto livre quanto escravizada, estava mais urbanizada do que nunca. No distrito de Havana, onde o número de negros livres igualava o de escravos, os negros e pardos no campo superavam os das cidades por uma estreita proporção de três para dois. Na costa leste, metade de todos os negros e pardos vivia nas cidades, e as pessoas de cor livres dominavam algumas das localidades mais expressivas. "O partido (distrito) de Bayamo", registrou Humboldt, "é notável pelo grande número de pessoas de cor livres (44%), que aumenta anualmente, assim como em Holguín e Baracoa". De fato, ele concluiu, com um tom de alerta às escravocracias do Caribe, "desde que o Haiti se emancipou, há nas Antilhas mais negros e mulatos livres do que escravos".[44]

Mesmo antes de as palavras de ordem da Revolução Francesa chegarem aos seus ouvidos, pessoas de cor livres nos territórios espanhóis urbanos testaram os limites de sua condição de não ter senhor e pressionaram por certos tipos de igualdade. Esse espírito se manifestou mais visivelmente dentro das fileiras militares. Desde a incorporação de homens livres de cor em batalhões de milícia separados, mas supostamente iguais, que começou na década de 1760, o comportamento assertivo dessas tropas armadas havia provocado reclamações constantes das autoridades civis.

Quando oficiais de unidades de milícia parda e morena em Caracas exigiram os mesmos rituais fúnebres e trajes cerimoniais que os oficiais brancos no início de 1789, as autoridades espanholas se preocuparam que tais ataques contra a estrutura de desigualdade nas forças armadas levassem inevitavelmente a ataques mais gerais contra a estrutura da sociedade colonial. Esse último episódio, temia o capitão-general, representava a fina e perigosa extremidade de uma cunha igualitária – ou talvez a lâmina afiada de uma espada de dois gumes. "Por mais que eu esteja ciente das graves dificuldades que cada dia dessa suposta igualdade trará", escreveu ele em abril, "também temo outras consequências ruins se suas pretensões forem negadas. No primeiro caso, há o risco de mais arrogância e audácia por parte dos oficiais; no segundo [...] deslealdade, espírito de vingança e sedição".[45] A política da Coroa adotou uma posição firme contra todas as evidências de tal inquietação. Em Cuba, apenas dias antes das primeiras *plantations* serem queimadas na vizinha Saint-Domingue, Luis de las Casas, governador e capitão-general, recebeu instruções da Coroa para silenciar as "antigas reclamações" contra os oficiais brancos apresentadas pelos oficiais das unidades pardas e morenas em Havana.[46]

Nas colônias britânicas e francesas, os negros e pardos livres eram consideravelmente menos numerosos do que em Cuba e outros domínios espanhóis, um fato que, ironicamente, destacava ainda mais a sua visibilidade como uma presença urbana. Embora raramente contados com tanta precisão em censos populacionais, os negros e pardos livres pareciam causar muito mais preocupação diária entre os funcionários do governo e os residentes brancos na Jamaica e em Saint-Domingue do que nas colônias espanholas. As pessoas de cor livres da Jamaica migraram para a área ao redor de Kingston. Quase 60% das 3.408 pessoas "negras e de cor" que tiraram certificados de liberdade sob um ato legislativo de 1761, que exigia o registro de todas as pessoas livres na ilha, residiam em Kingston e Spanish Town, a cidade capital mais próxima. Em 1788, mais de um terço de todas as pessoas de cor livres da ilha morava em Kingston, em comparação com 22% de todos os brancos e 7% de todos os escravos.[47]

Até 1788, os jamaicanos brancos estavam suficientemente preocupados tanto com o crescimento dessa população quanto com sua mobilidade para submeter tais pessoas a um escrutínio mais cuidadoso. Preocupada que a linha entre escravidão e liberdade permanecesse claramente demarcada para frustrar os esforços dos escravos de passar imperceptivelmente para a casta dos pardos livres, a Assembleia instou os "juízes e conselheiros" de todas as paróquias a

> [...] realizar diligente inquérito em suas respectivas paróquias, quanto ao número de negros, mulatos ou índios de condição livre, e fazê-los comparecer na próxima reunião, e dar um relato de como obtiveram sua liberdade, para que seus nomes e a maneira de obtenção de sua liberdade possam ser registrados nos livros de atas das referidas paróquias.[48]

Mas até mesmo esse esforço para separar os escravos dos livres de cor pouco fez para conter o tremendo crescimento da população não branca livre durante a década seguinte. Assim como em Cuba, esses números aumentaram durante o período da Revolução Haitiana, já que um grande número de negros livres, muitos deles imigrantes vindos de Saint-Domingue, se aglomeraram em Kingston. Quando os oficiais da paróquia de Kingston solicitaram a incorporação em 1801, eles se referiram de maneira enfática ao fato de que "a população aumentou muito recentemente, e particularmente no que diz respeito a estrangeiros e pessoas livres de cor", e pediram uma fiscalização mais rigorosa e "uma polícia eficiente e estrita" para minimizar os perigos apresentados por esses imigrantes sem senhor.[49]

Em Saint-Domingue, negros e pardos livres das cidades se identificaram intensamente com as ideias da Revolução Francesa, em um esforço para melhorar seu *status*, e, ao fazerem isso, inadvertidamente abriram a porta para a revolta dos escravos de 1791. A presença de mulatos e negros livres nas cidades já causava preocupação e comentários desde a década de 1770. Além dos artesãos pardos que eram figuras conhecidas, escreveu um observador em 1775, "existem agora nas cidades mulatos e negros que se dizem livres e que não têm meios de subsistência conhecidos". As dúvidas sobre a lealdade dessa classe complicaram os primeiros esforços para arregimentar homens de cor livres em unidades policiais para mantê-los fora das ruas. Os oponentes de tal medida argumentavam que, já que "a tranquilidade pública está assegurada, por que dar armas aos únicos homens que poderiam perturbá-la?".[50] Tal confiança na "tranquilidade pública" rapidamente se desfez nos anos que antecederam a chegada da Revolução Francesa. Na década de 1780, observadores brancos viam não brancos livres nas cidades como fontes de sedição, indivíduos que deveriam ser cuidadosamente vigiados e controlados, e os funcionários governamentais tomaram um cuidado extra para contar o número de *affranchis* [libertos] urbanos em seus censos ocasionais. Por exemplo, números oficiais registraram apenas 195 residentes de cor livres em 1775 no Cap Français, mas em 1780, em uma contagem aparentemente mais cuidadosa, quase 1.400 pessoas apareceram nessa categoria, um amplo testemunho tanto de uma presença em expansão quanto de uma preocupação cada vez maior.[51] Até o momento em que o drama do início da Revolução Francesa agarrou as cidades costeiras de Saint--Domingue, fazendeiros de toda a ilha expressavam temores de que a agitação nas cidades pudesse se espalhar para as áreas das *plantations* por meio dos negros e mulatos das cidades próximas. "Os negros ociosos das cidades são os mais perigosos", escreveu um típico fazendeiro de açúcar da paróquia ocidental de Arcahaye em 1790. Já estavam em andamento movimentos "para expulsar das cidades todos os vagabundos, pessoas que não tinham nada a perder" e que estavam no centro de toda a agitação.[52]

Essas preocupações não eram infundadas. Ao longo do século XVIII, os fazendeiros perceberam que as ligações entre cidade e campo eram tão irritantes quanto essenciais. Cientes de que as cidades, com suas populações livres, representavam uma tentação constante de deserção para os escravos dissidentes, eles também reconheciam que a sobrevivência de suas *plantations* dependia do acesso aos mercados e ao mar proporcionado pelas cidades portuárias. Portanto, trabalhavam ativamente para garantir o fluxo livre de mercadorias entre o interior e a costa, embora os custos potenciais para o seu regime social fossem evidentes.

O crescimento dos sistemas de *marketing* internos nas sociedades caribenhas, um fenômeno do século XVIII intimamente ligado ao crescimento das cidades, apresentou mais oportunidades para a mobilidade individual, ao mesmo tempo que aproximava os mundos da cidade e do campo. Tanto na Jamaica quanto em Saint-Domingue, pessoas sem senhor de todas as descrições controlavam em grande medida o movimento de alimentos e bens de consumo baratos entre cidades e áreas periféricas. Na colônia britânica, a prática dos escravos de cultivarem seus próprios vegetais e frutas em terrenos de horta reservados para esse fim já estava bem estabelecida em toda a ilha até meados do século. À medida que a população livre das cidades expandia, os escravos encontravam mercados prontos para seus produtos, que trocavam por dinheiro ou outros itens.[53]

Desde o início, o sistema de *marketing* jamaicano envolveu mulheres escravas e suas contrapartes negras e pardas livres como as principais agentes. A "*higgler*" (vendedora ambulante ou mascate) jamaicana, um tipo social proeminente na sociedade até os dias atuais, tornou-se a corretora no comércio animado entre o campo e a cidade. Atraídas pelos lucros a serem colhidos como intermediárias e pela medida de liberdade e mobilidade que a vida de mascate prometia, muitas mulheres fugiam das *plantations* para se dedicar a essa atividade em tempo integral. Phebe, uma costureira que deixou sua *plantation* em Kingston em 1787, ainda estava foragida e se "passando" por livre cinco anos depois. Dizia-se que ela "vivia em Old-Harbour, no mercado de Old-Harbour, ou nas proximidades, e era uma *higgler*".[54] Fazendeiros e comerciantes urbanos se empenharam em controlar essas "mascates errantes", que "antecipam tantas das necessidades da vida que são vendidas em nossos mercados", e que traziam notícias da cidade para os escravos nas *plantations*.[55]

Por razões econômicas e de segurança, portanto, mascates e outros comerciantes itinerantes e vendedores ambulantes tiveram as profissões que escolheram severamente restringidas pela lei, especialmente em tempos de tensão, como o início da era revolucionária no Caribe. "Não há figura mais perigosa neste país do que Mascate", relatou um grupo de fazendeiros da costa norte em 1792, "e talvez nunca tenha havido uma rebelião entre os Escravos nas Ilhas das Índias Ocidentais que não tenha sido completamente, ou em parte, conduzida por essa Classe de Pessoas".[56]

Em Saint-Domingue, o *marketing* interno desempenhou o mesmo papel na ligação das *plantations* com as cidades. As oportunidades dentro da economia doméstica da colônia francesa atraíam todos os tipos de pessoas: brancos urbanos pobres sem trabalho, negros e mulatos livres e escravos privilegiados, todos negociando produtos agrícolas e pequenos produtos manufaturados europeus. Nas próprias cidades, mulheres negras e pardas livres desempenharam papéis centrais; muitas delas possuíam "casas" comerciais e escravos próprios. E, como as mascates da Jamaica, as mulheres do campo levantavam cedo para viajar de *plantation* em *plantation* e comprar produtos de escravos para vender nos mercados da cidade. A preocupação dos fazendeiros com a mobilidade de todos esses compradores e vendedores itinerantes envolvia não apenas sua capacidade incômoda de controlar grande parte dos mercados internos, mas também se estendia ao seu papel social mais amplo. O lendário líder quilombola chamado Mackandal, que liderou uma campanha para envenenar todos os brancos da província do norte nos anos 1760, fez uso brilhante de uma rede de comerciantes itinerantes para prever e controlar eventos à longa distância, aumentando assim seu *status* como um poderoso místico religioso entre seus seguidores escravos.[57] Esses intermediários desempenharam um papel fundamental ao levar das cidades para as *plantations* as notícias da agitação que fervilhava após 1789.[58]

***

Uma grande variedade de indivíduos sem senhor se juntou aos escravos, fugitivos e negros livres nas cidades do Caribe. Os governos coloniais tiveram tanta dificuldade para controlar muitos dos imigrantes europeus quanto tiveram para administrar os escravos. Desde o início do século XVIII, por exemplo, os imigrantes brancos em busca de fortuna ou importados com o objetivo de moderar o crescente desequilíbrio entre a população negra e a branca se mostraram problemáticos para as autoridades do Caribe britânico e francês. Uma experiência do Parlamento Britânico de 1717, que enviou trabalhadores condenados para as colônias como servos contratados, logo se mostrou contraproducente. Poucos meses após a chegada da primeira leva de imigrantes escravizados, o governador da Jamaica relatou que,

> [...] longe de alterar seu mau comportamento e modo de vida e de se tornar uma vantagem para nós, [...] a maior parte deles já foi embora e induziu outros a fazer pirataria com eles, além de ter aliciado e incentivado vários negros a abandonarem seus senhores [...]. Os poucos que restaram são um povo perverso, preguiçoso e indolente, de modo que eu gostaria sinceramente que este país não fosse mais perturbado por eles.

Igualmente desagradáveis aos funcionários do governo foram os resultados das chamadas Leis de Deficiência, atos anuais que datam de 1718, que estipulavam que os proprietários de *plantations* mantivessem proporções fixas de brancos para negros e gado ou pagassem multas. O governador Robert Hunter reclamou em 1731 que os brancos introduzidos sob esse plano, muitos deles católicos irlandeses, eram prejudiciais para a comunidade, "um tipo preguiçoso e inútil de pessoas", cujas lealdades sempre eram suspeitas.[59] Na década de 1780, no entanto, a classe dos fazendeiros havia superado pelo menos parte de sua aversão aos brancos de posição inferior, embora o preço dessa precária solidariedade branca parecesse um pouco alto para alguns. Bryan Edwards, fazendeiro e historiador, descreveu o plebeu branco que "se aproxima de seu empregador com a mão estendida, e com uma liberdade que, nos países da Europa, raramente é manifestada pelos homens das camadas inferiores da sociedade em relação aos seus superiores". Edwards achava essas pretensões de igualdade quase tão perturbadoras quanto as das pessoas de cor livres, que ele observou mais tarde.[60]

As autoridades francesas em Saint-Domingue repetiram os mesmos sentimentos nas décadas de 1770 e 1780, quando a lendária "prosperidade" da colônia atraiu muitos imigrantes europeus que buscavam obter uma parte dos lucros para si mesmos. De acordo com um observador, os recém-chegados consistiam, em grande parte, de artesãos robustos, incluindo "carpinteiros, marceneiros, pedreiros, tanoeiros, serralheiros, ferreiros, seladores, construtores de carruagens, relojoeiros, ourives, joalheiros e barbeiros", que buscavam escapar das difíceis condições econômicas em seu país de origem.[61] Mas um relatório da polícia de Cap Français de 1780 fala apreensivamente das "pessoas que chegam diariamente da Europa, que, em sua maioria, cruzaram o oceano para fugir de suas famílias e de seu país, e vieram para a América a fim de escapar das represálias de parentes e da lei".[62] De caráter nitidamente multinacional, a onda de imigração dessas pessoas ambiciosas e muitas vezes desesperadas, em geral homens jovens, trouxe para as cidades de Saint-Domingue uma população nova e inquieta de *petits blancs* (brancos pobres), de mobilidade ilimitada e lealdade suspeita. Quando as forças britânicas invadiram Saint-Domingue em 1793, lembra um coronel envolvido nesse esforço, elas encontraram uma resistência considerável de brancos urbanos que ele só podia descrever como "aventureiros de todas as partes/regiões da Europa" que tinham vindo para o Caribe "em busca de fortuna".[63]

Assim como os negros livres, mulatos e escravos fugitivos com os quais entraram em contato quando chegaram, os imigrantes europeus indisciplinados logo se viram como hóspedes indesejados em uma sociedade em que o poder dos senhores dependia sobretudo da manutenção da ordem social. Hilliard d'Auberteuil refletiu o sentimento predominante da elite de Saint-Domingue quando se referiu de maneira desdenhosa a essa "multidão de vagabundos e aventureiros que se lançam sobre essas terras [...] sem comércio ou propriedade [...]. Nenhum cidadão ou habitante ousa confiar neles".[64] Eles compartilhavam igualmente com as pessoas de cor livres a culpa pelo aumento da criminalidade urbana, e as autoridades do Cap os acusavam de trazer consigo todos os vícios do proletariado urbano europeu, entre eles "roubos, brigas, jogos de azar, libertinagem, motins e até mesmo sedição".[65] O governador da Martinica, outra colônia francesa do Caribe, até deu um suspiro de alívio quando um grande número de brancos urbanos agitados partiu de sua ilha para Saint-Domingue, "onde eles podem se entregar à caça e à desordem, e onde a liberdade licenciosa é completa".[66] Um tenente da marinha francesa, que serviu no Caribe em 1790 e 1791, previu com perspicácia que os *petits blancs* urbanos, esse "lixo de todas as nações", se tornariam "um dos melhores elementos de propaganda para a agitação revolucionária".[67]

Os estratos mais baixos dos brancos nas cidades consistiam em mais do que apenas pobres aventureiros. Um número substancial deles era composto por desertores do exército, homens sem senhor por opção, que as autoridades coloniais mencionavam na mesma frase que os escravos fugitivos. Por todo o Caribe, comandantes de regimentos coloniais queixavam-se tanto da qualidade dos homens enviados da metrópole quanto da disposição de seus subordinados para abandonar seus deveres prescritos em favor da chance de independência. O governador britânico de São Vicente expressou essa frustração em 1777, chamando a mais recente leva de recrutas de "a própria escória da Terra. As ruas de Londres devem ter sido varridas de seu lixo, as prisões esvaziadas [...]. Eu diria que até os patíbulos foram roubados para fornecer tais Recrutas, literalmente a maioria deles apta apenas [...] para encher uma vala".[68] A reputação nada invejável dos militares europeus enviados para as Índias Ocidentais como "homens indisciplinados" de "hábitos irregulares" os persegue na literatura recente de forma tão implacável quanto no século XVIII.[69]

As taxas de deserção aumentaram quando a guerra e os rumores de guerra afastaram os soldados dos quartéis e os marinheiros dos navios, mas, como todas as outras formas de resistência popular presentes no Caribe, a deserção era uma tradição consagrada pelo tempo, tanto na guerra quanto na paz, no final do século XVIII. Não faltavam convites para desertar. A disciplina nos regimentos coloniais era rígida e intransigente; epidemias frequentes assolavam as fileiras das tropas recém-chegadas, confinadas como estavam em alojamentos fechados e insalubres; e muitas oportunidades de participar das culturas locais os chamavam. Desertores de regimentos espanhóis usufruíram da opção única de se refugiar nas igrejas, onde a lei e os costumes os protegiam da apreensão. Mas outros, de todas as nacionalidades, embarcavam avidamente em pequenos navios mercantes ou de contrabando, escondiam-se nas cidades ou vagavam de lugar em lugar.

No início da década de 1790, as correntes políticas que circulavam pelo Atlântico também levaram soldados e marinheiros à deserção e a outras formas mais diretas de resistência à autoridade militar. Anúncios de desertores em regimentos da Jamaica sugerem tais vias políticas de explicação. Por exemplo, muitos relatos descrevem desertores de origem irlandesa. James Regan, marcado por seu forte e distintivo sotaque, desertou do quartel de Kingston em 1792, levando consigo as roupas, o dinheiro e até os papéis de seu capitão inglês. Em seguida, ele alugou um cavalo e um jovem guia negro, atravessou a ilha até "um dos portos do lado Norte" e tentou, sem sucesso, passar-se por seu capitão numa tentativa de conseguir passagem para fora da ilha.[70] Um grupo de cinco desertores do 62º Regimento que fugiu na mesma época incluía apenas um inglês e três irlandeses.[71] Henry Hamilton, outro nativo da Irlanda e tecelão de profissão, deixou o quartel em Stony Hill com um companheiro escocês mais velho, também tecelão, em agosto de 1793.[72] A aparente inquietação entre os soldados e marinheiros irlandeses a serviço da realeza no início da década de 1790 coincide com o surgimento do republicanismo nacionalista na Irlanda, um estágio novo e vital no desenvolvimento da oposição ao domínio britânico. Se os desertores dos regimentos britânicos nas Índias Ocidentais incluíam dissidentes irlandeses, essa atividade fornece alguns antecedentes para o papel que os United Irishmen (Irlandeses Unidos) desempenharam nos motins navais de 1797 em Spithead e Nore. No próprio Caribe, essa corrente radical às vezes encontrava um escape imediato nas lutas locais contra os britânicos. Logo depois que os rebeldes negros de Saint-Domingue capturaram o Cap Français no final da primavera de 1793, o comandante de um cúter da armada britânica que servia na costa da colônia rebelde identificou um notório "irlandês de tamanho prodigioso" e de sotaque carregado como "um desertor de seu cúter, a bordo do qual ele havia atuado como contramestre". O desertor tinha sido visto recentemente como um dos tripulantes de um grande "barco a remo, armado com 50 ou 60 homens de todas as cores", que atacava navios britânicos e americanos e aparentemente se aliara à causa dos rebeldes negros em terra.[73]

Os diversos esforços dos governos coloniais para desencorajar esse comportamento refletem os empenhos similares para controlar os escravos fugitivos. Na Jamaica, os anúncios de desertores militares apareciam nos jornais nas mesmas páginas que os avisos de escravos fugitivos, e os desertores capturados podiam contar que receberiam o tipo de punição rápida e severa aplicada rotineiramente aos escravos rebeldes. No início de 1791, as autoridades militares sentenciaram "um fuzileiro naval e um marinheiro" culpados por desertar de um dos navios de guerra do rei em Port Royal a receber 500 chicotadas cada um, embora mais tarde "o Almirante tenha humanamente perdoado metade da punição".[74] Governadores, oficiais, a Assembleia e cidadãos particulares também ofereciam recompensas para ajudar na recuperação de desertores, de maneira muito semelhante ao que faziam por escravos ausentes. Frequentemente, as linhas entre as diferentes formas de deserção se tornavam de fato nebulosas. Por exemplo, quando as autoridades prenderam o mulato

Josef Isidro Puncel às duas da manhã perto dos portões da praça central em Havana, elas o encarceraram como um escravo fugitivo, apenas para descobrirem, após uma investigação mais detalhada, que ele era na verdade um desertor livre da armada.[75] Por outro lado, como a segurança dos fazendeiros, comerciantes, funcionários coloniais e suas famílias dependia em grande parte da força, lealdade e prontidão das forças militares, eles desfrutavam de uma certa margem de tolerância que os escravos fugitivos não tinham. No início de 1789 e de novo quatro anos mais tarde, quando a perspectiva de guerra despontava no horizonte, a Coroa Espanhola tentou trazer os desertores de volta ao seu rebanho, emitindo uma anistia que abrangia todos os culpados de deserção e contrabando, tanto em liberdade quanto na prisão.[76]

***

Um incidente específico de deserção envolvendo um grupo de músicos de um regimento britânico oferece um raro vislumbre da "Caixa de Pandora" do governador Balcarres – o complexo subterrâneo urbano que protegia os fugitivos da disciplina da sociedade escravista caribenha. Frequentemente ignorados pelos historiadores militares, os músicos eram parte integrante dos regimentos do exército britânico nas Índias Ocidentais e em outros lugares, e seu papel, bem como seus números, parecem ter se expandido entre meados do século XVIII e a era das guerras napoleônicas.[77] À medida que as bandas militares na Europa aumentavam tanto em tamanho quanto em instrumentação durante esse período, os músicos negros tornaram-se cada vez mais proeminentes e, na década de 1780, podiam ser encontrados tocando ao lado de brancos em todas as partes do continente. Com pratos estridentes e tambores rufando, pandeirolas, grandes tambores, triângulos e os chamados "Jingling Johnies", negros nas bandas britânicas trouxeram consigo novos sons, que as bandas incorporaram com entusiasmo como parte do constante processo de empréstimo cultural que sempre caracterizou a música militar britânica.[78] Nas Índias Ocidentais, o intercâmbio foi mais extenso. Nas ilhas, os negros apareceram em bandas militares europeias no início do século; bateristas negros se apresentaram em regimentos franceses pelo menos desde a década de 1720. No final do século, as bandas regimentais britânicas também recorriam prontamente ao talento negro. A presença de músicos negros locais nessas bandas não apenas afetou sua música, mas também proporcionou aos músicos britânicos insatisfeitos rotas de acesso à vibrante cultura musical das ilhas e, por fim, ao *underground* que a alimentava.

Na década de 1790, na Jamaica, os músicos dos regimentos britânicos pareciam especialmente propensos à deserção. Esse foi certamente o caso do 10º Regimento de Infantaria, baseado em Kingston. Em abril de 1793, o oficial comandante do 10º Regimento fez circular nos jornais locais avisos sobre músicos que haviam fugido em diferentes ocasiões naquele mês. Um desses desertores foi Samuel Reed, um "trabalhador" irlandês de cerca de 25 anos que tocava clarinete e outros instrumentos. Poucos dias após o desaparecimento de Reed, o baterista Joseph Lees deixou o quartel para se juntar a ele.[79]

Talvez Reed e Lees estivessem tentando se juntar a dois colegas músicos que estavam ausentes há mais de um ano. De forma dramática, no final de fevereiro de 1792, dez músicos – sem dúvida a maior parte da banda – desertaram do 10º Regimento e foram para Kingston. Aparentemente, a fuga foi bem planejada. Os desertores encontraram abrigo primeiramente na casa de um velho amigo, um homem moreno chamado Jacob Hyam, que havia servido recentemente como tocador de pífano em uma companhia de artilharia do mesmo regimento. Seguindo de perto o rastro deles, as autoridades militares prenderam três dos músicos na casa de Hyam; os demais escaparam. Vários dias depois, mais três desertores foram capturados, dessa vez escondidos na casa de "uma senhora branca chamada Mary Ellis", que morava em uma área escura e suja de Kingston, popularmente conhecida como "Damnation-alley" ["Beco da maldição"]. Foi lá que aqueles rastreando os quatro ainda foragidos descobriram que apenas um ou dois dias antes, "ao se verem perseguidos de perto", os músicos alertas "se separaram e tomaram caminhos diferentes". Dois dos quatro restantes foram logo capturados pouco antes de embarcarem em um navio em Savanna-la-Mar.[80]

No final de março, portanto, apenas dois dos dez primeiros haviam conseguido escapar das autoridades, George Theodorus Eskirkin (natural da Irlanda, conhecido pelos amigos simplesmente como "Dorus") e John Sims, natural de Quebec. Tanto Eskirkin quanto Sims eram músicos habilidosos, cujos talentos e interesses incluíam, mas ultrapassavam, o domínio dos instrumentos básicos fornecidos aos músicos militares: flauta, *hautboy* [um tipo antigo de oboé], pífano e clarinete. Eskirkin, nas palavras de seu comandante, sabia tocar tambor, e Sims gostava de "violino, violoncelo, cravo... fagote e violão". Embora a formação musical desses dois homens diferisse em aspectos fundamentais da dos músicos locais, seu interesse nos tipos de instrumentos de percussão e de cordas populares entre os músicos negros da Jamaica pode ter contribuído para que eles encontrassem espíritos afins no subterrâneo que os ajudavam a escapar das garras de seus perseguidores. Após deixarem Jacob Hyam (agora confinado na cadeia paroquial por ter abrigado os fugitivos) e Mary Ellis, Sims e Eskirkin permaneceram um passo à frente da lei e se mudaram para a vizinha Spanish Town, onde frequentemente eram vistos na companhia de outro músico notório, "um homem negro chamado Jack Nailor", como Sims "um violinista" que fazia sua casa em algum lugar "no mercado judeu". Sob a tutela de Nailor ou por conta própria, os dois desertores começaram a adotar disfarces para se perderem entre idas e vindas da capital. Às vezes apareciam como marinheiros britânicos, vestidos com longas meias pretas e calças largas impermeabilizadas com alcatrão; em outros momentos se tornavam espanhóis, adotando sotaques e andando com "lenços coloridos amarrados em volta de suas cabeças, e jaquetas e calças de linho listradas". Até meados do verão, as autoridades, exasperadas, tinham praticamente desistido de tentar capturar Eskirkin e Sims, que agora eram descritos como literalmente indistinguíveis de seus companheiros de pele mais escura em Kingston e Spanish Town. Diz-se que estavam "pescando e caçando" ao longo da costa sul, e os dois músicos teriam passado a "parecer tão marrons quanto algumas pessoas de cor". Não há registro de nenhum dos dois tendo sido capturado e devolvido ao serviço militar.

Para Dorus e John, a música provou ser o fio condutor de uma experiência comum que ligava sua aventura às lutas de homens e mulheres sem senhor no subterrâneo urbano de Kingston, tentando moldar uma vida fora da vigilância das autoridades caribenhas. Seu sucesso reflete as dificuldades que essas autoridades enfrentavam em desemaranhar as redes que permitiam a pessoas de todos os tipos e descrições resistir à autoridade e afirmar uma existência móvel. Tal resistência e tal mobilidade popular tornaram-se fatores-chave que permitiriam a transmissão do entusiasmo da revolução social no Caribe. É essencial reconhecer, entretanto, que essas redes não se limitavam discretamente a ilhas ou áreas isoladas, mas se estendiam por regiões inteiras. É para essa mobilidade vital entre as ilhas – o mundo dos navios e marinheiros – que agora voltamos nossa atenção.

Notas

[1] Para descrições dessa transformação, cf. Haring, 1910, pp. 200-231; Pares, 1960, pp. 14-20; e C. Hill, 1984, pp. 20-28. Hill descreve vividamente "homens sem senhores" na Inglaterra em meados do século XVII em *The world turned upside down: radical ideas during the English Revolution* (1972, pp. 32-45).

[2] Thompson, 1974, p. 383.

[3] Expressão tomada de James, 1953.

[4] Sheridan, 1973, pp. 216-223; Armytage, 1953, p. 4; Metcalf, 1965, pp. 33-197; Wells, 1975, p. 196.

[5] Dunn, 1972, p. 155; Wells, 1975, p. 196.

[6] Moreno Fraginals, 1976, pp. 15-30; Guerra y Sánchez, 1964, pp. 44-50; Aimes, 1907, p. 269; Sánchez-Albornoz, 1974, pp. 139-140.

[7] Sobre a expansão econômica, cf. Gipson, 1966-1970, vol. II, p. 252n; Deerr, 1949-1950, vol. I, pp. 239-240; e James, 1963, pp. 45-46. A respeito de dados populacionais e do comércio de escravizados, ver Curtin, 1969, pp. 78-79; Tarrade, 1972, tomo II, pp. 759-760; Bréard, 1893, p. 4; Viles, 1972, p. 530; *Mémoire envoyé le 18 juin 1790, au Comité des Rapports de l'Assemblée Nationale*, por M. de la Luzerne (Paris, 1790), p. 70, na coleção intitulada *Révolutions de Saint-Domingue*, John Carter Brown Library, Brown University (doravante RSD).

[8] Dallas, 1803, vol. I, pp. 22-97; Pitman, 1917, pp. 113-118. Para um exame geral do tratamento dispensado a rebeliões no Caribe inglês durante o período, cf. Gaspar, 1981, pp. 79-91.

[9] Ver, por exemplo, o severo tratamento dispensado a um fugitivo capturado descrito em Patterson, 1967, p. 263.

[10] Adam Williamson para Henry Dundas, 9 de março de 1793, Colonial Office Records, Public Record Office, London, classe 137/vol. 91 (doravante C.O. class/vol., PRO).

[11] Lorde Balcarres para o Duque de Portland, 11 e 25 de agosto de 1795, C.O. 137/95, PRO.

[12] Cf. a investigação de Luckey, "Examinations of sundry Slaves in the Parish of St. Ann Jamaica respecting an intention to revolt", de 31 de dezembro de 1791, 11 de janeiro de 1792, e os exames de Duke e Glamorgan, "Examinations of sundry Slaves in the Parish of Trelawny Jamaica", de 5 de janeiro de 1792, C.O. 137/90, PRO.

[13] John Whittaker para J. L. Winn, 11 de janeiro de 1792, e relatório de Robert Parker, s.d., dentro de "Minutes of the proceedings of the Committee of Secrecy and Safety in the Parish of St. James's, Jamaica", C.O. 137/90, PRO.

[14] Para descrições, cf. R. T. Hill, 1898, pp. 39-40, e Humboldt, 1856, 129n.

[15] Juan Nepomuceno de Quintana para Eugenio Llaguno, Cuba, 31 de dezembro de 1796, Archivo General de Indias, Sevilha, Espanha, Sección de Gobierno, Audiencia de Santo Domingo, leg. 1264 (doravante AGI, Santo Domingo).

[16] Ver o trecho de Francisco Pérez de la Riva, *La habitación rural en Cuba* (La Habana, 1952), traduzido e reimpresso em Price, 1979, esp. pp. 54-55.

[17] Quintana para Llaguno, Cuba, 31 de dezembro de 1796, AGI, Santo Domingo, leg. 1264.

[18] Luis de las Casas para Príncipe de la Paz, La Habana, 14 de dezembro de 1795, AGI, Papeles procedentes de la isla de Cuba, leg. 1489 (doravante AGI, Cuba); Lorde Balcarres para o Duque de Portland, 29 de dezembro de 1795, C.O. 137/96, PRO. Satisfeitos com os resultados, os jamaicanos empregaram essa solução algumas semanas mais tarde em uma tentativa de controlar escravos fugitivos nas áreas de Saint-Domingue sob controle britânico. Ver Quintana para Las Casas, Cuba, 25 de fevereiro de 1796, AGI, Cuba, leg. 1435.

[19] Franco, 1975, pp. 58-63; Juan Baptista Vaillant para Las Casas, Cuba, 14 de setembro de 1795, AGI, Cuba, leg. 1435.

[20] Debien, 1966, pp. 3-41. A obra do historiador haitiano Jean Fouchard enfatiza o papel crucial de escravos quilombolas em Saint-Domingue na longa luta pela independência haitiana e a liberdade negra. Ver Fouchard, 1953 e 1972, além de Brutus, s.d., e Manigat, 1977, pp. 420-438. Para uma avaliação crítica da "escola haitiana", ver Geggus, 1982, pp. 27, 411, 457-458.

[21] Debien, 1966a, pp. 3, 7-9.

[22] Séguy de Villevaleix para Comte de Polastron, 31 [sic.] de setembro de 1790, reimpresso em Debien, 1956, p. 170.

[23] Ver, por exemplo, Debien, 1956, p. 164, e Léon, 1963, p. 141.

[24] Clarke, 1975, pp. 6, 141. Clarke estima a população de Kingston em 1700 em cinco mil residentes. Sobre as "vilas supercrescidas" de Boston, Nova York e Filadélfia, ver Nash, 1979, pp. 3-4. Moreau de Saint-Méry, 1958, tomo I, p. 479, tem dados sobre o Cap Français.

[25] Humboldt, 1960, p. 108; Sánchez-Albornoz, 1974, p. 127.

[26] Clarke, 1975, p. 141, estima a população da cidade como 23.500 habitantes em 1790. De acordo com o primeiro Censo dos Estados Unidos daquele mesmo ano, Nova York tinha 49.401 residentes, Filadélfia 28.522 e Boston 18.320.

[27] Moreau de Saint-Méry, 1985, tomo I, p. 479.

[28] Juan Baptista Vaillant para Las Casas, 18 de junho de 1791, "Resumen general de los moradores que comprehende la Ciudad de Cuba, y su respectivo territorio formado en el año de 1791", 18 de junho de 1791, AGI, Cuba, leg. 1434; Valdés, 1964, pp. 63-64. Cf. também as observações de Sagra, 1844, tomo I, pp. 34-35, a respeito do "grande número de navios costeiros atracados" pela costa leste de Cuba.

[29] Jamaica Assembly, 1793, p. 13. Sobre o papel crucial da Jamaica no contrabando regional, cf. Christelow, 1942, pp. 309-343.

[30] Burns, 1954, p. 495; Stephen Fuller para o Duque de Portland, 18 de fevereiro de 1794, C.O. 137/93, PRO; Fuller para Henry Dundas, 18 de fevereiro de 1794, Letterpress Books, Stephen Fuller Papers, Duke University Library (doravante FLB).

[31] Philip Affleck para Philip Stephens, 7 de junho de 1790, Admiralty Records, PRO, class 1/vol. 244 (doravante ADM class/vol., PRO); Adam Williamson para Henry Dundas, 5 de agosto de 1792, C.O. 137/90, PRO.

[32] Sagra, 1844, tomo I, p. 19.

[33] Robert H. Fisher, "Narrative of a voyage to the West Indies, for the purpose of attempting the establishment of an Ice Market in the Island of Jamaica", (West Indian Travel Journal, 1800-1801), University of Virginia Library, pp. 26-27.

[34] Lorde Balcarres para o Commander-in-Chief, 31 de julho de 1800, C.O. 137/104, PRO.

[35] Pitman, 1917, 40n.

[36] Debien, 1966b, p. 15.

[37] Ver o resumo em "Expediente relativo al recurso de los Ganaderos y Hacendados de la Provincia de Caracas... Años de 1790 a 92", AGI, Sección de Gobierno, Audiencia de Caracas, leg. 15 (doravante AGI, Caracas).

[38] Manuel Ventura Montero y Uriza para Las Casas, La Habana, 3 de junho de 1791, AGI, Cuba, leg. 1465.

[39] Las Casas para Marques de Cárdenas, La Habana, 10 de fevereiro de 1792, Marques de Cárdenas para Las Casas, La Habana, 14 de fevereiro de 1792, AGI, Cuba, leg. 1460.

[40] "Supplemento al reglamento sobre esclavos cimarrones, mandado publicar por el Exmo. Sr. Gobernador y Capitán General", La Habana, 1º de junho de 1798, Conde de Santa Clara para "Alcaldes de Hermandad de esta Ciudad y Pueblos de su Jurisdicn.", La Habana, 20 de julho de 1798, AGI, Cuba, leg. 1508-A.

[41] Fouchard & Debien, 1969, pp. 31-67.

[42] Jamaica Assembly, 1811-1829, vol. X, p. 491.

[43] Vaillant para Las Casas, Cuba, 18 de junho de 1791, "Resumen general de los moradores que comprehende la Ciudad de Cuba", 18 de junho de 1791; Vaillant para Las Casas com *estados* inclusos, Cuba, 22 de junho de 1792, AGI, Cuba, leg. 1434; Kiple, 1976, p. 85; Humboldt, 1856, pp. 112-114.

[44] Humboldt, 1856, pp. 187, 190-191, 212-213, 242.

[45] Juan Guillelmi para Antonio Valdés, Caracas, 14 de fevereiro, 30 de abril de 1789, AGI, Caracas, leg. 113; Kuethe, 1971, p. 109. Apesar de terminologia racial nunca ser isenta de ambiguidades, de modo geral os espanhóis usavam o termo "pardo" para descrever negros livres e "morenos" para se referir aos que os ingleses chamavam de "mulatos". Cf. Mörner, 1967, p. 44.

[46] Las Casas para Conde del Campo de Alange, La Habana, 16 de agosto de 1791, AGI, Santo Domingo, leg. 1255.

[47] "Return of the number of White Inhabitants, Free People of Colour and Slaves in the Island of Jamaica-Spanish Town, Nov. 1788", C.O. 137/87, PRO; Roberts, 1957, pp. 38-39; Gardner, 1971, p. 173; Edwards, 1807, vol. I, pp. 260-261; Clarke, 1975, p. 141.

[48] Jamaica Assembly, 1789, artigo LXIX.

[49] Jamaica Assembly, 1829, vol. X, p. 507.

[50] Hilliard d'Auberteuil, 1776, tomo II, pp. 85-86.

[51] Números extraídos de Moreau de Saint-Méry, 1958, tomo I, pp. 479-480.

[52] Joseph Laurent para Antoine Dolle l'Américain, Bordeaux, 4 de agosto de 1790, *apud* Léon, 1963, pp. 140-141.

[53] Cf. o artigo seminal de Mintz & Hall, 1960, esp. pp. 12-13, 15, 20.

[54] Kingston *Royal Gazette*, 20 de outubro de 1792, documento na National Library of Jamaica, Kingston (doravante NLJ).

[55] Lewis, 1845, p. 41; *Royal Gazette*, 2 de março de 1793. Para uma descrição da vida e do cotidiano de uma mercante que enfatiza o seu papel na comunicação entre sua comunidade e a de "antigos vizinhos agora morando na cidade", ver Katzin, 1959, pp. 421-435.

[56] "Minutes of the proceedings of the Committee of Secrecy and Safety in the Parish of St. James's, Jamaica", [1792], C.O. 137/90, PRO.

[57] "Minutes of the proceedings of the Committee of Secrecy and Safety", C.O. 137/90, PRO.

[58] Ver Trouillot, 1956, pp. 47-66.

[59] Nicolas Lawes para Board of Trade, 1º de setembro de 1718, C.O. 137/13, PRO; Robert Hunter para Board of Trade, 13 de setembro de 1731, C.O. 137/19, PRO; ambos *apud* Pitman, 1917, pp. 54, 55-56.

[60] Edwards, 1807, vol. II, pp. 7-8.

[61] Ducœurjoly, 1802, tomo II, p. 63.

[62] "Mémoire sur la police du Cap", 1780, reimpresso em Vassière, 1909, pp. 337-338.

[63] Chalmers, 1803, pp. 8-9.

[64] Hilliard d'Auberteuil, 1776, tomo II, pp. 55-56.

[65] "Mémoire sur la police du Cap", 1780, reimpresso em Vassière, 1909.

[66] *Apud* Stoddard, 1914, p. 4.

[67] Valous, 1930, p. 5.

[68] *Apud* Ragatz, 1928, pp. 31-32.

[69] Cf. Buckley, 1979, pp. 3, 166n.

[70] *Royal Gazette*, 4 de agosto, 1º de setembro de 1792.

[71] *Idem*, 20 de outubro de 1792.

[72] *Idem*, 17 de agosto de 1793.

[73] S. G. Perkins, 1886, pp. 72-73. Ver Elliott, 1982, pp. 17-34, para uma discussão geral sobre o desenvolvimento inicial do republicanismo irlandês e sua relação com a Revolução Francesa.

[74] *Kingston Daily Advertiser*, 6 de janeiro de 1791, documento na American Antiquarian Society em Worcester, Massachusetts (doravante AAS). Ver também o caso do marinheiro desertor capturado e julgado em Port Royal em junho de 1792. A corte o condenou a ser "açoitado de barco em barco" como um exemplo para outros marinheiros com ideias similares. A punição total consistiu em 84 dolorosas açoitadas, *Royal Gazette*, 23 de junho de 1792.

[75] Juan Manuel García Chicano para Las Casas, La Habana, 12 de julho de 1794, AGI, Cuba, leg. 1465.

[76] Juan Guillelmi para Valdés, Caracas, 30 de abril de 1789, AGI, Caracas, leg. 113; Pedro Carbonell para Campo de Alange, Caracas, 31 de julho de 1793, AGI, Caracas, leg. 94; Las Casas para Campo de Alange, La Habana, 11 de junho de 1793, AGI, Santo Domingo, leg. 1261.

[77] Rogers, 1977, pp. 43-44.

[78] Farmer, 1950, pp. 35-37.

[79] *Royal Gazette*, 4 de maio de 1793.

[80] Pode-se acompanhar a saga dos desertores nas edições da *Royal Gazette* em 24 e 31 de março, 5 de maio e 22 de junho de 1792.

2

"Negros em navios estrangeiros": marinheiros, escravos e comunicação

Depois que os fazendeiros e comerciantes os forçaram a abandonar a terra no final do século XVII, os bucaneiros caribenhos se lançaram ao mar como piratas. Com a expansão da escravidão no século seguinte, as embarcações à vela continuaram sendo um refúgio para os descontentes. Na década de 1790, os residentes da região reconheceram uma estreita conexão simbólica entre a experiência no mar e a liberdade. Então, quando Tom King, um escravo de Kingston "conhecido nesta cidade, na Spanish-Town e em Port Royal", fugiu em novembro de 1790, seu senhor avisou que King, "tendo estado no mar, poderia tentar se passar por um homem livre".[1]

Na mesma linha do senhor de King, muitos brancos senhores de escravos no Caribe do século XVIII comumente afirmavam que "era muito perigoso deixar um negro aprender navegação". Olaudah Equiano, um escravo que trabalhou como marinheiro nas décadas de 1760 e 1770 e acabou conquistando a liberdade, achava que esse trabalho itinerante o colocava em pé de igualdade com seu proprietário e não hesitava em "dizer a ele o que pensava".[2] Os brancos frequentemente chamavam os trabalhadores negros qualificados e não vinculados às *plantations* de insolentes, mas os escravos que buscavam no mar a forma de encontrar trabalho – ou fuga – apresentavam desafios específicos de controle, assim como os negros e pardos que chegavam em embarcações de colônias estrangeiras. Quer fossem fugitivos, como Tom King, ou marinheiros, como Equiano, muitos escravos tinham interesse em direcionar suas vidas para o mar e conhecer o mundo que existia para além do horizonte. O movimento de embarcações e marinheiros não só oferecia oportunidades para o desenvolvimento de talentos ou para a fuga, como também um meio de comunicação a distância que permitia que os afro-americanos interessados acompanhassem os acontecimentos em outras partes do mundo.

***

Os marinheiros de alto-mar de embarcações europeias constituíam um grupo de grande visibilidade nas redes subterrâneas do Caribe, onde formavam conexões locais, mantinham as pessoas a par dos acontecimentos no exterior e, muitas vezes, entravam em conflito com as autoridades locais. No final do século XVIII, esses marinheiros chegaram às colônias em números significativos, especialmente considerando os dados populacionais locais. No fim da década de 1780, cerca de 21 mil marinheiros britânicos viajavam para as colônias das Índias Ocidentais todos os anos. Em 1788, somente o comércio da Jamaica empregava cerca de 500 navios e mais de nove mil marinheiros. Mais do que o dobro de marinheiros franceses chegou a Saint-Domingue em 1789, quando 710 navios trouxeram 18.460 marinheiros para a colônia francesa em expansão. Em uma cidade pequena, mas em crescimento, como o Cap Français, esse contingente que se reunia em torno das docas representava uma porcentagem considerável da população total. Ao multiplicar o número de navios no porto "em tempos normais" pelo número médio das tripulações, Moreau de Saint-Méry estimou que cerca de 2.550 marinheiros ocupavam o Cap Français a qualquer momento. Em uma cidade cuja população oficial pouco passava de 12 mil habitantes em 1788, o número de marinheiros superava tanto o de residentes brancos como o de livres de cor.[3]

Embora a população de marinheiros que chegava tivesse uma rotatividade considerável, alguns marinheiros permaneciam nas ilhas por períodos significativos. Dependendo da época do ano, da situação do mercado, dos preços e de outros fatores, os comandantes e comissários de navios muitas vezes precisavam de várias semanas para montar uma carga completa para a viagem de volta; preparar as embarcações para a travessia somente aumentava esses atrasos inevitáveis. As doenças, um dos muitos riscos ocupacionais da vida dos navegadores, também prolongavam a estada de muitos marinheiros. Na Jamaica, por exemplo, os marinheiros representavam 84% das pessoas – 301 de 359 – que deram entrada no Hospital da Ilha em Kingston em 1791; no ano seguinte, eles representavam 78% dos pacientes do hospital.[4] Por fim, alguns marinheiros, sem dúvida, decidiram permanecer nas colônias em vez de se sujeitar novamente à rígida disciplina e autoridade absoluta dos capitães dos navios.

O comportamento dos marinheiros deixados à própria sorte em terra causava reclamações constantes entre as autoridades caribenhas e representava um problema de controle social para os oficiais da polícia de toda a região. Os jornais jamaicanos criticavam a conduta "desordeira e tumultuada" dos marinheiros em Port Royal, Kingston e nas cidades portuárias da costa norte, e traziam relatos frequentes de confrontos entre os marinheiros de passagem pela ilha e as unidades locais da milícia. A Guarda Municipal de Kingston, cuja principal tarefa consistia em controlar os movimentos dos escravos após o anoitecer, rotineiramente reunia grupos de marinheiros desordeiros acusados de perturbar a paz, que eram levados para a cadeia paroquial ou confinados a bordo de navios reais ancorados em Port Royal.[5] A resistência coletiva a essas demonstrações de autoridade, no entanto, tornou-se parte vital do *ethos* dos marinheiros mercantes anglo-americanos, como as autoridades jamaicanas sabiam muito bem. Quando um magistrado de St. Ann's Bay condenou um deles à prisão por "assediar" um morador local, "uma multidão de marinheiros" se reuniu em frente à casa do oficial acusado, "determinada a resgatar o prisioneiro das mãos do guarda". O magistrado, assustado, soou o alarme, convocando a Infantaria Leve, que finalmente dispersou a multidão e permitiu que "uma fila de homens" escoltasse o prisioneiro até a cadeia.[6]

Assim como as muitas leis criadas para regular a conduta dos escravos, a legislação direcionada aos marinheiros britânicos nas Índias Ocidentais visava manter a lealdade deles por meio de uma combinação de "reformas" superficiais e restrições rígidas. A pressão legal aumentou em épocas de tensão internacional, como no final das décadas de 1780 e 1790, quando as armadas esperavam que marinhas mercantes fornecessem uma reserva de marinheiros habilidosos e experientes para tripular os navios de guerra. Uma proclamação real de 1788, por exemplo, proibiu os marinheiros britânicos nas Índias Ocidentais de "servir a príncipes e Estados estrangeiros". No início da década de 1790, a Assembleia Legislativa da Jamaica apresentou medidas "para melhorar a ordem e o governo das cidades portuárias desta ilha", uma das quais prometia evitar "trapaças, fraudes e abusos no pagamento dos salários dos marinheiros". Com a declaração de guerra contra a França em 1793, no entanto, a resistência dos marinheiros mercantes ao serviço na Marinha Real forçou a Assembleia a adotar outra abordagem. "Tendo os marinheiros fugido para o país no momento em que descobriram pelos jornais [...] que se estava em guerra", a Assembleia elaborou um projeto de lei mais severo "para evitar que desertassem dos navios ou embarcações a que pertenciam, e também para evitar que fossem abrigados ou escondidos por donos de tavernas e bares que vendiam rum e outras bebidas alcoólicas". Três anos depois, porém, oficiais militares exasperados continuaram a reclamar dos *crimping houses** e outros lugares suspeitos onde desertores protegidos continuavam a se reunir.[7]

Os legisladores raramente expressavam abertamente todos os motivos para colocar essas leis em vigor, mas, sem dúvida, buscavam regular o comportamento dos marinheiros e criar uma barreira entre os marinheiros da Europa e os negros e pardos locais, visando impedir qualquer compartilhamento de informações ou interesses mútuos. Sujeitos a punições arbitrárias (incluindo o chicote) e muitas vezes pressionados ou induzidos a entrar em navios mercantes contra sua vontade, os marinheiros poderiam facilmente ter encontrado uma causa comum com os escravos locais. A linguagem desses estatutos geralmente citava a necessidade de manter a ordem pública após o expediente. O "Decreto Policial" de Granada, de 1789, determinava penalidades severas para escravos, pessoas de cor livres e marinheiros que "para a ruína de sua própria saúde e moral, e pelo mau exemplo e tentação de outros" jogavam e se divertiam nas casas de jogos da ilha à noite.[8]

O controle de outras atividades que reuniam escravos e marinheiros estrangeiros, entretanto, apresentava maior dificuldade. Os marinheiros forneciam um mercado natural para os produtos cultivados pelos escravos em suas hortas – "inhames, cocos, bananas, frutas etc." – que eles trocavam por carne salgada, roupas de cama, sapatos e outras mercadorias que compunham as "aventuras particulares" dos marinheiros – partes da carga de seus navios que eles podiam comercializar por conta própria. O comerciante irlandês

---

* *Crimping houses* consistiam em estabelecimentos onde homens eram recrutados à força ou enganados para servir na Marinha Mercante ou em navios de guerra. Esse recrutamento frequentemente se dava por meios coercitivos e fraudulentos, com indivíduos sendo embriagados, sequestrados ou manipulados para assinar contratos de serviço marítimo contra sua vontade. [N. da T.]

James Kelly, que herdou um cais na costa norte da Jamaica no início do século XIX, observou com fascínio a operação desse sistema de comércio interno e a interação que se desenvolveu em torno dele. "Marinheiros e negros estão sempre em termos mais amigáveis", comentou ele, descrevendo uma "confiança e familiaridade mútuas" e "um sentimento de independência em suas relações", que contrastava fortemente com a "degradação" que os negros sofriam em suas relações cotidianas com os brancos locais.[9] O contato entre marinheiros e negros das Índias Ocidentais também teve consequências culturais duradouras. Muitas canções populares dos marinheiros, que viajaram com os tripulantes em navios britânicos para todas as partes do mundo no século XIX, têm semelhanças impressionantes com as canções dos escravos caribenhos; na verdade, existem evidências consideráveis que mostram que a própria prática de cantar essas canções pode ter suas raízes na interação entre marinheiros e trabalhadores negros das docas nas costas das ilhas das Índias Ocidentais. Uma teoria sobre as origens e o desenvolvimento dos idiomas pidgin e crioulo na região do Caribe também enfatiza o contato e o intercâmbio cultural entre marinheiros europeus e escravos africanos.[10]

O comércio de Saint-Domingue trouxe para essa colônia um grupo extraordinariamente diversificado de marinheiros europeus. Assim como os homens do mar britânicos na Jamaica, muitos desses marinheiros participavam ativamente da economia e da clandestinidade local. Em 1790, o ministro francês da Marinha, La Luzerne, relatou que Saint-Domingue estava repleta de marinheiros franceses, mas também de "marinheiros italianos, malteses, das Ilhas Maiorca e Menorca, e de outras partes" que estavam "no trajeto de uma viagem mais longa" ou "atraídos a Saint-Domingue pela esperança de uma sorte melhor". Naquela época, as cidades portuárias da ilha já tinham uma vasta experiência em acomodar esses marinheiros. Um observador na década de 1770 contou nada menos que 1.500 "cabarés" e "bilhares", pequenas casas de bebidas e jogos de azar que atendiam a um fluxo interminável de "12 mil navegadores e marinheiros" que frequentavam esses estabelecimentos e "os tornavam lucrativos".[11]

Embora os governos municipais tenham aprovado decretos em resposta às reclamações dos colonos sobre os marinheiros que levavam uma vida sem senhor em "cabarés, em casas de jogos sombrias ou entre os escravos", essas leis tiveram pouco efeito. No Cap, por exemplo, os proprietários de bares, os escravos e as autoridades simplesmente ignoraram os regulamentos aprovados em

1780 que limitavam o número desses estabelecimentos e determinavam regras para seu funcionamento. Os bares permaneciam abertos muito tempo depois do horário determinado de fechamento, e os proprietários violavam outras regras, excedendo as restrições sobre a quantidade de rum que podiam distribuir e recusando-se a retirar os escravos de seus locais de trabalho. Uma divisão especial da força policial do Cap Français, encarregada de manter os marinheiros na linha e de encontrar "todos os marinheiros desertores", foi igualmente ineficaz.[12]

Assim como nas ilhas britânicas, o contato frequente entre marinheiros e escravos locais e negros livres ocorria durante o dia e após o anoitecer. De acordo com observadores contemporâneos em Cap Français, os marinheiros tradicionalmente montavam barracas ao longo do cais aos domingos e feriados para fazer permutas e negociar com todos os visitantes, inclusive escravos. Esse chamado "mercado branco", quase tão antigo quanto a própria cidade, sobreviveu apesar da oposição oficial porque os marinheiros resistiram violentamente a várias tentativas de fechá-lo. Talvez como resultado da interação com os marinheiros, certos aspectos do idioma e da cultura dos escravos de Saint-Domingue sugerem uma orientação para o mundo do mar. Misturados com componentes franceses, espanhóis e africanos, vários "termos marítimos também encontraram seu lugar" no idioma crioulo característico da ilha. Além disso, as mulheres africanas de Saint-Domingue às vezes se referiam umas às outras como "marinheiras", um costume que Moreau de Saint-Méry remonta aos antigos bucaneiros que usavam o termo como forma de confirmar sua solidariedade.[13]

O fluxo constante, porém imprevisível, de pessoas itinerantes que viajavam pelo mar proporcionou à subcultura sem senhores nas colônias uma conexão transatlântica crucial. À medida que os acontecimentos na Europa começaram a afetar o futuro da escravidão nas colônias, esses marinheiros trouxeram consigo relatórios de grande interesse para os escravos e seus proprietários. Por volta de 1790, os marinheiros britânicos chegaram com notícias de que um movimento antiescravista estava ganhando força na Inglaterra, enquanto os marinheiros franceses usando cocardas tricolores tinham histórias ainda mais emocionantes para contar sobre os acontecimentos políticos na França.

***

Como domínios dos impérios europeus, cada uma das colônias americanas operava, pelo menos em teoria, em esquemas comerciais autárquicos projetados para manter o comércio colonial dentro do sistema imperial e proteger esse comércio da intromissão de estranhos, fortalecendo, assim, os cofres do Estado. Porém, desde o início, fraude, suborno, contrabando e outras formas de comércio ilegal vinculavam as colônias das potências europeias na região do Caribe, apesar das inúmeras barreiras oficiais. No final do século XVIII, os Atos de Navegação Britânicos, o *exclusif* francês e o sistema de *flota* espanhol gradualmente deram lugar a abordagens modificadas, que equilibravam precariamente os interesses concorrentes do livre-comércio e da receita imperial. Essas concessões à prática local refletem a realidade caribenha de uma comunidade regional em que a proximidade geográfica era frequentemente mais importante do que as fronteiras nacionais. O relaxamento das restrições comerciais teve o efeito de aumentar a comunicação intercolonial.

A Dinamarca criou o primeiro "porto livre" do Caribe, em 1724, abrindo St. Thomas para os navios de todas as nações, como um local onde marinheiros de toda a região poderiam se reunir para trocar mercadorias e informações sem a intrusão de regulamentações mercantilistas. Antes de 1800, todas as potências coloniais seguiram o exemplo e experimentaram medidas semelhantes para atrair as embarcações de seus rivais e reduzir os contrabandistas, retirando parte do incentivo ao comércio intercolonial ilegal. O lento movimento em direção a um comércio menos restrito, se não "livre", ganhou força após 1763. Em 1766, o primeiro dos *Free Port Acts* [Atos de Porto Livre] britânicos forneceu aos navios franceses e espanhóis acesso controlado aos portos da Jamaica e Dominica. No ano seguinte, os franceses seguiram o exemplo, abrindo o Môle Saint-Nicolas para a navegação estrangeira, e estenderam essas provisões para incluir Cap Français, Porto Príncipe e Cayes em 1784. Enquanto isso, a Coroa Espanhola, após as derrotas devastadoras da Guerra dos Sete Anos, começou a instituir reformas semelhantes, seguindo as linhas sugeridas pelos reformistas borbônicos na França. Depois de quebrar o monopólio de Sevilha-Cádiz sobre o comércio com as Índias, as novas políticas permitiram que os portos espanhóis nas colônias (com exceção dos pertencentes à Capitania-Geral de Caracas) comercializassem diretamente entre si em 1778.[14]

Mesmo excluindo o grande número de navios que continuaram a se envolver no comércio de contrabando após 1780 e registrando apenas quantas embarcações se beneficiaram dessas novas regulamentações, as estatísticas oficiais de comércio testemunham a extensão pela qual o comércio marítimo unia a comunidade caribenha. A entrada da Jamaica no sistema de portos livres, concebido principalmente para atrair o comércio dos franceses e espanhóis, trouxe navios de Cuba, das colônias espanholas e francesas em Hispaniola e do extremo sul, como a ilha de Curaçau e o porto de Coro, na costa da Venezuela. Essas embarcações estrangeiras, embora nunca constituíssem a maioria dos navios que entravam, representavam uma porcentagem significativa. No último trimestre de 1787, os agentes alfandegários jamaicanos registraram 89 navios britânicos e 64 navios estrangeiros. Durante os seis meses seguintes, mais 86 navios espanhóis e 72 navios franceses – sendo mais de 50 deles de Saint-Domingue – atracaram apenas em Kingston. No início da década de 1790, os jornais jamaicanos registravam as chegadas diárias de embarcações estrangeiras, mas tinham o cuidado de ocultar informações específicas para protegê-las de represálias em seus territórios de origem, onde tal atividade ainda poderia ser considerada ilegal. Mesmo durante o ano de guerra de 1793, quase 350 embarcações estrangeiras conseguiram evitar os corsários para atracar na Jamaica.[15]

Os tipos de mercadorias que chegavam às colônias britânicas por meio desse comércio regional afetavam a vida cotidiana das pessoas em toda a estrutura social e, portanto, provavelmente atraíam o interesse geral. A conexão comercial da Jamaica com os espanhóis em Cuba trouxe para a ilha gado, carne fresca e mercadorias de vital importância. Os navios que chegavam de Saint--Domingue, por outro lado, forneciam gêneros alimentícios para o consumo dos escravos e dos soldados e marinheiros do rei. Em 1790 e 1791, "suprimentos frequentes" de banana-da-terra chegaram de Hispaniola para amenizar os efeitos dos altos preços induzidos pela escassez do "artigo alimentar mais valioso para os negros" na ilha britânica. Ao mesmo tempo, as autoridades militares observaram que as "chegadas regulares" de cacau de Saint-Domingue, que continuaram mesmo após a rebelião dos escravos em 1791, complementavam o café da manhã das tropas e reduziam suas taxas de mortalidade e morbidade.[16]

Em Saint-Domingue, os fatores geográficos, combinados com a incapacidade crônica da frota mercante francesa de satisfazer a crescente demanda da colônia por todos os tipos de mercadoria, deram motivo e oportunidade para que os comerciantes e fazendeiros desenvolvessem amplos contatos com ingleses, espanhóis, holandeses e dinamarqueses. Em épocas de escassez, os colonos de portos menores muitas vezes dependiam de contatos com territórios estrangeiros para sua própria sobrevivência. Na década de 1770, os colonos franceses estavam tomando as rédeas da situação para combater a escassez de grãos e gado; eles equiparam embarcações para viajar para a América do Norte em busca de farinha e para Cuba e outras colônias espanholas em busca de cavalos e mulas. Quando os navios de cruzeiro britânicos isolaram os portos do oeste e do sul dos navios franceses durante a Revolução Americana, Jérémie e Cayes contaram com os navios vindos da Curaçau holandesa para evitar a fome iminente.[17] Mas essas atividades envolviam mais do que simples medidas emergenciais ou expedientes de guerra. O comércio ilícito sempre prosperou em tempos de paz e continuou após a paz de 1783. Durante décadas, as embarcações de Saint-Domingue levaram índigo e algodão no valor de milhares de libras esterlinas para a Jamaica, violando claramente a letra e o espírito do *exclusif*. Dois terços desse montante vinham dos portos situados entre Jérémie e Cap Tiburon, a apenas 33 léguas (159,3 quilômetros), ou meio dia de navegação, da costa leste da Jamaica.[18]

Os vários portos bons de Saint-Domingue também atraíram navios estrangeiros. Apesar das medidas de 1767 e 1784 que abriram o Môle, o Cap, Porto Príncipe e Cayes, os comerciantes continuaram a pressionar as autoridades locais para afrouxar ainda mais as restrições à navegação estrangeira. Ao ceder a essa pressão crescente, estendendo as regulamentações de livre-comércio a Jacmel e Jérémie em 1789, o governador-geral francês foi rapidamente demitido.[19] Os estrangeiros valorizavam a oportunidade de fazer comércio com Saint-Domingue tanto quanto os colonos franceses valorizavam a presença de seus navios. À medida que a era revolucionária se aproximava, as bandeiras estrangeiras tremulavam orgulhosamente nos portos de Saint-Domingue. Em 1788, mais de mil embarcações estrangeiras, a grande maioria pequenos navios com peso médio entre 60 e 75 toneladas de deslocamento, atracaram nesses portos. Desse número, 259 eram navios comerciais espanhóis de todas as partes das Américas que trocavam metais preciosos por produtos manufaturados europeus e escravos. No ano seguinte, 283 navios espanhóis chegaram para fazer negócios na colônia francesa. Segundo a descrição extraordinariamente detalhada de Moreau de Saint-Méry sobre a colônia francesa em 1789, 140 navios estavam ancorados no porto de Cap Français em períodos de comércio normal, 60 dos quais com registro estrangeiro.[20] A oeste e ao sul, Fort-au-Prince e Cayes pareciam mais portos livres do que cidades coloniais no outono de 1790, com navios registrados nos Estados Unidos, na Jamaica, em Curaçau, St. Croix e St. Thomas superando em muito o número de embarcações francesas. De janeiro a setembro, a alfândega contabilizou 272 chegadas de navios estrangeiros em Porto Príncipe, uma média de mais de uma por dia. Até mesmo no porto de Cayes, um lugar menor e mais remoto, chegaram 80 navios no mesmo período.[21]

Embora o comércio exterior trouxesse vantagens claras, a movimentação de navios nesse comércio de curta distância aumentou a mobilidade entre as ilhas, e muitos observadores expressaram preocupação com os numerosos estrangeiros que chegavam a bordo desses navios. Logo depois que a Jamaica abriu seus primeiros portos livres em 1766, por exemplo, marinheiros, comerciantes e agentes comerciais franceses, espanhóis, holandeses e portugueses começaram a aparecer em grande número nas cidades portuárias da ilha. Os residentes desconfiavam da lealdade desses estrangeiros. Longe de resolver os problemas de abastecimento da ilha, argumentou Rose Fuller em 1773, o *Free Port Act* só conseguiu dar um ar de legalidade à presença incômoda de "muitos estrangeiros" que não tinham a intenção de se naturalizar cidadãos britânicos, não faziam nada para apoiar o governo da ilha e, portanto, representavam possíveis ameaças à segurança da ilha.[22]

Os jamaicanos brancos tiveram reações mais fortes à presença de estrangeiros de cor. Em 1782, o Grande Júri das Sessões Trimestrais da Jamaica chamou atenção para as muitas pessoas de cor da Curaçau holandesa, que era, como a Jamaica, um centro de comércio, e de outros territórios estrangeiros que existiam na ilha. Uma multidão com essa descrição havia se estabelecido em Kingston, enquanto "outros [vagavam] à solta". O *Grand Jury* (júri de acusação) propôs que os negros estrangeiros fossem obrigados a portar bilhetes, que deveriam ser apresentados quando solicitados ou, melhor ainda, que "eles deveriam ter um rótulo em volta do pescoço descrevendo quem e o que eles são". Além disso, recomendou que os capitães de navios estrangeiros apresentassem uma fiança prometendo "levar embora as pessoas que trouxessem para o porto".[23] Na década de 1790, negros e pardos estrangeiros continuavam a ser vistos nas cidades portuárias jamaicanas, onde atraíam a suspeita das autoridades municipais. Em julho de 1791, as autoridades de Montego Bay tiraram "Hosa, um negro espanhol" de uma escuna espanhola e o colocaram na casa de trabalhos forçados como escravo fugitivo, apesar de seus protestos afirmando que era livre. No ano seguinte, "dois mulatos espanhóis" foram condenados a um mês de trabalho forçado em Kingston depois de uma briga com um "negro livre" do lugar.[24] A revolução dos escravos em Saint-Domingue logo seria um pretexto importante para que as autoridades das colônias britânicas e espanholas tomassem medidas muito mais rigorosas para desencorajar a imigração de negros estrangeiros.

***

O comércio regional de escravos africanos reembarcados, um ramo especializado do livre-comércio intercolonial do Caribe, permitia que navios e pessoas viajassem para lugares onde, de outra forma, seriam proibidos. Como o comércio de escravos proporcionava uma cobertura conveniente para os navios envolvidos em contrabando, o tráfico de escravos levou o transporte marítimo estrangeiro para os territórios espanhóis, que, de outra forma, seriam restritos. Os britânicos mostraram o caminho. Desde o início do século XVIII, a Jamaica era o centro de uma próspera rede de comércio de contrabando, que incluía um comércio ilegal substancial da mão de obra africana para portos franceses e espanhóis. Além disso, sob o controle britânico, o *asiento* [assentamento de negros] para fornecer escravos à América espanhola permitiu que contrabandistas que se passavam por comerciantes de escravos descarregassem uma grande variedade de mercadorias ilegais. Ocasionalmente, marinheiros livres até mesmo recorriam a se passar por escravos para desembarcar e negociar com os habitantes locais.[25] A crescente demanda por escravos em todo o Caribe justificou o sistema de portos livres e o afrouxamento geral das restrições comerciais que ocorreu após 1763.

Quando o fim da Revolução Americana trouxe a paz para o Caribe, todas as potências coloniais voltaram novamente sua atenção para questões de desenvolvimento econômico. Impressionados com o sucesso opulento de Saint--Domingue, os legisladores de outras partes do Caribe começaram a tornar seus portos igualmente atraentes para os navios carregados de africanos. Em 1789, as notícias sobre essas brechas comerciais mais recentes estavam espalhadas por toda parte. Os franceses em Saint-Domingue não eram os únicos a elaborar novos esquemas para aumentar sua força de trabalho negra.[26] O recém-nomeado governador do entreposto holandês de St. Eustatius deixou na Dominica, em maio, a notícia de que trazia "ordens para fortalecer e abrir o porto para a importação de negros em navios estrangeiros". A notícia de que um decreto real espanhol de 28 de fevereiro de 1789 permitia que navios estrangeiros com menos de 300 toneladas desembarcassem e vendessem cargas de escravos nos portos de Cuba, Santo Domingo, Porto Rico e Caracas despertou um interesse ainda maior. Além de conceder às embarcações estrangeiras a oportunidade de negociar diretamente com os espanhóis, o decreto de comércio livre permitiu que os navios espanhóis viajassem para colônias estrangeiras com o objetivo de comprar escravos.[27]

De acordo com essas novas disposições, o movimento de pequenas embarcações que transportavam escravos ou produtos para compra era a forma mais ativa de comércio intercolonial que ligava as Grandes Antilhas nos anos imediatamente anteriores e posteriores à eclosão da revolução em Saint-Domingue, e a atividade comercial também aumentou em outras sub-regiões do Caribe. Nas Grandes Antilhas, a Jamaica continuou a ser o principal ponto de transbordo para esse comércio, e os franceses, e depois os espanhóis, dependiam muito da capacidade dos britânicos de fornecer escravos para suas colônias. Na década de 1770, comerciantes de Saint-Domingue abasteciam as embarcações com rum e melaço e seguiam para a Jamaica, onde os trocavam por escravos, apesar das objeções dos produtores de açúcar da ilha. Os agentes franceses incumbidos de organizar os carregamentos de negros para a viagem de volta já eram conhecidos em Kingston e em outros portos.[28] Pequenos navios espanhóis que operavam em portos cubanos também fizeram centenas dessas viagens. Enquanto Havana podia receber navios negreiros estrangeiros sob a cédula de 1789, os comerciantes e fazendeiros de cidades como Santiago de Cuba dependiam de embarcações registradas legalmente nos portos locais para viajar a portos estrangeiros e comprar escravos. Entre setembro de 1789 e junho de 1791, navios de Santiago de Cuba fizeram 157 viagens autorizadas para o exterior em busca de escravos. Eles visitaram Saint-Domingue e chegaram até mesmo a Curaçau, mas nove em cada dez fizeram suas compras na Jamaica.[29] Ao longo da costa de Caracas, Curaçau desempenhava a mesma função que a Jamaica para seus vizinhos franceses e espanhóis, embora em uma escala consideravelmente menor. Muitos dos 3.300 trabalhadores africanos que os comerciantes trouxeram para Caracas nos primeiros dois anos e meio de comércio livre vieram por meio do entreposto holandês.[30]

Comerciantes, fazendeiros e autoridades governamentais receberam bem esse livre-comércio de escravos, mas com reservas. Apesar das regras que restringiam a permanência dos traficantes de escravos estrangeiros a 24 horas nos portos espanhóis, as autoridades logo relataram que esse suposto comércio de escravos lembrava os antigos abusos do sistema de assentamento. Embarcações suspeitas chegavam com apenas alguns escravos para vender, e até alguns deles se revelaram ser marinheiros que se passavam por escravos para desembarcar mercadorias contrabandeadas. Da mesma forma, quando pequenos barcos espanhóis chegavam à costa norte da Jamaica para trocar gado por escravos, os britânicos suspeitavam que eles estivessem envolvidos em trapaças, sobretudo porque suas tripulações frequentemente incluíam marinheiros negros ou pardos livres.[31] A persistente preocupação quanto aos tipos de escravos que seus concorrentes ofereciam para venda também moderou o entusiasmo francês e espanhol com os novos métodos de obtenção de africanos. Os fazendeiros franceses, ao experimentarem a compra de escravos de contrabandistas britânicos no início da década de 1770, temiam que os jamaicanos já tivessem comprado "todos os negros bons" e que os restantes, embora mais baratos, pudessem muito bem ser insalubres ou, pior ainda, "personagens maliciosos ou corruptos" transportados por terem cometido crimes. O apetite voraz dos fazendeiros franceses por mais escravos na década de 1780 fez com que alguns observadores temessem que a compra indiscriminada de escravos pudesse fazer de Saint-Domingue um depósito de escravos crioulos refratários de todo o Caribe. Um memorialista francês expressou esse sentimento em 1789. Não apenas a dependência de Saint-Domingue da colônia britânica vizinha para grande parte da sua mão de obra era prejudicial para o comércio da nação, ele argumentou, como "os Escravos que nossos rivais fornecem são quase sempre a escória de suas 32 colônias".[32]

Certamente, muitos dos escravos de língua inglesa cujos nomes aparecem em avisos de jornais anunciando leilões de fugitivos capturados eram dissidentes de *plantations* da Jamaica e de outros lugares. Em março de 1789, os funcionários de Petit-Goave anunciaram a venda de um escravo "inglês" de 40 anos que alegava ter escapado de um relojoeiro em Porto Príncipe. Em setembro, Moïse, outro escravo que falava inglês, recentemente vendido a um proprietário em Cap Dame-Marie, foi detido pela polícia em Porto Príncipe.

Atraído pelo relativo anonimato da capital, Moïse também podia estar tentando garantir uma passagem para a Jamaica. No início de dezembro, as autoridades leiloaram mais três fugitivos de língua inglesa, Williams e Joseph Phillips em Porto Príncipe, e um personagem intrigante que se autodenominava "Sans-Peur" ("Sem Medo") em Cap Français.[33] Os escravos de territórios de língua inglesa não eram os únicos escravos estrangeiros representados nesses avisos. Além disso, foram registrados escravos de Curaçau e outros que falavam português e provavelmente saíram do Brasil.[34]

A experiência justificava a preocupação dos fazendeiros franceses com o influxo de escravos crioulos estrangeiros. Escravos de outras colônias, especialmente dos territórios britânicos, envolveram-se em atividades rebeldes em Saint-Domingue antes de 1790 e desempenharam um papel fundamental novamente durante os anos revolucionários. Plymouth, que liderou um grupo de quilombolas na década de 1730, veio para Saint-Domingue de uma das colônias britânicas. Mackandal, líder de outro grupo de rebeldes na década de 1760, escapou da Jamaica, assim como Boukmann, a figura religiosa responsável pela organização da revolta inicial que sinalizou a revolução que se aproximava em agosto de 1791. E Henry Christophe, um comandante rebelde que mais tarde se tornou o segundo presidente do Haiti independente, nasceu na ilha britânica de St. Kitts.

Na costa venezuelana, as autoridades espanholas registraram dúvidas semelhantes sobre alguns dos escravos introduzidos através da ilha de Curaçau. A chegada, em setembro de 1790, de um carregamento de 31 escravos, 9 dos quais teriam sido "educados" na colônia holandesa, fez com que o intendente Juan Guillelmi agisse para proibir o desembarque dos crioulos. Ele explicou que "foi constatado que os escravos crioulos criados em colônias estrangeiras são prejudiciais a essas províncias".[35] Cinco anos depois, um escravo fugitivo de Curaçau liderou a maior revolta de escravos e negros livres da história da Venezuela. Mas, mesmo enquanto Guillelmi falava, os presságios de revolução nas colônias francesas já haviam forçado as autoridades coloniais a examinar novamente as questões de mobilidade, comunicação e viagens marítimas dos negros no Caribe.

***

Se as redes comerciais e políticas conectaram as ilhas umas às outras e afetaram significativamente seu desenvolvimento, a mesma rede de contato ligou as Índias Ocidentais à América do Norte britânica. Começando muito antes de 1776 e continuando nas décadas seguintes à independência das treze colônias, os navios transportavam mercadorias e pessoas entre o Caribe e a costa atlântica do continente norte. Assim como os residentes do Caribe sentiram os efeitos da Revolução Americana, as rebeliões negras no Caribe no final do século XVIII assustaram os senhores de escravos e inspiraram os escravos tanto nos Estados Unidos quanto nas ilhas.

Nos séculos XVII e XVIII, o comércio entre o continente e as ilhas do Caribe moldou a história de ambas as regiões. A partir dos anos 1600, a zona temperada da América do Norte e as áreas tropicais ao sul seguiram caminhos de desenvolvimento separados, mas complementares. Já no século seguinte, os norte-americanos forneciam farinha, peixe seco, carne salgada, madeira, cavalos e outros animais de criação, bem como os mantimentos secos que permitiam aos fazendeiros de açúcar, algodão e tabaco das ilhas se especializarem no cultivo desses e de outros produtos tropicais essenciais. Esse comércio representava um elemento tão vital nas estruturas econômicas de ambas as regiões que a sua continuação e o seu controle se tornaram um dos assuntos mais contenciosos que levaram à ruptura das treze colônias com a Grã-Bretanha. Na véspera da Revolução Americana (1776), John Adams referiu-se ao precioso comércio das Índias Ocidentais como "um elo essencial de uma vasta cadeia, que fez da Nova Inglaterra o que ela é, das províncias do sul o que elas são, [e] das ilhas do Caribe o que são", e previu que o esforço britânico para controlar esse comércio resultaria inevitavelmente em um "rasgar e desmembramento".[36]

Do ponto de vista dos norte-americanos como Adams, esse "elo essencial" abrangia as ilhas não britânicas do Caribe, bem como os domínios britânicos. A partir de 1700, foram criadas relações próximas entre as treze colônias e Saint-Domingue e as outras ilhas francesas. Como a oferta norte-americana superou a demanda nas ilhas britânicas, os portos franceses ofereceram valiosos pontos de venda para os produtos excedentes, além de fornecerem rum e melaço mais baratos aos comerciantes ianques. Depois de 1763, os britânicos passaram a fechar esse comércio próspero, mas ilícito, e os franceses reagiram flexibilizando as regulamentações comerciais para continuar atraindo as embarcações norte-

-americanas. Durante a Revolução Americana, essas conexões comerciais se mostraram especialmente valiosas para os rebeldes, que compravam pólvora e munição nos portos franceses, o que lhes permitiu sustentar a rebelião. Após 1783, o comércio com o Caribe e, em especial, com Saint-Domingue, expandiu--se muito. As estatísticas do comércio demonstram claramente a extensão da dependência mútua quando a era pós-revolucionária na América do Norte começou a dar lugar à era da Revolução Francesa. Em 1790, o valor do comércio dos Estados Unidos com Saint-Domingue, uma colônia com pouco mais de meio milhão de habitantes, excedeu o valor do comércio com todo o restante das Américas juntas e ficou atrás apenas da participação da Grã-Bretanha no comércio exterior geral da nova nação. Mais de 500 navios norte-americanos participaram do comércio com Saint-Domingue, e as Índias Ocidentais francesas produziram dois terços do café e açúcar consumidos nos Estados Unidos. Por sua vez, as ilhas francesas consumiam um quarto de toda a farinha, três quartos de toda a carne bovina salgada, 60% do peixe seco, 80% do peixe em conserva e 73% do gado exportado pelos estados americanos. Os interesses comerciais norte-americanos na região do Caribe continuaram durante a era napoleônica; entre 1790 e 1814, um terço de todas as exportações dos Estados Unidos foi para o Caribe e a América do Sul.[37]

Contatos sociais, políticos e culturais entre o norte e o sul resultaram naturalmente dessa rede comercial em expansão. Antes da revolução, os negros estavam entre os milhares de marinheiros que trabalhavam no comércio entre a América do Norte e as Índias Ocidentais. Os negros da Nova Inglaterra, como Paul Cuffe, natural de Massachusetts, que mais tarde adquiriria seu próprio navio e se tornaria ativo na colonização de Serra Leoa, fizeram viagens para o Golfo do México e para as Índias Ocidentais na década de 1770.[38] Os negros caribenhos também se deslocaram na outra direção. "Eu, que sempre desejei muito perder de vista as Índias Ocidentais", escreveu Olaudah Equiano sobre suas experiências e viagens como marinheiro na década de 1760, "fiquei muito feliz com a ideia de ver qualquer outro país". Durante essa década memorável, Equiano fez amigos em Savannah, presenciou manifestações sobre a revogação da Lei do Selo em Charleston e ouviu George Whitefield pregar na Filadélfia.[39] Ocasionalmente, os visitantes negros do sul optavam por permanecer e começar novas vidas no continente. Em 1762, por exemplo, um carpinteiro de

Saint-Domingue ganhou um processo pela liberdade dele e de sua família no tribunal de vice-almirantado de Nova York.[40]

Na década de 1770, centenas de negros e mulatos de Saint-Domingue participaram diretamente da guerra pela independência da América do Norte e levaram consigo experiências de luta pela liberdade que podem ter sido aplicadas em suas lutas posteriores. Como resultado de um tratado comercial de 1778 entre os Estados Unidos e as Índias Ocidentais Francesas, as forças francesas se juntaram aos americanos em combates militares contra os britânicos nas Índias Ocidentais. Em 1779, no entanto, o almirante francês D'Estaing navegou de Saint-Domingue para Savannah com vários batalhões de tropas de negros e mulatos, em um esforço para romper o cerco britânico. Embora o ataque mal coordenado não tenha conseguido desalojar os britânicos, um desses destacamentos de Saint-Domingue deu a cobertura da retirada das forças americanas, evitando assim uma grande derrota. O impacto duradouro desse engajamento nas mentes dos soldados negros e pardos mostrou-se de maior importância do que seu heroísmo em 1779. Considerando que essas tropas, em número de pelo menos 600 e talvez o dobro, incluíam em suas fileiras Henry Christophe, André Rigaud, Martial Besse e outros líderes da luta pela liberdade em Saint-Domingue, um estudioso do século XIX sobre o papel deles em Savannah argumentou de forma persuasiva que "essa legião [...] formou o elo entre o cerco de Savannah e o amplo desenvolvimento da liberdade republicana" no Novo Mundo.[41]

As consequências da Revolução Americana levaram milhares de lealistas negros e brancos do continente para o Caribe no início da década de 1780. Essa emigração dos portos do sul em 1782 prenunciou o êxodo de Saint-Domingue após a rebelião dos escravos uma década depois. Quando fugiram de Savannah em julho de 1782, os britânicos alocaram bastante espaço a bordo de seus navios para os Tories [monarquistas] e "seus pertences" – principalmente escravos. E assim um grande número de escravos e pessoas livres foi parar na Jamaica. Em 15 de agosto, um número não especificado de lealistas brancos desembarcou na Jamaica junto com cerca de 1.400 negros. Estima-se que 400 famílias brancas e talvez até 3.500 escravos adicionais, somando cerca de cinco mil pessoas, chegaram à Jamaica somente como resultado da evacuação de Savannah. A Jamaica também recebeu mais da metade dos 5.327 negros, tanto livres quanto escravizados, que partiram a bordo de navios britânicos durante a evacuação às pressas de Charleston em dezembro de 1782. Contingentes menores de negros lealistas acabaram nas Bahamas e em outras ilhas britânicas.[42]

O destino desses refugiados altamente visíveis variava tanto quanto suas origens. Uma petição de 1786 à Câmara da Assembleia da Jamaica se vangloriava dos americanos em Kingston que eram "opulentos e diligentes [e] praticam comércio", mas os autores reclamavam ao mesmo tempo que muitos dos recém-chegados eram "extremamente indigentes e se sustentavam totalmente à custa da paróquia". Os peticionários pediram a revogação de uma lei de 1783 que isentava os norte-americanos do pagamento de impostos como forma de expulsar esses indesejáveis.[43]

Os imigrantes negros norte-americanos na região do Caribe apresentam uma diversidade semelhante, embora não tão acentuada. As correntes de pensamento afro-norte-americano seguiram os libertos para as ilhas. Por exemplo, até mesmo um imigrante negro livre e "bem-sucedido", como George Liele, poderia ser uma presença problemática na Jamaica. Liele, um ministro batista, foi responsável por introduzir a fé batista na Jamaica e recrutou centenas de negros convertidos. Por causa de sua raça e religião, ele sofreu em grau extremo a perseguição que a classe dos fazendeiros dirigia a todos os crentes evangélicos protestantes no final do século XVIII.[44] Na década de 1790, outros imigrantes negros na Jamaica apareceram em avisos de escravos fugitivos e em registros de casas de trabalho. Dois norte-americanos seguiram rotas diferentes para chegar à casa de trabalho de Kingston no final de 1791. Solomon Dick, que alegou ser livre, foi preso por vadiagem, enquanto Daniel havia escapado cerca de três anos antes do seu senhor, um fazendeiro francês que vivia perto de Fort Dauphin, em Saint-Domingue, e aparentemente era um dos muitos escravos de língua inglesa que escaparam da colônia francesa para a Jamaica no final da década de 1780 e início da década de 1790.[45]

Ao mesmo tempo, os brancos do leste do Caribe registraram várias reclamações sobre a presença de negros norte-americanos naquela sub-região. Quando um comerciante de Nevis relatou que marinheiros escravizados se apropriaram de seu pequeno saveiro no final de 1790, ele descreveu dois membros da tripulação como "virginianos", incluindo Long Jem, um "típico cão".[46] Outro exemplo revelador vem de setembro de 1791, quando um senhor de escravos dominicano expressou sua gratidão a um morador de Charleston que recentemente havia devolvido um escravo fugitivo que estava "escondido" na capital da Carolina. Se ao menos o governo britânico retribuísse, ele suspirou, pois existiam naquele momento "não menos que 400 escravos, de propriedade do povo da Carolina, trazidos durante a evacuação", que se estabeleceram na ilha britânica.[47] Inevitavelmente, alguns dos negros norte-americanos que tinham sido enviados para as ilhas contra sua vontade desejavam retornar ao ambiente menos tropical e mais familiar deixado para trás. Após o desaparecimento de Daniel, "nativo da Virgínia", seu senhor advertiu que o jovem era "tão apegado ao seu país [que] tentará embarcar em algum navio para a América".[48]

***

Se os navios e barcos que navegavam entre as colônias insulares do Caribe uniam a região comercialmente, seu movimento também ajudava aqueles que buscavam escapar do rigoroso controle social dessas sociedades escravistas. A perspectiva de alcançar uma existência sem senhores no mar ou no exterior atraiu todos os tipos de fugitivos móveis da região, desde escravos foragidos até desertores militares e marinheiros de alto-mar das marinhas mercantes dos impérios europeus. Embora as enormes embarcações oceânicas e os navios de guerra continuassem a simbolizar o poder dos fazendeiros e comerciantes, as embarcações menores projetadas para uso local tornaram-se veículos para almas corajosas dispostas a enfrentar as adversidades e a possibilidade de punição severa para aproveitar sua oportunidade. Para todas as potências coloniais, a movimentação desses viajantes marítimos não autorizados apresentava dilemas sociais domésticos, bem como problemas diplomáticos no exterior.

Embora os defensores do livre-comércio tenham tentado barrar os contrabandistas e os intrusos, estes ainda encontravam maneiras de escapar dos vigilantes espanhóis, dos barcos de patrulha britânicos e dos funcionários da alfândega para desembarcar e vender suas mercadorias. O comércio ilegal continuou a prosperar entre Cuba, Jamaica e Saint-Domingue na década de 1780, apesar das medidas que cada potência tomou para reprimir esse comércio. A maior parte da moeda que circulou em Saint-Domingue nos anos que antecederam a revolução, por exemplo, consistia em moeda (*pesos fuertes*) ganha no comércio ilegal com Cuba. Enquanto os barcos espanhóis de Cuba entravam em Saint-Domingue com carnes frescas e barras de ouro, os barcos britânicos da Jamaica se dedicavam ao comércio ilegal com os cubanos. Todos os tipos de pessoas participavam do comércio ilegal. Em julho de 1790, as autoridades jamaicanas pediram que os espanhóis libertassem vários marinheiros britânicos presos em uma cadeia cubana por comércio ilegal.[49] Marinheiros de navios ilegais também lotaram as cadeias de outras colônias. Em 1789, os britânicos exigiram a libertação de uma tripulação de contrabandistas capturados na costa de Porto Rico e mantidos em Caracas. A longa costa exposta do continente atraía muitos comerciantes ilegais. Depois que doenças e deserções dizimaram a frota espanhola ancorada em Puerto Cabello em 1793, as autoridades da capital consideraram um plano para recrutar dois mil marinheiros, reunindo marinheiros desocupados e retirando das prisões muitos dos navegantes condenados por comércio ilegal. Especialmente nas províncias ocidentais, onde as pessoas de cor livres eram mais numerosas, muitos desses marinheiros presos foram listados como "de cor".[50]

Os desertores do serviço militar geralmente fugiam para colônias estrangeiras a fim de escapar de seus perseguidores. Visando conter as frequentes viagens não autorizadas a partir de Cuba, as autoridades emitiram licenças para controlar os milicianos que se aproveitavam de sua posição para deixar a ilha. Durante a guerra no final da década, a Coroa concedeu anistia aos soldados e marinheiros desertores, tanto em outros domínios espanhóis quanto em territórios estrangeiros. Da mesma forma, marinheiros britânicos naufragados fugiram para Cuba, onde podiam "se chamar de americanos com o objetivo de evitar o serviço britânico", em vez de retornar à Jamaica.[51]

Por fim, os escravos fugitivos se destacavam entre esse grupo variado que aproveitava a interação comercial para encontrar trabalho e abrigo nos mares ou em colônias estrangeiras. A facilidade das viagens rotineiras entre as ilhas, o acesso dos escravos ao transporte e as rivalidades entre as colônias se combinaram para tornar possível a fuga de escravos de colônia para colônia, tanto de curta quanto de longa distância. A maior parte desses fugitivos marítimos buscava territórios onde as *plantations* ainda não dominavam a economia ou onde considerações políticas reduziam a possibilidade de serem devolvidos aos seus senhores originais. Mas mesmo uma sociedade escravista plenamente desenvolvida como a Jamaica recebia sua cota de escravos fugidos de outras colônias. Quando o Parlamento perguntou em 1788 se algum escravo jamaicano praticava o catolicismo, as autoridades citaram vários imigrantes negros "que foram trazidos de Guadalupe" durante a Guerra dos Sete Anos e "alguns fugitivos das ilhas espanholas e francesas vizinhas". Os jornais jamaicanos frequentemente listavam vadios negros em casas de trabalho paroquiais que alegavam ser residentes de outras ilhas do Caribe. Na primavera de 1792, por exemplo, William, de Barbados, definhava na casa de trabalho de Kingston, enquanto Sam, de Curaçau, estava preso na paróquia de St. Elizabeth.[52]

Para os oficiais jamaicanos e outros oficiais britânicos, entretanto, os escravos que deixavam a ilha representavam um desafio maior do que os desertores que chegavam. Do final do século XVII até a era da Revolução Francesa, as colônias espanholas atraíram o maior número de refugiados marítimos da escravidão. Mesmo antes de 1700, os que fugiam da escravidão nos domínios britânicos começaram a chegar em canoas e a pedir asilo nos territórios espanhóis. A decisão inicial da Coroa de proteger os negros fugitivos na Flórida e em Cuba como refugiados da heresia protestante em busca de instrução no catolicismo deu início a uma política de acolhimento de escravos que fugiam de colônias estrangeiras que durou, embora às vezes de forma instável, por um século. Na década de 1730, os espanhóis reiteraram essa política de estender o asilo religioso aos fugitivos, e a notícia da possibilidade de liberdade rapidamente se espalhou para comunidades escravas distantes por meio de escravos que trabalhavam em navios comerciais.[53]

Na década de 1750, as fugas para as colônias espanholas criaram tensões diplomáticas na Espanha, pois outras nações começaram a levantar questões legítimas sobre a justificativa religiosa da política espanhola em relação aos escravos fugitivos. Em 1752, os holandeses exigiram o retorno dos fugitivos que haviam desertado para Porto Rico de suas colônias em St. Maarten e St. Eustatius, mas o embaixador francês chamou atenção ao mesmo tempo para os escravos de Guadalupe, uma colônia sob o comando de um rei católico, que também tinham chegado a essa ilha espanhola.[54] Cinco anos depois, o governador da Martinica francesa relatou que escravos haviam partido de sua ilha para Porto Rico, e, em 1760, o capitão-geral em Havana descobriu um grupo de "negros franceses", provavelmente fugitivos de Saint-Domingue, à solta "nas proximidades do Castelo Moro".[55] Ao mesmo tempo, o movimento de escravos das ilhas francesas no leste do Caribe para Trinidad, parte da capitania-geral de Caracas, deu a essa ilha a reputação de santuário semelhante a Porto Rico.[56]

A paz que se seguiu ao fim da Guerra dos Sete Anos ameaçou reduzir essa mobilidade, pois os reformistas borbônicos reavaliaram a política espanhola em relação aos escravos e outros fugitivos de colônias estrangeiras e orientaram as autoridades coloniais a começar a devolvê-los. Em Hispaniola, as tensões entre as autoridades francesas e espanholas diminuíram consideravelmente em 1764, depois que o governador espanhol permitiu que um destacamento da *maréchaussée* (milícia montada) de Saint-Domingue cruzasse a fronteira em busca de um bando de fugitivos que habitava, desde 1728, as regiões montanhosas que separavam as colônias.[57] Em julho de 1767, a Espanha e a Dinamarca decidiram acabar com o movimento entre Porto Rico e as ilhas dinamarquesas de St. Croix, St. Thomas e St. John em um tratado que exigia a devolução recíproca de escravos foragidos e outros fugitivos que viajavam entre os territórios espanhol e dinamarquês.[58] Mas essas delimitações eram fragmentadas e sempre sujeitas aos caprichos da política internacional. Enquanto a Espanha e a Dinamarca finalizavam seu acordo, os britânicos argumentavam em vão que um acordo semelhante deveria ser aplicado aos muitos fugitivos da Jamaica em Cuba e aos das Ilhas Virgens Britânicas em Porto Rico, onde uma fragata britânica chegou em 1770 em um esforço inútil para recuperar o grupo mais recente de fugitivos negros de St. Kitts.[59] A deserção de negros das ilhas britânicas continuou durante a era da Revolução Americana. Por volta de 1790, lobistas residentes em Londres chamaram as perdas de escravos britânicos para Trinidad de "muito consideráveis" e relataram que os fugitivos para Porto Rico "supostamente somam agora cerca de mil, incluindo seus descendentes".[60]

***

Enquanto escravos fugitivos vindos de navio das Ilhas de Barlavento e Sotavento dirigiam-se para Trinidad e Porto Rico, a costa cubana atraía escravos das ilhas mais a oeste. Na costa norte da Jamaica, a deserção de negros para Cuba já era um costume bem estabelecido na década de 1790. Os primeiros "migrantes a barco" surgem nos registros em 1699, quando 20 escravos chegaram de canoa e receberam asilo religioso na colônia espanhola. Em 1718, a Assembleia da Jamaica começou a lidar com o problema de "negros fugindo da Ilha para as Colônias Francesas ou Espanholas", ordenando que tais emigrantes não autorizados fossem "julgados por Dois Juízes e Três Proprietários Livres, e sofressem as Dores e Punições (de acordo com a Natureza de seu Crime) conforme eles achassem adequadas".[61] Medidas judiciais dessa natureza, no entanto, pressupunham que os senhores de escravos jamaicanos pudessem primeiro recuperar seus escravos dos cubanos, uma tarefa extremamente difícil durante esse século de tensão incessante entre Espanha e Inglaterra. Centenas de escravos de língua inglesa viajaram para Cuba na década rebelde de 1730, e em 1751, cerca de um ano após a publicação de uma cédula real reafirmando que os fugitivos jamaicanos que adotassem o catolicismo seriam protegidos pelos espanhóis em Cuba, relatórios do governador de Jamaica indicavam que negros jamaicanos estavam fugindo em direção à proteção de padres católicos.

Durante as décadas de 1760 e 1770, a Assembleia intensificou os esforços para conter a maré de emigração, impondo punições mais severas aos escravos fugitivos e seus cúmplices livres. Até 1789, escravos que tentassem deixar a ilha poderiam, por lei, receber a pena de morte. Além disso, pessoas de cor livres que ajudassem tais fugas corriam o risco de ser banidas da ilha, e brancos culpados pagavam multas proibitivas.[62]

Depois de chegarem à costa de Cuba, alguns desses escravos fugitivos encontraram e integraram comunidades inteiras de desertores de diversas origens e nações. Uma sociedade ilegal perto de Bayamo, por exemplo, era uma guilda multinacional de comerciantes de mercadorias ilegais e todo tipo de fugitivos. O governador de Santiago de Cuba, capital do distrito de Bayamo, relatou em 1771 que "desertores do exército, condenados que escaparam e outros fugitivos", inclusive escravos foragidos, chegavam ao leste de Cuba em pequenas embarcações para retirar peles, gado e madeira corante para venda nas colônias britânicas e francesas. As autoridades investigadoras descobriram que os pequenos portos desprotegidos da área estavam "cheios de navios envolvidos em comércio ilícito – franceses, ingleses e nossos". Seis anos depois, o governador de Bayamo expressou sua preocupação com esses mesmos intrusos. Fortemente armados, eles resistiam às tropas do governo enviadas contra eles, e estavam crescendo em número. "O refúgio de todos os causadores de problemas do distrito", essas comunidades periféricas de comerciantes ilegais "recebiam" desertores do exército e da milícia e "ladrões, vagabundos, estrangeiros, escravos fugitivos nascidos nos Estados Unidos e todos aqueles perseguidos pela Justiça". Os fazendeiros jamaicanos frequentemente acusavam os comerciantes ilegais de seduzirem seus escravos a fugir para colônias estrangeiras, e as observações das autoridades cubanas sugerem que pelo menos alguns dos negros que fugiram para a ilha espanhola chegaram a bordo das embarcações de renegados envolvidos no comércio ilegal.[63]

A longa luta entre os fazendeiros da costa norte e os escravos fugitivos continuou na véspera da Revolução Haitiana, pois os escravos jamaicanos ainda buscavam liberdade em Cuba. Na primavera de 1788, Richard Martin, da paróquia de St. Mary, relatou à Assembleia que 11 de seus escravos haviam fugido em uma canoa e chegado a Cuba a bordo de uma brigantina espanhola que os tinha resgatado no caminho. Em uma viagem à ilha espanhola pouco tempo depois, Martin surpreendeu-se ao encontrar vários outros recém--fugidos da Jamaica ostentando sua nova liberdade sob a Igreja Católica nas cidades costeiras de Trinidad e Puerto del Príncipe. As autoridades de Havana confirmaram que os escravos de Martin estavam "atualmente nesta cidade instruindo-se na religião católica, que era o objetivo deles ao virem para cá", acrescentando que "as leis da Espanha [...] deixam fora do poder deste governo entregá-los".[64] No mês de abril seguinte, outro pequeno grupo de escravos deixou St. Ann's Bay para Cuba. Uma semana depois, eles apareceram na costa leste da ilha espanhola na companhia de um pescador local. Em junho, seu senhor, John Wilcox McGregor, alugou um navio e viajou para Cuba em busca deles, onde logo os encontrou trabalhando para o governador e o prefeito da cidade em Santiago de Cuba. Depois que os fugitivos reivindicaram a liberdade sob a lei espanhola, McGregor ficou "surpreso" quando Juan Baptista Vaillant, governador de Santiago de Cuba, impediu suas tentativas de recuperar seus trabalhadores. Certamente, argumentou ele, Vaillant não era tão crédulo a ponto de levar a sério as "falsas pretensões" que ele e outros escravos jamaicanos estavam usando para escapar da escravidão. "Todos os grupos de pessoas em cativeiro", implorou McGregor, "usarão todos os artifícios e tentarão todos os subterfúgios para obter a emancipação". Igualmente enfurecido com a conduta espanhola, o governador Effingham criticou essa "desculpa jesuítica que seus governadores têm dado nesses últimos anos". Poucos meses depois de um incidente muito semelhante, no qual ele teve dificuldades para negociar a libertação de marinheiros britânicos acusados de contrabando, o governador pediu aos ministros do rei que exercessem pressão diplomática, porque, "no lado norte desta ilha, alguns foram, segundo me disseram, realmente arruinados por tais perdas recorrentes".[65]

É interessante notar que alguns fazendeiros da costa norte, tão preocupados quanto McGregor com a deserção de seus escravos para os espanhóis, pareciam consideravelmente menos ansiosos para tê-los de volta. Os negros que haviam experimentado a liberdade ou viajado pelos mares, vendo outras colônias, provavelmente tentariam outra fuga. Mais importante ainda, ouvir os escravos que retornaram contando suas experiências no exterior poderia incentivar outros trabalhadores a fugirem para Cuba ou outra colônia espanhola. Em uma ocasião, essas considerações levaram a um incidente em que algumas dinâmicas bastante complicadas entraram em jogo. Depois que vários fazendeiros de Trelawny e St. Ann's conseguiram encontrar e trazer de volta à Jamaica um grupo de escravos fugitivos que viviam em Bayamo, seus prisioneiros concordaram em (ou foram forçados a) fazer declarações públicas sobre o tratamento cruel que receberam nas mãos dos espanhóis. Eles então se jogaram à misericórdia de seus captores e "suplicaram sinceramente que qualquer outra punição, exceto a morte, fosse infligida a eles em vez de voltarem para Cuba". Aparentemente satisfeitos por terem conseguido fazer valer seu ponto de vista, os fazendeiros procederam a "punir" os desertores enviando-os de volta para Cuba com um aviso para que nunca mais voltassem à Jamaica.[66]

Apesar das reclamações dos fazendeiros e oficiais britânicos, as ordens reais aos governadores espanhóis nas Índias continuaram a incentivar a imigração de escravos fugitivos de colônias estrangeiras até o verão de 1789. Em novembro daquele ano, a Câmara da Assembleia da Jamaica fez uma petição a Londres, pedindo que fosse aplicada pressão diplomática para impedir que as autoridades espanholas "protegessem os escravos que fugiam dessa ilha e se recusassem a entregá-los". Ao mesmo tempo, a busca incessante por soluções locais se intensificou. Tendo descoberto "uma conspiração [...] de um número muito maior de negros para abandonar esta ilha e se refugiar em [...] Cuba", a Assembleia enfrentou o problema de uma forma diferente, restringindo as canoas "a um tamanho que não excedesse 14 pés de comprimento" – ainda grande o suficiente para a pesca, mas pequeno demais para "aventuras" no mar.[67]

No entanto, durante aquela primavera agitada, a política espanhola mudou de forma decisiva. Em maio de 1790, a Coroa reverteu abruptamente sua posição do ano anterior e emitiu novas ordens aos governadores das colônias para que não mais protegessem os fugitivos estrangeiros que buscassem abrigo em território espanhol. Em meados do verão, a notícia dessa mudança de política chegou às colônias. Logo, os governadores de Cuba se recusaram a aceitar fugitivos estrangeiros, e as autoridades espanholas em Trinidad anunciaram que os fugitivos que chegassem seriam presos e vendidos no exterior.[68] Os britânicos na Jamaica receberam a notícia com ceticismo, mas, mesmo assim, deram-lhe grande visibilidade pública, sabendo que a rede de comunicação dos escravos era a maneira mais eficaz de informá-los sobre a mudança na política espanhola. Na ausência de uma declaração pública dos próprios governadores espanhóis, a Assembleia optou por publicar correspondências oficiais privadas, uma medida que, segundo o governador em março de 1791, "deu pelo menos um alarme aos nossos negros, que foi de alguma utilidade". No final do ano, as autoridades britânicas estavam confiantes de que, "como a medida parece agora ser de conhecimento geral entre os escravos, ela [...] terá o bom efeito de impedir sua deserção no futuro".[69]

Outros governos aproveitaram a oportunidade para acabar com a fuga de escravos para os espanhóis. Na primavera de 1791, os governos da Espanha e da Holanda, "movidos pelas reiteradas queixas de deserção em suas colônias na América e desejosos de eliminar as causas da deserção e impossibilitar novas queixas de deserção", concordaram com um "plano para o retorno mútuo de desertores e fugitivos". A Convenção de 1791 foi concebida para cortar a comunicação entre Porto Rico e St. Eustatius, o oeste da Venezuela e Curaçau, e o Orinoco e as colônias holandesas ao longo da costa da Guiana.[70]

A intensa pressão diplomática que outros governos europeus exerceram sobre os espanhóis em 1789 e 1790 e a ameaça de guerra com os britânicos claramente influenciaram a reversão da prática centenária da Espanha em relação aos negros fugitivos de colônias estrangeiras. Mas a influência britânica não foi a causa única dessa mudança. Em meados de 1790, a Revolução Francesa já havia começado a moldar a política espanhola. Fechar a porta para escravos de outros territórios representou o primeiro passo na tentativa de proteger as colônias contra a disseminação das ideias revolucionárias francesas. A ação das autoridades espanholas em 1790 prefigurava a preocupação com os estrangeiros – especialmente os estrangeiros de cor – que acompanharam o avanço da Revolução Haitiana.[71]

***

Embarcações de diferentes tamanhos e finalidades navegavam de um lado para o outro ao longo das costas das colônias nas Américas. As canoas que levavam escravos fugitivos da Jamaica para Cuba tinham vários usos, desde a pesca até a pilotagem e o transporte. Outras embarcações abertas, que os ingleses chamavam de *wherries* e *long boats* [chalupas e barcos de cabotagem], levavam passageiros de porto a porto ou transportavam carga e água doce entre os navios ancorados e o cais. Os *shallops* [chalupas] e *droggers* [navios de pesca holandeses] de mastro único, barcos maiores com conveses que variavam de 20 a cem toneladas de carga, transportavam barris de açúcar, caixas de rum e outros artigos pesados, enquanto os *plantain boats* [barcos de banana] menores transportavam cargas de frutas frescas para consumo local. Nas águas costeiras de Saint-Domingue, assim como na Jamaica, pequenos barcos de todos os tamanhos e descrições "enxameavam como abelhas" nos anos anteriores à revolução, de acordo com um observador contemporâneo. Como as embarcações de alto-mar que chegavam tendiam a se concentrar apenas nos principais portos, os movimentados "tráfico interior e navegação" controlados pelos barcos menores ligavam as diversas cidades costeiras da colônia francesa umas às outras. Na Jamaica, onde o centro da atividade agrícola estava localizado a uma distância considerável da sede do governo e do principal porto de alto-mar da ilha, esse comércio costeiro em pequenas embarcações não apenas ajudava os fazendeiros da costa norte a levar seus produtos ao mercado, mas também trazia provisões e alimentos para sustentar a população das cidades.[72]

Já sobrecarregados com a cobrança de impostos e com a tentativa de detectar mercadorias contrabandeadas, os funcionários da alfândega geralmente deixavam as pequenas embarcações registradas localmente realizarem suas tarefas com um mínimo de supervisão. Quando as autoridades tentaram exercer mais controle sobre os barcos de cabotagem, encontraram uma resistência considerável. Em 1787, os funcionários da alfândega jamaicana tentaram, sem sucesso, implementar um estatuto parlamentar que exigia o registro de todos os navios com carga de 15 toneladas ou mais. Logo, os proprietários de barcos de banana-da-terra e navios-piloto reclamaram de atrasos intermináveis no transporte de frutas, madeira e cal para Kingston e Port Royal e solicitaram à Assembleia que voltasse ao antigo sistema, que permitia que esses barcos circulassem livremente sem precisar passar pela alfândega. A investigação da

Assembleia mostrou, entretanto, que muitos proprietários se aproveitavam do sistema. Por exemplo, embora a isenção de liberação alfandegária se aplicasse oficialmente apenas a barcos de banana-da-terra de dez toneladas ou menos, os proprietários de embarcações muito maiores simplesmente se registravam como barcos de banana-da-terra para evitar a alfândega. Além disso, os fiscais da alfândega citaram outros motivos, além da inconveniência, para a resistência dos proprietários de barcos, tendo "as mais sérias razões para acreditar que práticas ilícitas são realizadas, em grande parte, em todos os tipos de embarcações pequenas". Essas práticas incluíam viagens para colônias estrangeiras em busca de mercadorias proibidas. Embora a Assembleia concordasse com a existência de irregularidades e aplaudisse os esforços dos funcionários da alfândega para detectá-las, os membros não conseguiram chegar a um conjunto viável de regulamentações que, ao mesmo tempo, não prejudicasse a eficiência do sistema.[73]

Em todo o Caribe, o trabalho vital do comércio costeiro envolvia escravos e pessoas de cor livres em todos os níveis, desde o carregamento e o descarregamento até a navegação. Um viajante francês que esteve em Havana em 1788 observou que "quase todos os comerciantes comissionados eram negros livres", cujas responsabilidades muitas vezes incluíam "supervisionar o carregamento da carga de um navio inteiro".[74] Na Jamaica, os proprietários de barcos de banana-da-terra, alguns dos quais eram negros ou pardos livres, geralmente contratavam tripulações e capitães negros para operá-los e navegá--los. Outros tipos de embarcações costeiras também faziam uso extensivo de marinheiros negros. Os anúncios em jornais se referiam com frequência aos negros empregados como pescadores, como "negros marinheiros" ou negros "acostumados com a pesca"; às vezes, esses escravos marítimos qualificados eram colocados à venda como parte de um pacote que incluía os cais e os barcos em que trabalhavam. O governador de Barbados, Parry, relatou em 1786 que "o número de escravos negros empregados na navegação dos navios comerciais nesses mares [...] me parece aumentar a ponto de exigir a atenção do legislativo britânico, já que deixa tantos marinheiros ingleses sem emprego".[75]

Em ambos os lados do Atlântico, o serviço no mar sempre abrigou as pessoas sem senhor, desde escravos fugitivos e servos contratados até foragidos da lei. Nas sociedades escravistas insulares do Caribe, a mística do mar era ainda mais forte do que em qualquer outro lugar. A vida a bordo de uma das modestas embarcações que navegavam pela costa ou que se dedicavam ao comércio intercolonial de pequena escala representava uma alternativa atraente à vida de hierarquia regimental encontrada a bordo de um navio maior ou em terra em uma *plantation* de açúcar. Embora um editorialista jamaicano pudesse lamentar as "vicissitudes da sorte" que derrubaram Francis Duchesne "de uma vida de conforto e riqueza" para "uma existência miserável no humilde ofício de contramestre a bordo de um *drogger* [navio pesqueiro]", evidências consideráveis sugerem que tanto os negros livres quanto os escravos valorizavam a oportunidade de ir para o mar ou trabalhar no comércio costeiro.[76] Olaudah Equiano, que iniciou uma longa carreira no mar a bordo de um *drogger* em Montserrat na década de 1760, gostava de sua ocupação por vários motivos. Trabalhar como marinheiro permitiu que ele visse outras ilhas, conhecesse novas pessoas e aprofundasse sua compreensão da política regional; que "ganhasse um pouco de dinheiro" negociando por conta própria; e, o mais importante, que olhasse seu senhor nos olhos e exigisse respeito. Tanto por causa das oportunidades sempre presentes de fuga quanto pelo fato de poder oferecer seus serviços a outros comerciantes, Equiano defendeu zelosamente sua "liberdade", decidindo que abandonaria seu senhor antes de ser "submetido como os outros negros".[77]

Assim como Equiano, outros trabalhadores negros do litoral criaram um *status* semi-independente que seus empregadores foram forçados a reconhecer. Quando os ventos do meio-dia sopravam forte demais para que os barcos costeiros saíssem para o mar, o *wharfinger* [administrador de cais] jamaicano James Kelly permitia que seus "negros do cais" "fossem para onde quisessem" com o entendimento implícito de que ele "poderia, com confiança, contar com a presença deles" quando os ventos mudassem. Muitas vezes, porém, os trabalhadores marítimos negros usavam suas posições privilegiadas para fazer tentativas de fuga individuais ou coletivas. Os jornais do Caribe estão repletos de relatos de tais casos. Em agosto de 1790, um marinheiro escravo "bem conhecido" em Granada, chamado William, desapareceu do *drogger* que o empregava, assim como três pilotos escravos "todos bem conhecidos" na costa sul da Jamaica, que fugiram em uma canoa em novembro de 1792.[78] No final de 1790, uma tripulação de escravos a bordo do Nancy, um pequeno saveiro que transportava mercadorias entre as ilhas próximas a St. Kitts, se rebelou contra seu capitão e assumiu o controle da embarcação. Essa tripulação de quatro pessoas refletia, em microcosmo, um amplo segmento do mundo atlântico: o líder da rebelião era nativo da ilha britânica de Nevis, e seus coconspiradores eram um marinheiro "da nação congo" e dois da Virgínia. Em uma tentativa desesperada de recuperar suas posses, o proprietário Jeremiah Neale reconheceu a ampla gama de opções disponíveis para os "piratas" negros e publicou descrições detalhadas do navio e de sua tripulação rebelde em jornais da Jamaica a Granada.[79]

Cientes de que a proximidade do mar atraía constantemente os escravos dissidentes das *plantations*, os proprietários de escravos fugitivos advertiram firmemente os capitães de navios e marinheiros de que seriam processados por admitirem escravos desertores a bordo de suas embarcações, advertências que muitos capitães aparentemente preferiram ignorar. Os escravos com experiência no mar geralmente conseguiam fugir das propriedades e encontrar novos empregos (e abrigo) a bordo dos navios. Referências a fugitivos que tenham servido "a bordo de algum tipo de embarcação" eram comuns em avisos de jornais sobre foragidos. No início de 1792, Bob, um escravo jamaicano que "havia sido ocasionalmente empregado como pescador e como negro marinheiro", deixou seu senhor, que acreditava que ele "se esforçaria para embarcar em algum navio". Mais de um ano depois, Bob foi parar na casa de correção em Black River depois de ser preso a bordo de um *shallop* [chalupa] cujo capitão, por acaso, também era negro.[80] Mesmo os escravos sem experiência no mar podiam aprender alguns termos náuticos importantes ou talvez um verso ou outro de uma canção popular do mar e se passar por marinheiros livres. Os capitães que procuravam formar tripulações muitas vezes não estavam dispostos a investigar cuidadosamente seus antecedentes. Daniel, um jovem pardo que estava aprendendo o ofício de carpinteiro em Kingston, foi visto tentando fugir da Jamaica "a bordo do navio de Sua Majestade, o *Diana*, em Port Royal" em novembro de 1791.[81]

Como se o desejo de liberdade não fosse suficientemente convincente por si só, alguns escravos tinham motivos pessoais mais complexos para buscar passagens a bordo de embarcações marítimas. Emy abandonou o seu patrão em St. Andrew e viajou para Kingston "em um *drogger* ou barco de banana--da-terra" para visitar o marido na vizinha St. Thomas. Até mesmo o despertar religioso do final do século XVIII incentivou os escravos a pensar em conhecer o mundo mais amplo representado pelos navios e barcos. Considerações espirituais levaram Jemmy, um jovem precoce que havia "se associado algumas vezes [...] a algumas dessas pessoas chamadas metodistas", a tentar "embarcar em algum navio e, assim, escapar da ilha". Outro escravo, chamado Adam, assim como o apóstolo Pedro, "um pescador de profissão", foi descrito por seu proprietário como "um grande diletante de assuntos religiosos". Depois de abraçar a fé batista, Adam estava "sempre pregando ou orando". No final de 1790, talvez tenha decidido ampliar seu ministério e se tornar "um pescador de pessoas": ele embarcou em um navio mercante que estava arrumando uma carga para transportar para o exterior com a intenção de "viajar [no navio] quando estivesse completamente carregado".[82]

Assim como os ousados escravos fugitivos cujas façanhas rapidamente se tornaram temas de conversas nas comunidades escravistas, muitos "negros marinheiros" alcançaram considerável notoriedade. Isso acontecia em parte em função de seus empregos itinerantes; as descrições de marinheiros e outros negros em profissões marítimas que aparecem nos avisos de fuga referem--se repetidamente ao fato de que eles eram "bem conhecidos" nas áreas em que trabalhavam. Na Jamaica, alguns marinheiros negros ganharam *status* de lenda, enquanto muitos outros eram figuras locais distintivas e conhecidas. Joe Anderson, nascido nas Bermudas, "um negro robusto [...] marinheiro", escapou com sucesso de seu senhor ao pular a bordo de um navio em Port Antonio, na costa norte, em 1779, apesar de estar acorrentado com "um colar de ferro, rebitado, e cerca de cinco ou seis elos de corrente". Nos 14 anos seguintes, Anderson conseguiu escapar continuamente das garras de seu persistente senhor, encontrando trabalho e abrigo "durante todo esse tempo a bordo de navios". Em 1793, embora ainda fosse perseguido, Anderson era "bem conhecido em Kingston" e continuou a exercer seu ofício. As pessoas que frequentavam os lugares da classe trabalhadora no extremo oeste de Kingston, perto do porto, ao contarem a lenda de Joe Anderson, também devem ter conhecido o respeitado idoso chamado "Old Blue". Esse "negro marinheiro alto [...] de cabelos compridos" tinha uma reputação tão longa e distinta quanto sua barba grisalha. Quando não estava "se escondendo a oeste da cidade", Blue trabalhava a bordo de *droggers* e barcos de banana-da-terra para sobreviver, ou encontrava empregos em terra "em algumas das paróquias mais seguras". À noite, era possível encontrá-lo contando histórias e levantando copos com outros marinheiros em tavernas locais. Aparentemente, beber estava entre os passatempos favoritos do Old Blue; seu senhor revelou que era raro o marinheiro fugitivo "não estar embriagado".[83]

Além de ser o refúgio de personagens sem senhores e fugitivos, o comércio costeiro era uma fonte vital de informações sobre os acontecimentos em outras partes da região. Nas Honduras Britânicas, as autoridades acusavam os espanhóis das colônias vizinhas de "aliciar os escravos dos colonos britânicos sob o pretexto de conceder-lhes liberdade" e citaram um exemplo de um funcionário que se disfarçava de marinheiro espanhol e vagava "entre as casas dos negros até tarde da noite" tentando convencê-los a desertar.[84] Mas, em grande parte por meio de marinheiros negros e pardos, os escravos jamaicanos tomavam conhecimento da possibilidade de escapar com sucesso para Cuba. Às vezes, eles recebiam um incentivo mais direto. Os cinco escravos fugitivos que John McGregor seguiu até Cuba em junho de 1789 consistiam em uma "lavadeira", um "carpinteiro de navios e casas" e "três marinheiros negros". Quando os escravos de McGregor chegaram à costa de Cuba, foram acompanhados por um sexto fugitivo, um "negro francês" que também estava trabalhando em embarcações locais em St. Ann's Bay. McGregor estava convencido de que esse marinheiro estrangeiro, junto com "espanhóis de comércio duvidoso" de Cuba que frequentavam a costa norte da Jamaica, havia induzido seus escravos a desertarem. McGregor pode muito bem ter estado correto. Ao testemunhar perante as autoridades espanholas, o suposto culpado contou que tinha sido retirado de um navio francês durante a Revolução Americana e vendido como escravo na Jamaica; ele fugiu para recuperar sua liberdade.[85] Em 1790, um trabalhador negro das docas em Kingston revelou que os tripulantes do navio *Two Brothers* haviam "pedido a ele que fosse com eles para o país espanhol, onde ele teria sua liberdade". As autoridades identificaram os três marinheiros como um "homem moreno de Curaçao", um "negro espanhol" que não falava inglês e "um negro velho chamado Edinburgh". No dia seguinte, a embarcação desapareceu, e as autoridades presumiram que essa tripulação heterogênea de "estrangeiros" tinha "se levantado contra o capitão e levado o navio para algum porto estrangeiro".[86]

Durante a década de 1790, tanto antes quanto depois do começo da revolução em Saint-Domingue, os indivíduos envolvidos em todas as várias formas de atividade marítima – marinheiros de grandes embarcações de alto-mar e de pequenos barcos associados ao comércio intercolonial; escravos fugitivos e outros desertores; e "negros marinheiros" – assumiram o papel central. Seja no mar ou em terra, as pessoas sem senhores desempenharam um papel fundamental na disseminação de boatos, na divulgação de notícias e na transmissão das correntes políticas à medida que os movimentos abolicionistas e, finalmente, uma revolução republicana ganhavam força na Europa.

A evidência mais forte de sua influência viria mais tarde, quando autoridades por toda a Afro-América agiram para suprimir essa comunicação incontrolável de ideias ao circunscrever as fronteiras da mobilidade humana na região.

Notas

[1] *Kingston Daily Advertiser*, 4 de fevereiro de 1791.

[2] [Equiano], 1837; 1969, pp. 137, 141.

[3] Minutas de West India Planters and Merchants, Londres, 19 de maio de 1789, West India Committee Archives (microfilme, 17 rolos), M-915, Institute of Commonwealth Studies, Londres, rolo 3 (doravante Minutas de WIPM); Dallas, 1803, vol. I, pp. 6-7; Walton Jr., 1810, vol. I, pp. 298-299; Moreau de Saint-Méry, 1958, tomo I, pp. 479-480.

[4] "Account of the Sick admitted into the Island Hospital, in Kingston", impresso na *Royal Gazette*, 26 de janeiro de 1793.

[5] *Royal Gazette*, 7 de julho de 1792.

[6] *Idem*, 5 de maio de 1792.

[7] John Orde para Lorde Sydney, 11 de maio de 1788, C.O. 71/14, PRO; Jamaica Assembly, 1829, vol. IX, pp. 93, 115, 336, 345-347; John Ford para Philip Stephens, 14 de abril de 1793, ADM 1/245, PRO; Conselho para Hyde Parker, 1º de julho de 1797, C.O. 137/98, PRO.

[8] *Apud* Cox, 1984, pp. 94-95.

[9] Kelly, 1838, pp. 17, 29-30.

[10] Abrahams, 1974, pp. 3-21; Reinecke, 1938, pp. 107-118; Todd, 1974, pp. 32-33.

[11] *Mémoire envoyé le 18 juin 1790, au Comité des Rapports de l'Assemblée Nationale, par M. de la Luzerne* (Paris, 1790), p. 27, RSD; Hilliard d'Auberteuil, 1776, tomo II, 42n.

[12] *Idem*, tomo II, pp. 55-56; Moreau de Saint-Méry, 1958, tomo I, pp. 469, 475.

[13] Moreau de Saint-Méry, 1958, tomo I, pp. 57, 81-82, 315-316.

[14] Armytage, 1953, pp. 54-55; Deschamps, 1898, pp. 21-22; *resumen* do relatório do Regente de la Real Audiencia de Santo Domingo sobre o comércio de Saint-Domingue até 1788, Santo Domingo, 25 de setembro de 1793, AGI, Santo Domingo, leg. 1031; Lynch, 1958, pp. 1-24.

[15] Armytage, 1953, pp. 10, 64; Alured Clarke para Lorde Sydney, 30 de maio de 1788, C.O. 137/87, PRO; *Royal Gazette*, 31 de março de 1792; "Number of Ships which have Entered and Cleared, in the Island of Jamaica, during the year 1793", s.d., C.O. 137/91, PRO.

[16] Jamaica Assembly, 1800, pp. 5-6; *Kingston Daily Advertiser*, 3 de janeiro de 1791; Philip Affleck para Stephens, 14 de janeiro de 1792, ADM 1/244, PRO.

[17] Hilliard d'Auberteuil, 1776, tomo I, p. 279; Begouën-Démeaux, 1951, p. 99.

[18] Hilliard d'Auberteuil, 1776, tomo I, pp. 281-282; Balcarres para o Commander-in-chief, 31 de julho de 1800, C.O. 137/104, PRO.

[19] Clarke para Sydney, 12 de julho de 1789, "Ordonnance concernant la liberté du Commerce pour la Partie du Sud de Saint-Domingue", 9 de maio de 1789, C.O. 137/88, PRO; Affleck para Stephens, 14 de setembro de 1789, ADM 1/244, PRO.

[20] Edwards, 1807, vol. III, p. 219; Walton, 1810, vol. I, p. 300; Moreau de Saint-Méry, 1958, tomo I, pp. 479-480. Seus dados não incluem o número de navios escravistas.

[21] *Affiches américaines* (Port-au-Prince), 11 de setembro de 1790.

[22] [Rose Fuller], Additional Reflections: Serving as a Supplement to a Paper relative to the Consequences of the Free Port Act on the Island of Jamaica transmitted to the Earl of Dartmouth in 1773 (Jamaica, 1774), s.p., MS 368, National Library of Jamaica, Kingston (doravante NLJ).

[23] *Kingston Daily Advertiser*, 3 de fevereiro de 1791.

[24] *Cornwall Chronicle and Jamaica General Advertiser* (Montego Bay), 2 de julho de 1791, documento em AAS; *Royal Gazette*, 17 de março de 1792.

[25] Nelson, 1945, p. 59.

[26] Veja a cópia da "Ordonnance concernant la liberté du Commerce" de Saint-Domingue, 9 de maio de 1789, C.O. 137/88, PRO.

[27] John Orde para Lorde Sydney, 31 de maio de 1789, C.O. 71/15, PRO; King, 1942, pp. 44, 51; Juan Guillelmi para Antonio Valdés, Caracas, 14 de junho de 1789, AGI, Caracas, leg. 114.

[28] Hilliard d'Auberteuil, 1776, tomo I, p. 279; [Fuller], *Additional Reflections*, s.p.

[29] Juan Baptista Vaillant para Diego de Gardoqui, Cuba, 22 de junho de 1791, "Estado que manifiesta el Total de Negros bozales introducidos de las Colonias Extrangeras en este Puerto consequente à la R1. Gracia de 28 de febrero de 1789", Santiago de Cuba, 22 de junho de 1791, AGI, Santo Domingo, leg. 1256.

[30] Esteban Fernández de León para Gardoqui, Caracas, 6 de julho de 1792, AGI, Caracas, leg. 503.

[31] Guillelmi para Pedro de Lerena, Caracas, 25 de outubro de 1790, AGI, Caracas, leg. 115; Manuel Gilavert para Luis de las Casas, Batabano, AGI, Cuba, leg. 1468.

[32] "Mme. Lory à M. de la Tranchandière, 20 mars 1773", reproduzido em Debien, 1962, p. 46; *Mémoire sur la commerce de la France et de ses colonies* (Paris, 1789), pp. 60-61, RSD.

[33] *Affiches américaines*, 11 de março, 9 de setembro, 4 de dezembro de 1790; *Affiches américaines* (Supplément) (Cap Français), 4 de dezembro de 1790.

[34] Cf. *Affiches américaines* (Supplément), 13 de fevereiro, 16 de outubro 1790, e Fouchard & Debien, 1969, p. 57.

[35] *Apud* Acosta Saignes, 1961, p. 39.

[36] *Apud* Toth, 1975, p. ix. Sobre o desenvolvimento e as diferenças do norte e do sul, ver Pares, 1956, pp. 1-24.

[37] Logan, 1941, pp. 7-31; Montague, 1940, pp. 29-32; Coatsworth, 1967, pp. 243, 245-246.

[38] Greene, 1942, pp. 114-117, discute negros em carreiras marítimas. Sobre Cuffe, ver Harris, 1972, pp. 18-19.

[39] [Equiano], 1969, pp. 142-155.

[40] Jameson, 1923, p. 586.

[41] Steward, 1899, p. 13; Logan, 1941, p. 25.

[42] Siebert, 1913, pp. 14-16; Walker, 1976, pp. 8-10; Quarles, 1961, pp. 163-167; Ragatz, 1928, p. 194.

[43] Brathwaite, 1971, pp. 89-91.

[44] Ver Woodson, 1921, pp. 42-47.

[45] *Royal Gazette*, 29 de outubro de 1791.

[46] *Gallagher's Weekly Journal Extraordinary* (Dominica), 21 de dezembro de 1790, cópia em C.O. 71/18, PRO.

47 "Extract of a letter from Dominica", *Royal Gazette*, 17 de dezembro de 1791.

48 *Royal Gazette*, 25 de maio de 1793.

49 *Resumen* do relatório do regente da Audiencia de Santo Domingo, 25 de setembro de 1793, AGI, Santo Domingo, leg. 1031; Vaillant para Las Casas e anexos, Cuba, 22 de julho de 1790, AGI, Cuba, leg. 1434.

50 Guillelmi para Valdés, Caracas, 17 de julho, 24 de agosto de 1789, AGI, Caracas, leg. 114; Gabriel Aristizábal para León, Puerto Cabello, 11 de outubro de 1793, León para Gardoqui, Caracas, 11 de dezembro de 1793, AGI, Caracas, leg. 505.

51 Vaillant para Las Casas, Cuba, 21 de junho de 1791, AGI, Cuba, leg. 1434; Conde de Santa Clara para Ministro de Guerra, La Habana, 7 de julho de 1797, AGI, Cuba, leg. 1526; J. Brice para Las Casas, La Habana, 24 de fevereiro de 1794, AGI, Cuba, leg. 1469.

52 Great Britain, 1789, pt. III, Jamaica, s.p. (doravante Privy Council Report [1789]); *Royal Gazette*, 14 de abril de 1792.

53 Landers, 1984, p. 297; TePaske, 1975, pp. 3-4; Patterson, 1967, p. 263; Wood, 1974, pp. 306-307.

54 H. H. Wassender para Joseph de Carvajal y Lancaster, Madri, 13 de outubro de 1752, "Expediente sobre unos Negros, que de la Ysla de Guadalupe se pasaron a la de Puerto Rico, y reclama el embasador de Francia" (1752), AGI, Sección de Indiferente General, leg. 2787 (doravante AGI, Indiferente General).

55 Ver o *expediente* sobre fugitivos de e para as ilhas dinamarquesas datado de 9 de maio de Madri, AGI, Indiferente General, leg. 2787.

56 Sanz Tapia, 1977, pp. 42-43.

57 Debien, 1966a, pp. 5-6.

58 *Expediente*, 10 de abril de 1768, AGI, Indiferente General, leg. 2787.

59 *Expediente*, 9 de maio de 1768, Miguel de Muesas para Julien de Arriaga, Puerto Rico, 15 de maio de 1770, AGI, Indiferente General, leg. 2787.

60 Minutas de WIPM, 6 de abril de 1790, rolo 3.

61 Patterson, 1967, p. 263; Appendix, Act 66 (1718), reproduzido em Privy Council Report (1789), pt. III, Jamaica, s.p.

62 Governador Trelawny para Junta Comercial, 4 de julho de 1751, C.O. 137/25, PRO; Atos de 1768, 1771 e 1777, reimpressos em Privy Council Report (1789), pt. III, Jamaica, s.p.; Jamaica Assembly, 1789, artigos LXIV, LXV, LXVI.

63 Juan Antonio Ayanz de Vreta para Pasqual de Cisneros, Cuba, 6 de setembro de 1771, Juan Germin Lleonar para Cisneros, Bayamo, 7 de setembro de 1777, AGI, Indiferente General, leg. 2787.

64 Jamaica Assembly, 1811-1829, vol. VIII, pp. 457, 460; Joseph de Ezpeleta para Alured Clarke, 25 de março de 1789 (trad.), C.O. 137/88, PRO.

65 Jamaica Assembly, 1811-1829, vol. VIII, pp. 514-515; John Wilcox McGregor para Vaillant, 7 de junho de 1789, Lorde Effingham para Grenville, 13 de junho, 9 de outubro de 1790, C.O. 137/88, PRO.

66 Jamaica Assembly, 1816, p. 98.

67 Jamaica Assembly, 1811-1829, vol. VIII, pp. 519, 565-566, 596; Stephen Fuller para Committee of Correspondence (Jamaica), 30 de janeiro de 1791, "Mr. Stephen Fuller's Account as Agent from the 31st December 1785 to the 31st December 1790", FLB.

68 Antonio Porlier para Pedro de Lerena, Aranjuez, 14 de junho de 1790, AGI, Indiferente General, leg. 2787; Joaquín García para Porlier, Santo Domingo, 25 de julho de 1790, AGI, Santo Domingo, leg. 953; Las Casas para Porlier, La Habana, 7 de agosto de 1790, AGI, Cuba, leg. 1490.

69 Effingham para Grenville, 19 de março de 1791, Henry Dundas para Effingham, 8 de agosto de 1791, C.O. 137/89, PRO. Se essas notícias tiveram tal efeito, ele durou pouco. Escravos jamaicanos continuaram a desertar para Cuba durante a década de 1790, e em 1798 autoridades espanholas reconheceram suas reivindicações de liberdade. Ver Isidro Joseph de Limonta para Santa Clara, Cuba, 26 de agosto de 1798, AGI, Cuba, leg. 1499-A; Santa Clara para Ministro de Gracia y Justicia, La Habana, 5 de outubro de 1798, AGI, Cuba, leg. 1528.

70 "Convención entre el Rey Nuestro Señor y los Estados Generales de las Provincias Unidas, para la recíproca restitución de desertores y fugitivos", 23 de junho de 1791, AGI, Indiferente General, leg. 2787.

71 O capítulo 4 examina em mais detalhes a resolução de 1790 no contexto do Caribe no início da Revolução Francesa.

72 *Resumen* do relatório do regente, Santo Domingo, 25 de setembro de 1793, AGI, Santo Domingo, leg. 1031.

73 Jamaica Assembly, 1811-1829, vol. VIII, pp. 287-288, 294-301.

74 Brissot de Warville, 1964, p. 64.

75 Jamaica Assembly, 1811-1829, vol. VIII, pp. 295, 298. Para exemplos de anúncios, ver *Royal Gazette*, 26 de maio de 1787, 28 de janeiro de 1792, 24 de agosto de 1793, e *The Charibbean Register, or Ancient and Original Dominica Gazette* (Roseau, Dominica), 26 de março de 1791, cópia em in C.O. 71/20, PRO. Parry *apud* Fisher, 1942, p. 88.

76 Lemisch, 1968, pp. 374-377; *Savanna-la-Mar Gazette* (Jamaica), 15 de julho de 1788, documento em AAS.

77 [Equiano], 1837; 1969, pp. 110, 131, 137, 141-142.

78 Kelly, 1838, pp. 30-31; *St. George's Chronicle and New Grenada Gazette*, 13 de agosto de 1790; *Royal Gazette*, 24 de novembro de 1792.

79 *Gallagher's Weekly Journal Extraordinary* (Roseau, Dominica), 21 de dezembro de 1790, cópia em C.O. 71/18, PRO; *St. George's Chronicle and New Grenada Gazette*, 17 de dezembro de 1790; *Kingston Daily Advertiser*, 14 de fevereiro de 1791.

80 *Royal Gazette*, 14 de janeiro de 1792, 29 de setembro de 1792, 20 de abril de 1793.

81 *Royal Gazette*, 12 de novembro de 1791. Para outros exemplos de escravos que podem ter embarcado em navios em circunstâncias parecidas, ver *Royal Gazette*, 21 de abril de 1792, 14 de setembro de 1793.

82 *Royal Gazette*, 23 de fevereiro, 13 de abril de 1793; *Kingston Daily Advertiser*, 7 de janeiro de 1791.

83 *Royal Gazette*, 24 de março 1792, 11 de maio de 1793.

84 Colonel Hunter Para Governador de Yucatan, [novembro 1790], C.O. 123/13, *apud* Burdon, 1931-1935, vol. I, 190n.

85 Vaillant para McGregor, 1º de setembro de 1790, "Narration of Facts... by John Wilcox McGregor of the Island of Jamaica", Londres, 1º de setembro de 1790, C.O. 137/88, PRO; "Testimonio de las Diligencias originales obradas sobre la aprehensión de seis negros... que profugaron de uno de los Pueblos de la Colonia Británica", 1789, AGI, Indiferente General, leg. 2787.

86 *Kingston Daily Advertiser*, 1º de janeiro de 1791.

3

"A INCERTEZA É DE MIL FORMAS PERIGOSA": NOTÍCIAS, RUMORES E POLÍTICA ÀS VÉSPERAS DA REVOLUÇÃO HAITIANA

A mobilidade que caracteriza o Caribe sem senhores no final do século XVIII proporcionava uma fonte de oposição constante ao poder "absoluto" dos senhores, comerciantes e oficiais militares da região. Ao passarem de uma *plantation* para outra, do campo para a cidade, de uma cidade para outra ou de uma ilha para outra, as pessoas em movimento desafiavam o controle social que simbolizava a autoridade imperial. Mas os movimentos de escravos fugitivos, pessoas de cor livres, desertores do serviço militar e marinheiros não aconteciam no vácuo; suas tradições de resistência móvel assumiram um significado ainda mais amplo quando as correntes políticas que giravam em torno do mundo atlântico traziam entusiasmo e incerteza para as costas das colônias americanas, como aconteceu durante a década revolucionária de 1790. Nesses momentos, as autoridades se preocupavam abertamente com as possíveis conexões entre mobilidade e subversão.

Nas culturas orais do Caribe, os governantes locais não eram capazes de controlar a rápida disseminação de informações, assim como não eram capazes de controlar os movimentos dos navios ou das pessoas sem senhor com os quais essas informações circulavam. Os livros, jornais e cartas que chegavam com os navios não eram as únicas vias para o fluxo de informações e notícias na Afro-América. Embora os documentos escritos sempre tenham tido um lugar vital, as tradições culturais negras que favoreciam a oralidade e as leis brancas que restringiam a alfabetização continuamente privilegiavam os outros meios de comunicação. Pois os portos onde os sem-senhor se reuniam também fervilhavam com uma variedade de relatos transmitidos oralmente – fragmentos de notícias, interpretações conflitantes, fatos difíceis de verificar e rumores inconstantes. Uma história picante ou uma anedota reveladora poderia fornecer aos ouvintes atentos notícias sobre a inquietação dos escravos, um conflito imperial iminente, preços instáveis do açúcar ou mudanças na política colonial. Qualquer que fosse o formato, os relatos de acontecimentos no exterior que podiam ter um efeito tangível nas sociedades escravistas americanas traziam à tona tensões subjacentes sobre autoridade, legitimidade e crença. Nas culturas em que as pessoas dependiam do contato humano direto para obter informações, as notícias se espalhavam rapidamente e se tornavam parte de um discurso público compartilhado.

***

À medida que a emancipação se aproximava nas Índias Ocidentais britânicas, a eficácia da rede de comunicação informal dos escravos deixava perplexos os colonos e as autoridades britânicas. No início da década de 1830, os governadores coloniais comentavam – às vezes com espanto, na maioria das vezes com exasperação – sobre a facilidade dos escravos em coletar e transmitir informações. Os escravos ficavam sabendo rapidamente de cada nova iniciativa do Parlamento e de cada movimento em seu favor, e as repercussões que essas notícias causavam nas comunidades negras complicavam os esforços para controlar a população escrava. "Os escravos têm uma facilidade inexplicável de obter informações parciais e geralmente distorcidas sempre que um documento público está prestes a ser recebido e que pode de alguma forma afetar sua condição ou posição", escreveu o governador Smith, de Trinidad, em 1831. O governador da Guiana Inglesa descobriu uma dinâmica semelhante entre os escravos daquela colônia e concluiu que "nada pode ser mais atento do que os escravos em relação a tudo o que afeta seus interesses".[1]

O que era certo na era da abolição nas colônias britânicas também se aplicava às gerações anteriores. De todos os tipos de informação que chegavam por escrito ou por meio do boca a boca nas sociedades afro-americanas, nenhuma era mais ansiosamente aguardada ou potencialmente explosiva do que as notícias que alimentavam as esperanças de emancipação dos negros.

Assim como os fazendeiros e comerciantes buscavam notícias sobre preços e condições de mercado e os soldados e marinheiros observavam e ouviam notícias de guerra ou paz em todas as publicações e através de pessoas que cruzavam o cais local, os escravos também desenvolveram um senso aguçado e mantinham os ouvidos abertos para notícias relevantes aos seus interesses. Como o exemplo da política espanhola em relação aos escravos fugitivos deixa claro, a circulação de tais relatórios entre as sociedades de escravos poderia se espalhar de forma incontrolável e estimular os escravos dissidentes a agir.

Além disso, os próprios ativistas negros locais criavam, transmitiam e utilizavam combinações de notícias e boatos para promover seus interesses de modo independente. Vários exemplos sugerem algumas das maneiras pelas quais boatos incisivos podiam criar expectativas quando cuidadosamente inseridos nas comunidades de escravos. Em 1749, os escravos de Caracas, aproveitando-se da confusão no rescaldo de uma revolta popular de comerciantes costeiros contra o monopólio da Companhia de Caracas, agarraram-se a um boato de liberdade iminente para organizar sua própria revolta. A agitação girou em torno de Juan de Cádiz, um negro livre recém-chegado da Espanha, que fez circular a notícia de que o rei decretara a libertação de todos os escravos espanhóis nas Índias. Imediatamente, os escravos de Caracas estavam cochichando entre si que Sua Majestade havia despachado a histórica cédula aos cuidados de um substituto do bispo local que tinha morrido recentemente. Enquanto alguns escravos aguardavam a chegada do novo bispo, outros tinham certeza de que o espírito do bispo falecido os libertaria, trazendo o decreto de volta como seu último ato neste mundo.[2] Na Martinica, em 1768, vários escravos que deram voz a um boato de libertação igualmente poderoso descobriram o quão eficaz – e perigosa – podia ser essa manipulação da opinião pública. As autoridades francesas os identificaram como fontes originais da notícia, que se espalhou rapidamente, de que um poderoso rei africano havia chegado, comprado do governo colonial todos os escravos da ilha e que eles logo poderiam embarcar em navios para retornar à África. Os portadores dessas notícias foram postos em grilhões e submetidos publicamente a 39 açoites por três dias consecutivos.[3]

Na década de 1770, as notícias sobre os acontecimentos do outro lado do mar chamaram ainda mais atenção dos afro-americanos e energizaram seu clima de expectativa. Esse entusiasmo se concentrou no Império Britânico. Da Inglaterra, os relatos da decisão histórica de Lorde Mansfield no caso do ex-escravo da Virgínia James Somerset chegaram rapidamente às colônias escravistas americanas. Em 1773, apenas um ano depois de Somerset ter conquistado sua liberdade na Inglaterra, os fazendeiros relataram ansiosamente que a notícia havia chegado aos companheiros negros de Somerset na Virgínia, e alguns estavam tentando embarcar em navios para a Inglaterra, "onde imaginam que serão livres (uma noção que agora prevalece demais entre os negros, para grande desgosto e prejuízo de seus senhores)". No ano seguinte, outro escravo abandonou uma *plantation* do Condado de Augusta "para embarcar em um navio para a Grã-Bretanha [...] por saber da determinação recente no Caso Somerset".[4]

O advento da Revolução Americana apresentou uma ampla gama de oportunidades para os negros expressarem suas aspirações por liberdade e demonstrarem sua capacidade de absorver e transmitir o entusiasmo revolucionário que pairava no ar. Negros livres e escravos que trabalhavam em ocupações litorâneas perto de Charleston, por exemplo, reconheciam claramente as implicações da revolução iminente em 1775 e falavam entre si sobre a "grande guerra que se aproximava", que "viria para ajudar os pobres negros".[5] Da mesma forma, prevendo o drama que estava prestes a se desenrolar, os patriotas brancos no litoral do sul viam com consternação a sua vulnerabilidade no caso de uma invasão britânica. Dois delegados da Geórgia no Congresso Continental em 1775 compartilharam com John Adams seu temor de que, se lhes fosse prometida a liberdade, 20 mil escravos da Geórgia e da Carolina do Sul fugiriam para o acampamento britânico. Eles também relataram como as notícias recentes haviam estimulado as redes de comunicação dos negros nas colônias do sul. "Os negros têm uma habilidade maravilhosa de trocar informação entre si", observou Adams, obviamente impressionado, em seu diário após a conversa. "A informação percorre várias centenas de quilômetros em uma semana ou duas".[6]

Os eventos subsequentes concretizaram algumas esperanças dos negros e provaram que os temores dos brancos eram proféticos. Após a deflagração das hostilidades, milhares de escravos norte-americanos em busca de liberdade fugiram de seus senhores para se juntar aos britânicos; outros esperavam obter a liberdade lutando com os patriotas. A revolta contra o domínio britânico não só afetou os afro-americanos nas colônias rebeldes, mas os ventos da revolução também chegaram a outras áreas vizinhas da Afro-América. Nas Bermudas, marinheiros negros levaram pólvora e munição para os rebeldes em navios corsários. Os deslocamentos e as correntes ideológicas da revolta também afetaram a Jamaica. Assim como a Declaração de Independência apareceu nas principais colônias terrestres em julho de 1776, os fazendeiros da paróquia de Hanover mal evitaram uma tentativa dos negros ao longo da costa de lutar pela liberdade. Após o susto de 1776, os jamaicanos brancos falaram com apreensão sobre o perigo representado pelas correntes da ideologia revolucionária nas sociedades escravistas. "A querida liberdade tem soado no coração de todo escravo criado em casa, de uma forma ou de outra, nos últimos dez anos", escreveu um observador depois que a conspiração foi frustrada.

> Enquanto nós apenas falávamos sobre isso, eles não iam além de suas reflexões particulares sobre nós e sobre o assunto, mas, assim que chegamos às vias de fato, os encontramos rapidamente em nossos calcanhares. Tais têm sido as sementes plantadas nas mentes de nossos domésticos por nossos Patriotas sabichões.[7]

A paz de 1783 praticamente extinguiu as esperanças geradas pela era da Revolução Americana. Nos anos que se seguiram à derrota britânica, as potências coloniais do Caribe tentaram reconstruir seus impérios, fechando brechas (a nova política espanhola em relação aos escravos fugitivos é o melhor exemplo) e revitalizando o tráfico de escravos africanos. Ao norte, os rebeldes vitoriosos não estenderam seus princípios revolucionários para incluir os não livres e, em 1787, ficou claro que a nova nação seria construída em grande parte sobre as costas dos trabalhadores negros escravizados que constituíam um quinto da população dos Estados Unidos.

No entanto, a partir do final da década de 1780, outra onda de expectativa e rumores tomou conta da Afro-América. Dessa vez, o entusiasmo abrangeu um corte transversal substancial das sociedades escravistas americanas, indo além das colônias britânicas e incluindo diretamente as espanholas e francesas. Não apenas os rumores revolucionários na Europa reverberavam nas Américas, mas a escravidão estava em toda parte sob a vigilância atenta e na maioria das vezes crítica da metrópole. Na Grã-Bretanha, cujo tráfico de escravos estava se expandindo novamente após o declínio durante a guerra, a pressão popular forçou o Parlamento em 1787 a iniciar o longo e lento processo que finalmente resultaria na abolição do tráfico 20 anos depois. Da mesma forma, os reformistas borbônicos na Espanha se voltaram para a questão da escravidão nos territórios espanhóis na década de 1780 e, em 1789, tentaram impor restrições legais ao poder absoluto dos senhores de escravos e dos feitores. Em 1789, é claro, notícias importantes começaram a chegar da França. A Tomada da Bastilha, a Declaração dos Direitos do Homem e a tentativa de política colonial do governo revolucionário traziam sérias implicações para o futuro da escravidão nas colônias francesas.

Por volta de 1790, os debates no Parlamento sobre o tráfico de escravos, as reformas espanholas relativas à escravidão e a Revolução Francesa não eram apenas tópicos de discussões acaloradas a portas fechadas de órgãos do governo local. Eram também temas de especulações e rumores irreprimíveis a bordo de navios, nas ruas da cidade e nas *plantations*. De colônia em colônia, os escravos e outros grupos excluídos espalhavam as notícias e compartilhavam sua empolgação, distorcendo e ampliando os relatos conflitantes para criar esperanças de que a "sociedade atlântica estava à beira de uma grande transformação que aceleraria sua libertação".[8] Essa cultura de expectativa antecipou e ajudou a alimentar a eclosão da revolução no coração da Afro-América.

***

Dezesseis longos e agitados anos se passaram entre a decisão de Somerset de 1772 e a decisão do Parlamento de examinar a legalidade e a conduta do tráfico britânico de escravos. Mesmo quando Mansfield proferiu sua decisão, o número de navios que saíam dos portos britânicos em expedições escravistas para a costa da África havia atingido o nível mais alto. Entre 1771 e 1773, mais de cem navios por ano deixaram Liverpool, o porto de tráfico de escravos mais movimentado da Europa, na primeira etapa do triângulo atlântico, e muitos outros partiram de Londres e Bristol. A revolta na América do Norte reduziu significativamente o volume do lucrativo tráfico britânico de mão de obra africana, mas apenas temporariamente. No final da guerra, os navios que tinham sido equipados como navios de guerra voltaram a ser utilizados para o tráfico de escravos, e os comerciantes desse mercado recuperaram rapidamente sua posição comercial segura dos anos anteriores à guerra. Depois de 1783, o tráfico voltou a crescer com a mesma rapidez com que diminuíra uma década antes.[9]

Mas a recuperação do tráfico de escravos nos portos britânicos não diminuiu a oposição popular ao comércio que havia surgido durante os anos de escassez. Em Liverpool, onde os confrontos entre marinheiros mercantes e os famintos recrutas da Marinha Britânica se tornaram comuns durante a guerra, os marinheiros assumiram a liderança, organizando protestos violentos contra as condições de trabalho abusivas no tráfico de escravos. No outono de 1775, marinheiros desempregados saíram às ruas para chamar atenção para os baixos salários e o tratamento cruel dos marinheiros nos navios negreiros. Marchando com uma bandeira vermelha e usando fitas vermelhas em seus bonés, os manifestantes derrubaram a cordoalha de navios negreiros ancorados, saquearam e queimaram as casas de proeminentes traficantes e donos de navios envolvidos no tráfico e atacaram a bolsa mercantil.[10] Após a guerra, grupos locais – *quakers* e não *quakers* – mantiveram viva a oposição ao tráfico. Com o fim da revolução, John Pinney, herdeiro de várias *plantations* de propriedade familiar nas Índias Ocidentais, descobriu que a opinião pública em Bristol era um grande obstáculo aos esforços para ressuscitar o tráfico de escravos. "As pessoas daqui parecem dedicadas à nossa destruição", disse Pinney a um correspondente do Caribe em 1783. "Elas alimentam as ideias mais horríveis de nossas crueldades – isso agora permeia todos os níveis de pessoas – e acham que a escravidão não deve ser permitida em nenhuma parte dos domínios britânicos".[11] Uma década após a revolta dos marinheiros de 1775, o tráfico de escravos continuou no centro da controvérsia pública também em Liverpool. O proeminente abolicionista James Currie relatou em 1786 que "a discussão geral sobre a escravidão dos negros produziu muita infelicidade em Liverpool [...] e a luta entre o interesse e a humanidade causou grande estrago na felicidade de muitas famílias".[12]

Quatro anos após o tratado que pôs fim à Revolução Americana, a luta dentro da Grã-Bretanha contra o tráfico de escravos começou a surgir em várias frentes. Os londrinos negros, cujos esforços para evitar a reescravização levaram a questão da escravidão ao conhecimento público e estabeleceram o contexto para a decisão de Somerset, forneceram informações para os abolicionistas e trouxeram relatos de testemunhas oculares dos horrores da escravidão e do comércio que ela fomentava. Em 1787, esses relatos foram publicados pela primeira vez.[13] Outros avanços ocorridos naquele mesmo ano apontavam mais diretamente para uma solução parlamentar voltada ao problema do tráfico. No âmbito organizacional, um comitê informal de *quakers* londrinos se converteu na Sociedade para a Abolição do Tráfico de Escravos (The Society for Effecting the Abolition of the Slave Trade), tendo Granville Sharp (um dos dois não *quakers* entre os 12 membros do comitê) como presidente. Identificando e divulgando "informações que possam contribuir para a abolição do tráfico de escravos", o chamado "Comitê de Londres" esperava liderar os esforços para pressionar o Parlamento a agir. Mais tarde em 1787, milhares de outras vozes se juntaram ao movimento depois que os comitês abolicionistas em Manchester e Londres iniciaram campanhas para inundar o Parlamento com petições assinadas pedindo o fim do tráfico de escravos. A iniciativa de petição rapidamente se espalhou para outras cidades, e mais de cem petições com milhares de assinaturas chegaram ao Parlamento no início do verão de 1788. Em fevereiro, no entanto, com a pilha de petições se acumulando, o primeiro--ministro William Pitt já havia emitido uma ordem no conselho para abrir uma investigação parlamentar sobre o tráfico de escravos. Como primeira medida, Pitt instruiu o Comitê de Comércio e Plantações do Conselho Privado a realizar uma investigação preliminar e coletar evidências sobre uma ampla gama de assuntos que tocavam todos os aspectos do envolvimento da Grã-Bretanha no tráfico. Ele encarregou o Conselho Privado de trazer evidências sobre as sociedades africanas, a aquisição de escravos, as condições a bordo dos navios negreiros, o tratamento dos escravos nas *plantations* das Índias Ocidentais, a demografia da população negra nas Índias Ocidentais e as práticas do tráfico de escravos por parte dos rivais coloniais da Grã-Bretanha.[14]

Todavia, na época do pronunciamento oficial de Pitt, os defensores do tráfico de escravos em ambos os lados do Atlântico já estavam ocupados criando oposição à abolição. Os proprietários de navios mercantes em Liverpool e Bristol fizeram uma petição ao Parlamento, argumentando que o tráfico de escravos era a base do sistema mercantil do país e alertando que sua interrupção prejudicaria a atividade econômica nos portos, deixaria milhares de pessoas desempregadas e acabaria beneficiando os franceses e espanhóis.[15] Igualmente ativos eram os chamados "interesses das Índias Ocidentais", um grupo de agricultores e comerciantes com propriedades consideráveis nas ilhas. Reunidos na London Tavern, os proprietários e comerciantes das Índias Ocidentais organizaram um subcomitê para pressionar os membros do Parlamento e os funcionários do governo e para manipular o fluxo de informações por meio da publicação de folhetos pró-escravidão e artigos favoráveis a serem incluídos estrategicamente na imprensa.

As notícias sobre a ação do Parlamento chegaram rapidamente às colônias, e, em abril de 1788, mais relatos chegavam diariamente. O comunicado de Pitt não foi uma surpresa nas ilhas, onde os colonos, bem-informados sobre os acontecimentos, já tinham iniciado discussões sobre maneiras de evitar o ataque parlamentar que se aproximava. Tanto os canais públicos quanto os privados divulgaram relatos sobre o crescente apoio à abolição. Em Barbados, os jornais publicados no início de abril relataram o crescente interesse na Grã-Bretanha e em toda a Europa pelo "tráfico perverso e desumano". John Orde, governador da Dominica, uma ilha do leste que servia tanto como mercado de escravos quanto como estação de passagem para os traficantes britânicos que se dirigiam para o oeste, relatou em meados de abril que "a intenção de levar o assunto do tráfico de escravos ao Parlamento é de conhecimento geral aqui, e tem sido assim há algum tempo". Apesar de seus esforços para acalmar a discussão pública, ele revelou que "muitas cartas recebidas de Liverpool, em particular, tiveram uma tendência diferente". Na Jamaica, as notícias sobre a iniciativa da petição e seu aparente efeito sobre a opinião pública na Inglaterra "já haviam causado grande alarme em todas as camadas do povo daqui", quando os primeiros despachos oficiais chegaram e observadores brancos preocupados propuseram convocar a legislatura para uma sessão especial para acalmar a situação.[16]

Devido à natureza sazonal do ciclo de navegação, a chegada do final do inverno e do início da primavera sempre trazia ao Caribe as tão esperadas notícias sobre os acontecimentos na Inglaterra. Com o fim da temporada de furacões, os navios mercantes começaram a chegar em grande número no final de dezembro, e, nos três ou quatro meses seguintes, o número de embarcações que chegavam superava em muito o número das que partiam; os portos estavam repletos de navios ancorados; as tabernas transbordavam de marinheiros; e os cais estavam cheios de atividade. Com o desenrolar dos acontecimentos na Inglaterra nos primeiros três meses de 1788, 64 navios britânicos chegaram a Dominica, sendo de longe o trimestre mais movimentado do ano em termos de comércio com a Grã-Bretanha.[17] Mais impressionante foi a infestação de navios britânicos na Jamaica no final do ano. Do final de dezembro de 1787 até o final de março seguinte, 204 navios chegaram da Grã-Bretanha, enquanto apenas 90 foram liberados para a viagem de volta.[18] O colono William Beckford lembrou que os jamaicanos aguardavam a onda de navios que começavam a chegar todo mês de dezembro "com grande impaciência e ansiedade". Entre o Natal e a Páscoa, todos os moradores das cidades portuárias tinham seus motivos para frequentar o cais. Durante esse período, as docas se tornavam "um cenário de agitação e confusão", com "botes indo e vindo de diferentes embarcações, [...] grupos de negros [...] passando e voltando para uma variedade de ocupações; e [...] os grupos de pessoas brancas que a curiosidade, a amizade ou o comércio reuniam".[19]

Além disso, em todas as estações do ano, a chegada de notícias se tornou uma espécie de ritual compartilhado publicamente no final do século XVIII. A agitação que acompanhava a chegada de um barco com cartas e jornais da Inglaterra impressionou muito um viajante britânico em Barbados na década de 1790. A aproximação do navio postal provocava uma onda de entusiasmo popular:

> Ao chegar ao porto, o navio causou uma aglomeração não muito diferente da que se pode ver em uma competição de vela ou remo no Tâmisa. Cada um querendo ser o primeiro, e todos ansiosos para saber os relatos, o navio foi cercado por todos os lados antes que pudesse ancorar, e toda a baía se tornou uma cena animada de navios lotados e barcos em movimento. Muitos que não puderam ir até o navio quando ele entrou no porto foram para a praia para estarem prontos para receber a notícia. As pessoas da cidade também se aglomeraram na praia em multidões inquietas. Tudo era uma grande expectativa. A impaciência mal permitia que as sacolas chegassem ao escritório: todas as avenidas estavam tão bloqueadas que a casa estava num verdadeiro estado de sítio, e o chefe dos correios e sua residência em perigo de serem tomados pela multidão.[20]

Cientes da forma pública como as notícias chegavam às colônias, os lobistas pró-escravidão apresentaram um dos argumentos mais convincentes contra a interferência parlamentar. Logo no início da disputa sobre o tráfico de escravos, seus defensores começaram a enfatizar o impacto perigoso que tais deliberações teriam sobre os escravos no Caribe britânico. Os temores da classe dos fazendeiros sobre esse assunto, transmitidos às autoridades coloniais por meio de seus representantes em Londres, lembram muito as preocupações dos donos de *plantations* na Carolina às vésperas da Revolução Americana. "Vossa Senhoria pode contar com isso", escreveu Stephen Fuller, representante da Jamaica e residente de longa data nas Índias Ocidentais, para Lorde Sydney em janeiro de 1788, "que, durante o tempo em que esse assunto for discutido no Parlamento, os escravos estarão minuciosamente informados de todos os procedimentos". Falsamente encorajados pelas discussões públicas sobre a abolição, advertiu ele, os escravos poderiam muito bem optar por "aproveitar a oportunidade e, por meio de um golpe repentino, terminar o negócio da maneira mais rápida e eficaz, sem dar mais trabalho aos seus zelosos amigos [na Inglaterra]". Embora claramente destinada a fazer com que as autoridades na Inglaterra pensassem cuidadosamente sobre a possibilidade de interferir na organização do trabalho nas Índias Ocidentais, a advertência de Fuller, no entanto, expressava as mais profundas preocupações particulares de seus clientes fazendeiros. No verão, até mesmo os jornais caribenhos se perguntavam em voz alta se os escravos ficariam "tão radiantes e maravilhados com as notícias" sobre as deliberações do Parlamento que "o excesso de alegria e o zelo frenético por sua emancipação geral" causariam distúrbios.[21] Em consideração a essa preocupação, as autoridades da Inglaterra e das colônias agiam com cautela à medida que o confronto no Parlamento se aproximava. Os despachos particulares de Lorde Sydney para os governadores das colônias pediam que eles ficassem atentos à possibilidade de agitação dos escravos, e os próprios governadores relataram que estavam, nas palavras do governador da Jamaica, prestando "atenção especial para evitar qualquer distúrbio em consequência dos rumores que necessariamente devem ser espalhados entre os negros nessa ocasião, evitando ao máximo criar suspeitas ou alarmes desnecessários".[22]

Apesar desses esforços, ou talvez por causa deles, o estado de alerta era grande. Quando os malotes chegaram à Jamaica, no final de abril, trazendo os chamados "Pontos de Investigação" (*Heads of Inquiry*) – questionamentos do Conselho Privado sobre as leis e o tratamento dado aos escravos nas colônias –, os fazendeiros ansiosos prematuramente concluíram que a escravidão estava chegando ao fim. Após a emancipação dos escravos, perguntou um dos correspondentes de Stephen Fuller na Jamaica no final de abril, "como ou onde eles serão assentados? Será que nossas terras também serão retiradas para seu sustento e sua residência?". Até mesmo o adiamento de Pitt do debate aberto no

Parlamento até 1789 foi pouco útil para aliviar a tensão; de fato, a longa espera parecia interminável: "A própria incerteza é de mil formas perigosa", revelou o amigo de Fuller, "mas devemos enfrentá-la com nossos maiores esforços".[23]

As evidências de como a situação poderia se tornar perigosa e cheia de suspense para os jamaicanos brancos logo se materializaram. Um levante abortado na paróquia St. John na Jamaica, em abril, confirmou as expectativas dos fazendeiros de que "o negócio dos negros causaria alguns problemas nessa ilha".[24] Avisos semelhantes ecoaram de outros territórios britânicos. No final de junho, os fazendeiros e comerciantes das Índias Ocidentais residentes em Londres reportaram "várias cartas recebidas das colônias de açúcar" testemunhando a agitação local dos escravos e antecipando que, "quando os navios a serviço dos comerciantes deixarem as ilhas com a aproximação da temporada de furacões, um clima de motim surgirá entre os negros, especialmente na ilha da Jamaica". Somente a rápida mobilização de "uma força adicional adequada" de navios e tropas, imploravam eles, impediria os escravos de agir de acordo com suas "conclusões errôneas" de que a escravidão poderia estar chegando ao fim.[25]

Um ano depois, em maio de 1789, William Wilberforce, o jovem membro de Yorkshire que tinha concordado dois anos antes em levar as preocupações do Comitê de Londres para os corredores do Parlamento, apresentou-se na Câmara dos Comuns para fazer seu primeiro discurso histórico pedindo o fim da participação da Grã-Bretanha no tráfico de escravos africanos. Embora sua moção tenha sido derrotada por pouco, a votação foi apenas o início de uma nova rodada de coleta de evidências e debates. Em 1790, a agitação contínua estava entrando em seu terceiro ano e havia se tornado uma questão mais pública do que nunca nas ilhas. Em Kingston, um jornal local zombou de um "cavalheiro desta paróquia" que tinha retornado recentemente de Londres e que, desde seu retorno, proclamou-se "um perfeito discípulo do humanitário Sr. Wilberforce" e estava determinado a tornar seus escravos trabalhadores livres. Ao chegar, no entanto, ele descobriu, para sua consternação e para o deleite do colunista, que seus escravos haviam "tomado o cuidado de poupar-lhe o trabalho da emancipação, *tomando sua própria liberdade*".[26] Os fazendeiros ausentes de Londres, ao saberem do recente decreto publicado na Trinidad espanhola, que acolhia os escravos fugitivos dos ingleses e franceses, reclamaram que a manobra espanhola não poderia ter vindo em um momento mais inoportuno.

"As discussões recentes sobre o tráfico de escravos, confundidas com uma ideia de emancipação geral", deixaram os escravos britânicos "extraordinariamente agitados", argumentaram, "e o perigo de insurreições não pode senão aumentar por esse insidioso convite à liberdade feito por uma potência estrangeira".[27] Mais tarde naquele ano, essas apreensões ganharam credibilidade após uma revolta de escravos na ilha de Tortola. Investigações oficiais concluíram que a revolta "foi causada por um comunicado que prevaleceu entre os escravos de que já existe na ilha uma lei enviada da Inglaterra pelo governo com o objetivo de abolir a escravidão, mas que foi suprimida por ordem dos habitantes".[28]

Não é de surpreender que os escravos expressassem tanto interesse no progresso do movimento abolicionista na Inglaterra. Mas como eles obtiveram acesso a essas notícias? Explicando ao mundo a capacidade dos escravos de se informar e ficar a par dos acontecimentos na Inglaterra – e como eles poderiam ser enganados a ponto de esperar que sua libertação estivesse envolvida –, os fazendeiros jamaicanos apontaram para uma conspiração ativa de humanitários britânicos equivocados e agentes negros móveis. "Não faltavam meios de informação", de acordo com Bryan Edwards, um senhor e historiador. Essas fontes incluíam relatos orais dos "servos negros que continuamente retornavam da Inglaterra", viajando com os donos de terras que residiam fora da colônia; os muitos panfletos abolicionistas que chegavam às ilhas; e, finalmente, objetos mais simbólicos, como a variedade de medalhões e xilogravuras que representavam a opressão e a resistência dos negros.[29] A Assembleia fez eco a Edwards, culpando os "ensaios e discursos dos Abolicionistas [...] divulgados com diligência" na imprensa, mas também a publicação igualmente insensata do Comitê de Londres de testemunhos abolicionistas perante o Parlamento em livretos "enviados por pessoas na Inglaterra e explicados aos nossos escravos por pessoas livres de sua própria cor".[30]

Mas a expansão constante do próprio tráfico que os abolicionistas atacavam e que os fazendeiros e comerciantes procuravam proteger também trouxe para as ilhas outra fonte de informações cuja presença foi ignorada pelos historiadores modernos, assim como foi negligenciada pelos observadores contemporâneos – os marinheiros que trabalhavam nos próprios navios negreiros. Vários fatores apontam para os marinheiros do tráfico de escravos como fontes prováveis de informações para os negros das Índias Ocidentais. Primeiro, a maioria dos marinheiros britânicos que chegava ao Caribe no final da década de 1780 vinha em navios negreiros. Embora consideravelmente menores em tonelagem, os navios negreiros levavam tripulações muito maiores do que as embarcações envolvidas no comércio direto entre a Grã-Bretanha e o Caribe, tanto para facilitar o tráfico na costa africana quanto para reprimir rebeliões a bordo durante a travessia do Atlântico. Aproximadamente 60% dos mais de dez mil marinheiros de Liverpool que viajaram para as Índias Ocidentais entre 1785 e 1787 trabalharam a bordo de navios negreiros. Em 1787, enquanto o movimento para abolir o tráfico de escravos ganhava força, 2.524 dos 4.264 marinheiros que partiam do porto mais ativo da Grã-Bretanha para as Índias Ocidentais navegavam pela África.[31]

Os marinheiros do tráfico de escravos não apenas eram mais numerosos do que os de outros ramos do comércio britânico nas Índias Ocidentais, como também tinham maior probabilidade de permanecer nas ilhas, voluntariamente ou não, após o retorno do navio à Inglaterra. A deserção e a dispensa forçada por capitães que se recusaram a pagar os salários dos marinheiros combinavam-se para produzir o que o abolicionista Thomas Clarkson, o primeiro estudioso sério desse aspecto do tráfico britânico de escravos, chamou em 1788 de "contínua retirada de marinheiros dos navios [negreiros] nas ilhas".[32] Ao pesquisar os registros alfandegários em Londres e Liverpool no verão de 1787, Clarkson descobriu que, além das altas taxas de mortalidade dos marinheiros no tráfico de escravos, havia índices desproporcionalmente altos de deserção e dispensa do serviço. Da amostra de cinco mil marinheiros de Clarkson que embarcaram em viagens de escravidão em 1786, menos da metade, 2.320, retornou à Grã-Bretanha nos navios em que sua viagem se originou. Levando em conta os marinheiros que pereceram durante a primeira e a segunda etapas da perigosa viagem triangular, ainda restavam cerca de 1.500 desertores e dispensados – 30% do número original – não contabilizados. No ano seguinte, Clarkson descobriu que apenas 1.428 dos 3.170 marinheiros que saíram de Liverpool em navios negreiros retornaram, e os estudiosos modernos encontraram um quadro semelhante para os marinheiros de Bristol.[33]

Desertores ou dispensados, muitos ex-marinheiros do tráfico de escravos tentaram construir nova vida no Caribe, onde tiveram ampla oportunidade de interagir tanto com escravos quanto com pessoas sem senhor. Alguns encontraram emprego ocasional em terra, enquanto outros usaram suas habilidades marítimas e embarcaram em navios "empregados em outros ofícios" ou trabalharam ao lado de escravos e marinheiros negros livres "navegando em pequenos navios que vão de uma ilha para outra". Outros menos afortunados viviam como mendigos, doentes e destituídos. Os residentes locais chamavam essas pessoas de *wharfingers* [administradores do cais], sugerindo cinicamente que elas haviam se tornado tão numerosas a ponto de tornarem--se donos das docas que frequentavam. Cena comum na Jamaica e em outras ilhas onde os navios negreiros descarregavam suas cargas, os *"wharfingers"* às vezes eram "acolhidos pelas mulheres negras por compaixão", e os negros geralmente enterravam os marinheiros que morriam nas ilhas em seus próprios cemitérios.[34]

A experiência comum que uniu os escravos da África e os marinheiros da Europa contribuiu para uma identificação mútua mais ampla entre os dois grupos. Enquanto alguns escravos desejavam escapar da lavoura e encontrar uma vida mais livre no mar, os marinheiros europeus há muito reconheciam os paralelos impressionantes entre a vida diante do mastro e a vida na lavoura. Os marinheiros sujeitos a uma disciplina rígida e arbitrária, ao poder absoluto dos capitães dos navios, aos grupos de pressão e ao chicote, encontraram na experiência dos escravos uma analogia apropriada para suas vidas. Uma descrição contemporânea do temido recrutamento forçado de Liverpool mostra a pobre vítima "apreendida como se fosse um criminoso comum, privada de sua liberdade, arrancada de sua casa, de seus amigos, de seus pais, de sua esposa ou de seus filhos, levada às pressas para a casa de encontro, examinada, aprovada e enviada a bordo do navio, como um negro para um navio negreiro". Escrevendo no mesmo ano em que teve início a investigação do Parlamento sobre a escravidão e o tráfico de escravos, um ex-oficial da Marinha Real que acreditava na necessidade de reforma chamou a atenção de um legislador para o "ar perfeito de escravidão" inerente a práticas como o alistamento forçado.[35]

As ações individuais de marinheiros fornecem mais evidências de que eles podem ter se enxergado, pelo menos parcialmente, como escravos. A história inicial da colônia britânica em Serra Leoa, localizada ao lado de uma movimentada área de tráfico de escravos na costa Oeste da África, fornece um exemplo notável. Entre os outros problemas enfrentados pela incipiente colônia, fundada em 1787 como um refúgio para ex-escravos da América e para os *Black Poor* (pobres negros) de Londres, estava a tentação que ela representava para os marinheiros britânicos que também buscavam escapar da opressão do tráfico de escravos. "Somos e temos sido frequentemente importunados por marinheiros renegados, que abandonam navios usados no tráfico de escravos e se refugiam aqui", relatou um viajante britânico em Freetown em 1792. Os desertores encontravam facilmente emprego local, muitas vezes fazendo com que navios prontos para zarpar para as Índias Ocidentais encalhassem por falta de tripulação. A pressão dos comerciantes e capitães para prender os desertores dos navios negreiros criou "uma situação embaraçosa" para o governador John Clarkson, cujas ordens o obrigavam a "proteger todos os homens" que buscavam uma nova vida na colônia. No final, Clarkson, apesar de suas dúvidas sobre o tráfico, instruiu os policiais a prender os desertores e devolvê-los aos seus navios.[36]

O movimento para abolir o tráfico de escravos tornou mais concreto o interesse político comum dessas testemunhas oculares do tráfico e das vítimas africanas desse comércio. Na Inglaterra, as questões que envolviam os marinheiros britânicos ocupavam um lugar de destaque no debate cada vez mais amplo sobre a escravidão e o tráfico de escravos. Thomas Clarkson descobriu quão profundo era o ressentimento entre os antigos marinheiros do tráfico, e as evidências que ele reuniu nas docas de Bristol e Liverpool no verão de 1787 sobre o tratamento dado aos marinheiros no comércio impulsionaram imensamente a causa abolicionista ao destruir o mito de que o comércio era um "berçário" para os marinheiros. Depois que seus informantes iniciais, em sua maioria comerciantes e capitães de navios respeitáveis, o abandonaram, Clarkson, para sua surpresa, foi abordado por dezenas de marinheiros comuns dispostos a compartilhar testemunhos negativos sobre o tratamento dos marinheiros no tráfico de escravos. Além disso, o próprio Clarkson, às vezes disfarçado de marinheiro, comunicava-se com os marinheiros que chegavam em navios negreiros e os encontrava "sempre dispostos a falar comigo e a me contar suas queixas, mesmo que fosse apenas com a esperança de conseguir uma reparação". Foi em grande parte por meio dessas evidências que Wilberforce pôde afirmar, em seu histórico discurso de 1789 contra o tráfico, que, "em vez de ser um benefício para nossos marinheiros, como alguns ignorantemente argumentam, eu afirmo que é o seu túmulo".[37]

Nas Índias Ocidentais, os marinheiros também protestaram ativamente contra as condições do tráfico de escravos. "Dificilmente há uma embarcação nesse comércio que faça escala em Barbados", relatou o governador Parry em

1788, "da qual eu não tenha recebido uma reclamação, seja do capitão ou dos marinheiros, mas mais frequentemente (e em geral com mais razão) desses últimos, que são muitas vezes usados de forma vergonhosa".[38] Em St. Vincent em 1786, depois que os marinheiros se recusaram a cumprir as ordens do capitão "até que recebessem algum descanso" após uma longa viagem, os magistrados locais prenderam "três dos melhores homens", e o restante dos "marinheiros descontentes remaram para a costa, perdendo seus salários e deixando parte das roupas para trás".[39] Na época do inquérito parlamentar, os abusos cometidos contra os marinheiros haviam se tornado tão comuns em St. Vincent que os oficiais pediram ao Parlamento para "cuidar da proteção dos marinheiros, que recorrentemente são tão maltratados durante a última parte da viagem, que são induzidos a fugir de seus navios e, assim, perder os salários que lhes são devidos no momento de sua chegada aqui".[40] Além dos muitos que desertaram nas ilhas, outros que foram dispensados contra sua vontade também podem ter se interessado em reformar as práticas do tráfico de escravos. Considere o caso de William Dineley, um cirurgião a bordo do navio negreiro *Fame*, de Bristol, que chegou à Jamaica em 1791. Depois de entrar em conflito com o capitão por causa das condições insalubres e do tratamento dado aos escravos e marinheiros durante a travessia da África para as ilhas, Dineley foi expulso de seu navio por ordem do capitão e permaneceu preso na Jamaica após a partida do navio. Enquanto procurava desesperadamente por um beliche a bordo de outra embarcação com destino ao seu porto de origem, Dineley pediu a ajuda do proprietário do navio, jurando: "Se eu voltar a navegar para a África, não terei [...] nada a ver com um capitão, pois eles são uma espécie de homens prepotentes".[41]

Se os brancos descontentes, como Dineley, tinham motivos para se identificar com a campanha abolicionista, os marinheiros negros levavam seu conhecimento de um lado para o outro do Atlântico, contribuindo diretamente para o esforço de acabar com o tráfico de escravos. As notícias de marinheiros das Índias Ocidentais, como Olaudah Equiano, foram de grande valia para Granville Sharp, William Wilberforce e outros na Inglaterra que buscavam maneiras de reunir a oposição popular ao tráfico. Equiano, que havia experimentado a vida a bordo de navios negreiros, tanto como cativo abaixo do convés quanto como marinheiro, encontrava-se frequentemente com Sharp enquanto estava em Londres, compartilhando percepções pessoais sobre a escravidão no Caribe e relatando histórias que aprendeu por meio de conexões com marinheiros que chegavam. Sharp creditou a Equiano, por exemplo, o fato de tê-lo informado sobre um incidente ocorrido em 1781, no qual "130 negros foram jogados vivos ao mar, a bordo de um navio negreiro inglês" ao largo da Jamaica. Mantido vivo na tradição oral dos marinheiros negros por dois anos, o caso do *Zong* recebeu grande publicidade a partir de 1783, e a discussão pública sobre os detalhes horríveis desse evento sinalizou uma grande mudança na opinião pública britânica. Os contatos entre marinheiros negros e abolicionistas proeminentes na Inglaterra continuaram na década de 1790. Já em 1795, "um pobre negro, a bordo de um dos navios de Sua Majestade que haviam retornado recentemente das Índias Ocidentais", procurou Sharp com relatos sobre os maus-tratos a pessoas de cor retiradas de navios franceses como prisioneiros de guerra.[42]

A questão do tráfico de escravos foi encaminhada e sobreviveu confortavelmente a uma segunda votação no plenário da Câmara dos Comuns em abril de 1791. As notícias sobre o resultado da votação em meados de junho à Jamaica, onde um oficial relatou que não havia "a menor apreensão sobre qualquer insurreição ou distúrbio entre os escravos", mas acrescentou que um voto contra o tráfico de escravos poderia muito bem ter produzido um resultado diferente.[43] Durante o verão e o outono, Lorde Effingham, o novo governador da Jamaica, e Adam Williamson, recém-chegado comandante da força militar da ilha, observaram atentamente os sinais de agitação relacionados ao tráfico de escravos, mas não encontraram nenhum. Ainda assim, eles agiram com extrema cautela para que suas ações públicas não dessem crédito aos rumores que os cercavam. Suspeitando, por ter estado na Inglaterra durante os estágios iniciais do debate sobre o tráfico de escravos, que "poderiam surgir distúrbios aqui", o governador Effingham reforçou discretamente a preparação militar da ilha, ao mesmo tempo que tentava "evitar qualquer aparência de preparação que pudesse causar mal-estar na cabeça das pessoas". Todavia, quando os primeiros avisos de um início de revolução na vizinha Saint-Domingue estavam chegando, ele confessou que nem tudo estava sob seu controle: "O que a fofoca de pessoas ociosas pode produzir", disse Effingham ao Secretário de Estado, "não sei dizer".[44]

Relatórios de outros segmentos da população branca da Jamaica do final do ano, no entanto, apresentam um quadro muito diferente daquele que aparece nos despachos oficiais. O aniversário de Wilberforce proporcionou a ocasião para uma grande comemoração dos escravos na paróquia de Westmoreland, a cerca de "cem milhas", de acordo com uma carta particular do início de novembro, "de qualquer um dos quartéis onde as tropas regulares estão estacionadas". Os escravos reunidos, estimados em três mil, comeram e beberam, mas foram dispersados "antes que a bebida tivesse produzido muito efeito". Esse incidente foi apenas "uma prova", concluiu o correspondente, "do quanto as intenções do Sr. W. são deturpadas para os escravos".[45] Reunida em Spanish Town no mesmo dia da chegada desse relatório do outro lado da ilha, a Assembleia fez sua mais forte declaração pública pedindo o fim imediato de qualquer outra consideração sobre o tráfico:

> É inútil insistir que somente o comércio, e não a situação de nossos escravos, seja o objeto de deliberação. Nossos negros não podem, ou não querem, fazer tal distinção – eles são ensinados a acreditar, e certamente acreditam, que são mantidos em uma condição de servidão que é reprovada na pátria mãe e que o objetivo final daqueles senhores, que eles chamam de amigos, na Inglaterra, é colocá-los em pé de igualdade com a parte civilizada desta comunidade; uma opinião que, em suas ideias atuais de certo e errado, só pode tender a envolvê-los em uma destruição comum conosco.[46]

O drama adicional da Revolução Haitiana claramente aguçou a preocupação da legislatura jamaicana nas últimas semanas de 1791. Os primeiros relatos da rebelião apenas intensificaram para os colonos brancos o "perigoso e angustiante estado de suspense durante os meses de agitação no Parlamento, como tem sido o caso nos últimos dois anos".[47] Mesmo depois que a Revolução Haitiana eclodiu ao lado, no final de agosto de 1791, os relatos dos debates sobre o tráfico de escravos no Parlamento continuaram a influenciar o clima político na Jamaica. Em junho de 1792, as autoridades de Kingston observaram um preocupante "ar de insolência" entre os negros daquela cidade logo após a chegada de um relatório prematuro de que o Parlamento havia votado a favor da abolição do tráfico.[48] No ano seguinte, como que para enfatizar que a ameaça da abolição era tão forte quanto a do radicalismo republicano, os brancos de Kingston queimaram efígies de Wilberforce e Tom Paine, lado a lado.[49]

Embora em novembro de 1791 os escravos ainda não apresentassem "Sintomas do mesmo frenesi que se manifesta a algumas léguas de distância", as revoluções nas ilhas francesas iriam, nas semanas seguintes, gradualmente substituir a agitação sobre o tráfico de escravos, tanto na Inglaterra quanto nas colônias, como a principal notícia.[50] Wilberforce e seu partido na Inglaterra continuariam a pressionar para que o Parlamento acabasse com o tráfico até a década de 1790, mas, no momento, na Inglaterra e também nas colônias, a atenção de todos os que tinham alguma participação nos assuntos das Índias Ocidentais se voltaria para a Revolução Francesa no Caribe.

***

Enquanto os britânicos debatiam o futuro do tráfico de escravos no final da década de 1780, produzindo um "estado de suspense" no Caribe britânico, acontecimentos semelhantes estavam ocorrendo em outros lugares da Europa. Na corte espanhola, prevendo que Caracas, Cuba e a colônia espanhola em Hispaniola estavam prestes a finalmente se tornar economias de *plantation* em pleno funcionamento, os ministros do gabinete estabeleceram e tentaram colocar em prática um conjunto de diretrizes rígidas sob as quais esperavam que escravos e senhores operassem à medida que o número de trabalhadores escravos aumentasse. Comparado com o movimento para abolir o tráfico de escravos no Império Britânico, o esforço de reforma espanhol parece silencioso, privado e oficial; essas medidas não geraram um debate público na Espanha sobre o tráfico de escravos, as autoridades não reuniram provas de testemunhas descontentes, nem a notícia de discursos dramáticos chegou às colônias espanholas para estimular as esperanças de escravos. Toda a preocupação girava em torno de um documento específico e sua aplicação. No entanto, a empolgação e a incerteza resultantes envolveram elementos de rumores, suspeitas e atividades clandestinas que se mostraram surpreendentemente semelhantes à dinâmica que afetou as colônias britânicas durante os debates parlamentares. A reação à cédula real de Carlos IV, de 21 de maio de 1789, "relativa à educação, ao tratamento e à ocupação de escravos" nas Índias expôs as tensões raciais e de classe nas colônias espanholas e mostrou novamente o incrível poder das notícias e ideias descontroladas na Afro-América nos anos anteriores à eclosão da Revolução Haitiana.

Em fevereiro de 1789, o Conselho das Índias promulgou o que seus ministros esperavam que fosse uma das reformas de maior alcance, permitindo o livre-comércio de escravos para portos selecionados na Venezuela, em

Cuba, Hispaniola e Porto Rico. Ao afrouxar as antigas restrições ao comércio estrangeiro de escravos, os reformistas borbônicos esperavam realizar um milagre econômico semelhante ao que havia feito de Saint-Domingue a inveja de todas as potências coloniais. Mas, ao mesmo tempo que previam uma transformação no rumo econômico de suas colônias, os membros do gabinete espanhol não tinham a intenção de ceder o controle a uma nova e poderosa classe de senhores de escravos. Além disso, eles reconheciam os perigos que uma população negra em rápida expansão representava para a segurança das colônias. Atenta a essas duas considerações, a corte concordou com a necessidade de definir uma série de políticas específicas para controlar o crescimento de suas colônias de escravos. Imediatamente após finalizar as disposições sobre o livre-comércio de escravos, o Conselho encarregou o Ministro da Graça e Justiça, Antonio Porlier, de elaborar regulamentos para governar os milhares de escravos que estavam prestes a chegar como resultado do livre-comércio. Seguindo as instruções do Conselho, Porlier determinou a eficácia das leis existentes e propôs novas iniciativas para controlar, na medida do possível, os "abusos" que já tinham resultado do poder absoluto dos senhores de escravos sobre seus "desafortunados" trabalhadores.[51]

Criado com o objetivo de tornar a escravidão compatível com a "tranquilidade pública", o decreto de Porlier previa um sistema cuidadosamente monitorado de obrigações recíprocas, no qual o Estado guardaria zelosamente certos direitos dos escravos em troca de seu trabalho.[52] É claro que Porlier esperava que os escravos "obedecessem e respeitassem" seus feitores e senhores e que "os venerassem como pais", cumprindo fielmente seus deveres prescritos. Por outro lado, ele obrigava os senhores e feitores de escravos a instruir seus escravos na religião católica em preparação para o batismo, a fornecer alimentos e roupas em quantidades ditadas pelas condições locais de trabalho, a assumir a responsabilidade direta pelos idosos e enfermos e a permitir e incentivar casamentos entre escravos, mesmo que vivessem em propriedades distantes. Além disso, o código de 1789 isentava os escravos de trabalhar antes do nascer do sol, após o pôr do sol ou em qualquer um dos dias santos católicos, e lhes dava o direito de receber um intervalo de duas horas do serviço regular todos os dias para trabalhar em suas próprias roças. Também proibia os senhores de empregar africanos com menos de 17 anos de idade ou depois de completarem 60. Outras regras determinavam que os capatazes demarcassem claramente o trabalho masculino do feminino, reservando as tarefas mais extenuantes apenas para os homens, e até mesmo fornecendo um salário, embora pequeno, às mulheres envolvidas no serviço doméstico.

O código também limitava a extensão das punições disponíveis para os empregadores de escravos. Por faltarem ao trabalho sem um bom motivo, por fugirem, ou outros "crimes" comuns, os escravos enfrentavam o confinamento na prisão ou com grilhões e correntes, mas o chicote deveria ser usado com moderação: o Estado não permitiria mais do que 25 chicotadas, administradas com um "instrumento mais leve" para não "causar contusões graves ou qualquer sangramento". Porlier permitia que os senhores e os feitores que eles empregavam administrassem apenas punições menores, deixando a punição por crimes de natureza mais séria para as autoridades locais.

Por fim, o código proposto por Porlier e aprovado pelo Conselho das Índias delineava os métodos pelos quais os governos locais iriam detectar e punir as transgressões dos direitos dos escravos. Ao mesmo tempo que confiava nos funcionários do governo para ficar de olho nas propriedades próximas às cidades, o Conselho exigiu métodos especiais para garantir a conformidade dos senhores de *plantations* distantes. Primeiro, os regulamentos encarregaram os padres que viajavam de propriedade em propriedade para rezar missa de atuarem como observadores itinerantes e relatarem secretamente casos de excesso de trabalho ou maus-tratos ao procurador mais próximo, que, "como protetor dos escravos", deveria investigar tais alegações. Além disso, Porlier instruiu os conselhos municipais a nomear "uma pessoa ou pessoas de caráter" para visitar as *plantations* locais três vezes por ano para averiguar possíveis infratores, que receberiam punições que variavam de multas a processos criminais. Em todos os casos judiciais, os escravos que apresentavam queixas tinham os mesmos direitos perante o tribunal que as pessoas livres.

Em meados de agosto, cerca de 200 cópias da portaria de 31 de maio de 1789 foram embarcadas em meio a outros despachos oficiais e enviadas para autoridades nas Índias, onde começaram a chegar no final de outubro. Como era de esperar, os senhores de escravos na América espanhola fizeram um protesto imediato e unânime. Mesmo antes de as autoridades locais terem digerido completamente o conteúdo do documento, ou mesmo de torná-lo público, as novas disposições passaram a ser objeto de preocupação e ansiedade entre os empregados, compradores e vendedores de escravos, que aguardavam com entusiasmo o início de um novo espírito na economia escravista. Em nome dos senhores de escravos, os governadores de Nova Orleans, Santo Domingo e da cidade de Tocaima, em Nova Granada, resistiram ferozmente à cédula e revelaram que a pressão dos brancos coloniais os havia forçado a adiar a publicação do decreto.[53] Enquanto isso, os escravos e as pessoas de cor livres, igualmente cientes dos sinais ameaçadores de um incipiente *boom* de escravos, demonstravam a mesma preocupação. Eles logo aplicaram seu próprio entendimento do significado do código à discussão pública. Portanto, a reação dos poucos privilegiados contava apenas metade da história.

Quando dois dos comissários municipais de Havana se aproximaram do governador interino Domingo Cabello e pediram que ele suspendesse a aplicação da lei, eles temiam o perigo imediato de que a divulgação dos regulamentos pudesse "levar os escravos" à revolta. Tais rebeliões eram "ocorrências regulares", explicou Cabello ao justificar aos seus superiores sua decisão de suprimir o documento.[54] Mas relatórios posteriores revelaram que, apesar do sigilo oficial, ou talvez como resultado dele, a misteriosa cédula logo se tornou um tópico de especulação pública da qual os escravos de Havana participavam ativamente. "Só com os rumores que se espalharam de que existe uma Cédula Real favorecendo os negros, eles já estão meio revoltados", relatou o conselho municipal de Havana no início de 1790, citando como evidência uma recente revolta entre os escravos que trabalhavam em uma das maiores usinas de açúcar da ilha.

Além disso, a notícia das dispensas reais havia se entrelaçado com outros rumores de uma violenta revolta de escravos em uma das colônias francesas. Embora essa mistura inquietante de notícias estrangeiras e domésticas ainda não tivesse catalisado uma rebelião em massa, tinha sido claramente "suficiente para manter [os escravos] desta ilha em [um estado de] expectativa".[55] O Conselho foi forçado a levar esses relatos alarmistas mais a sério quando, dois dias após a chegada dos despachos de Cabello a partir de Havana, o correio trouxe uma carta de um homem que se identificava como escravo naquela cidade. "Vimos a ordem real em favor dos escravos etíopes ser frustrada pela ganância", escreveu Diego de Jesús. A existência e o conteúdo do documento, continuou ele, "chegaram ao conhecimento dos escravos", que entenderam, mesmo que seus senhores não o fizessem, que o desejo do rei era que eles fossem "tratados como indivíduos da raça humana".[56]

Em Caracas, onde os senhores de terras e os comerciantes estavam entre os mais ativos no Caribe espanhol na promoção e na compra dentro da mentalidade do *boom* comercial nas Américas, os diferentes grupos eleitorais reagiram fortemente. Desde 1783, mais africanos haviam chegado à província como escravos do que em qualquer outro momento da curta história da área como colônia espanhola. Apesar dos sinais recentes de que havia uma mudança iminente, as pessoas de cor sem senhor continuavam a superar em número tanto os brancos quanto os escravos, perfazendo 40% dos habitantes da cidade de Caracas e mais de 48% da população de toda a colônia.[57] Nesse cenário, a onda de discussões e especulações nas ruas que acompanhou a chegada do decreto do rei em outubro de 1789, segundo um historiador do incidente, lembrava a Caracas moderna, onde até mesmo "as notícias mais secretas se espalham sem que ninguém saiba como ou por quais meios esses boatos são bem-sucedidos".[58]

Os esforços oficiais para manter a cédula de 1789 em segredo em Caracas não conseguiram impedir que o público ficasse surpreendentemente bem-informado quase que imediatamente. Em questão de dias, a audiência em Caracas registrou fortes reações entre os escravos e os fazendeiros. Rumores poderosos anunciando o fim iminente da escravidão tomaram conta da capital. "Desde a chegada da última correspondência", relatou Francisco García de Quintana, um dos vereadores da Câmara Municipal de Caracas, entre uma semana e dez dias depois, "diz-se publicamente na cidade que recebemos uma Cédula Real sobre o governo e o tratamento dos escravos". Como García "já havia observado certa expectativa e insolência entre os escravos", ele pediu que a publicação do documento fosse adiada até que o conselho pudesse examinar detalhadamente seu possível impacto.[59] Outros órgãos governamentais reconheceram que, de alguma forma, a notícia tinha vazado para as ruas e expressaram preocupação de que essa informação descontrolada pudesse inspirar os escravos a ter "a ideia de liberdade".[60]

As disposições da cédula do rei permaneceram um segredo oficial cuidadosamente guardado durante todo o mês de novembro, e o governador ainda não a havia emitido no início de dezembro, quando a elite de Caracas pediu ao procurador da cidade, Juan José Echenique, para convocar uma reunião da *audiencia*. A elite queria que as autoridades discutissem o tumulto local causado pelos boatos a respeito do decreto sobre os escravos. Echenique, que, apesar de seu *status* oficial, ainda desconsiderava as notícias sobre a ordem do rei como pouco mais do que um boato irresponsável, atribuiu os relatos às comunidades negras e pardas de Caracas, acrescentando que "não era a primeira vez" que esses moradores da capital criavam notícias para atender a seus próprios interesses. Talvez Echenique soubesse da rebelião abortada de 1749, mas provavelmente ele tinha em mente os acontecimentos mais recentes. Apenas um ano antes da cédula de 1789, a câmara municipal de Caracas havia se reunido para discutir como suprimir os rumores que circulavam entre os pardos livres de que o rei concedera a eles o direito de entrar em ordens sagradas e de contrair matrimônio com mulheres brancas da classe plebeia.[61] Mesmo quando Echenique descartou as notícias de dispensas reais para os moradores negros e pardos de Caracas como uma invenção de fantasias esperançosas, os escravos da cidade já estavam se movimentando para fazer valer seus novos direitos. Na reunião de 12 de dezembro de 1789, surgiram depoimentos dizendo que os senhores de escravos estavam "se sentindo insultados por seus escravos, com tanta ousadia que os repreendiam e ameaçavam cara a cara de várias maneiras", chegando ao ponto de citar "os diferentes capítulos que eles dizem estar contidos na suposta Cédula". Esses escravos afirmaram – e com bastante precisão – que os novos regulamentos exigiam uma jornada de trabalho mais curta, com "horas de descanso". Assim como Echenique, os senhores confusos se perguntavam se os escravos tinham conhecimento antecipado dos regulamentos que estavam prestes a entrar em vigor ou tinham simplesmente "inventado" esses relatos.[62]

Nos meses seguintes, enquanto as autoridades de Caracas esperavam que o rei se pronunciasse sobre o pedido de revogação das novas disposições, a pressão local sobre elas, vinda de direções opostas, aumentava constantemente. No início de maio, depois de acordarem pela manhã e descobrirem vários cartazes ameaçadores que se referiam especificamente ao código ainda não publicado, colados em locais públicos em duas áreas de Caracas, o alarme dos moradores brancos da cidade aumentou. Os cartazes alertavam que os escravos locais sabiam da cédula e sobre a culpa dos brancos locais por terem suprimido seu conteúdo e sua intenção. Se as autoridades não colocassem os artigos em vigor por conta própria, diziam os cartazes, talvez a força os persuadisse. Nas entrelinhas do texto, havia uma declaração ainda mais forte: um desenho rudimentar de um homem de pele escura empunhando um machete levantado, aparentemente prestes a cortar a garganta de um homem branco.[63]

Essa descoberta desconcertante levou as autoridades de Caracas a convocar uma segunda série de reuniões na primavera de 1790 e a colher mais testemunhos sobre a sedição negra na cidade e em suas áreas adjacentes. Mais uma vez, os relatos indicavam que os escravos desafiavam abertamente os feitores com a crença de que "Sua Majestade os havia libertado" e, em alguns casos, largavam seus instrumentos de trabalho e se recusavam a trabalhar. Na própria Caracas, as ondas de descontentamento entre os escravos domésticos surpreenderam os senhores. Além disso, as autoridades agora enfrentavam não apenas o problema de controlar a disseminação de ideias entre os escravos, mas também a dificuldade de conter o crescente interesse pela cédula entre a grande classe de pessoas sem senhor em Caracas. Eles temiam os moradores da cidade "vagabundos e mal-intencionados" que pretendiam fomentar "discórdia e distúrbios", bem como os bandidos das planícies vizinhas que, depois de atacarem os viajantes das rodovias durante o dia, entravam na cidade à noite. Para controlar atividades noturnas como "conversas ociosas, homens se reunindo a toda hora nas esquinas, pessoas pendurando cartazes e todos os outros sinais que prenunciam revoltas sérias", o governador emitiu ordens exigindo que todos os indivíduos e grupos de mais de "seis ou oito" acendessem lanternas depois das 10 horas ou passariam a noite na cadeia. Em tal atmosfera de tensão, agitação e repressão, os brancos em Caracas sentiram--se perigosamente próximos de um surto de violência, sobretudo depois que as autoridades enviaram um destacamento substancial da milícia para a vizinha La Guaira, o porto de Caracas, após uma tentativa de algumas "pessoas de baixa renda" de invadir um depósito de pólvora. Em pelo menos um caso, a supressão da cédula resultou, de fato, em violência. Escravos da *plantation* de um tal Fernando Ascario atacaram e mataram seu capataz, "todos acreditando", de acordo com os relatórios recebidos pela audiência, "que Sua Majestade havia lhes dado liberdade ou, pelo menos, lhes tinha concedido *status* igual ao das pessoas livres". No final de junho, os membros da audiência informaram que, apesar de seus esforços, o conhecimento do conteúdo do documento se estendera tão amplamente que "se pode ter certeza de que todas as pessoas livres e escravas estão informadas tanto nesta cidade quanto na província".[64]

Em 1794, com suas energias reformistas enfraquecidas pela resistência resoluta da elite crioula nas colônias e, mais importante, pelo desafio da Revolução Francesa, os ministros espanhóis decidiram permitir, discretamente, que o código de 1789 deixasse de existir. No entanto, a memória da cédula e as esperanças que ela gerou permaneceram vivas na cultura de oposição entre os escravos espanhóis. Cerca de seis anos depois que os residentes das colônias tomaram conhecimento da cédula de 31 de maio de 1789, o documento ressurgiu como uma questão central em dois casos distintos de resistência negra na América espanhola. Em 1795, escravos em Buenos Aires fizeram uma breve greve geral protestando contra a supressão do código.[65] No mesmo ano, um grupo de escravos, negros livres e pessoas de "sangue misto" que viviam perto da cidade costeira ocidental de Coro, na capitania-geral de Caracas, tentou estabelecer um governo independente, organizando a maior revolta desse tipo na história da Venezuela. As investigações oficiais encontraram uma das raízes da insurreição de Coro na agitação de 1789-1790 em torno da ordem do rei e na crença ainda predominante de que os direitos dos negros e pardos à liberdade e à igualdade estavam sendo injustamente negados pelos brancos locais. Dois homens itinerantes e sem senhor foram fundamentais para levar a notícia da intenção de bloqueio do rei ao povo da região de Coro. Um "desocupado" conhecido como Cocofio "se ocupava em viver de *hacienda* em *hacienda* sob o pretexto falacioso de ser um curandeiro" e contava aos escravos sobre a suposta ordem real de emancipação e como os brancos haviam suprimido a vontade do rei ao mantê-los escravizados. Após a morte de Cocofio, José Caridad González, um fugitivo de língua espanhola da vizinha Curaçau e figura-chave da revolta de 1795, continuou a usar esse tema ao organizar uma rebelião armada contra as autoridades espanholas locais.[66] Entretanto, nessa época, a revolução negra em Saint-Domingue exercia a maior influência sobre a imaginação dos escravos espanhóis dissidentes.

∗∗∗

Embora o abolicionismo britânico e o reformismo espanhol tenham desafiado o futuro da escravidão colonial no final da década de 1780, foi somente a Revolução Francesa que exerceu a esmagadora pressão social e ideológica que acabaria por levar à liberdade dos negros nas Américas. Uma revolução que colocou classe contra classe em uma luta pelos ideais de "liberdade, igualdade e fraternidade" apresentou problemas óbvios para as sociedades baseadas na solidariedade branca e na escravidão. Portanto, mesmo antes de a Queda da

Bastilha sinalizar os últimos dias do *Ancien Régime* na França, as autoridades começaram a tomar medidas para garantir que o espírito de questionamento e mudança vivido na Europa não afetasse o Caribe francês. Já no outono de 1788, a Coroa emitiu ordens para "abolir toda a imprensa" em Saint-Domingue, "a fim de evitar que a chama da liberdade se espalhasse pelas colônias", uma medida que levou a um apagão efetivo de notícias que durou pelo menos "várias semanas". O prefácio fala do general A. N. de La Salle. Confrontado com um grupo de recrutas entusiasmados prontos para embarcar da França para Saint-Domingue em 1792, ele adotou uma abordagem diferente. Ciente do potencial explosivo das palavras de ordem e dos rituais da Revolução Francesa, caso fossem aplicados nas colônias, o general instruiu seus comandados a alterar seus estandartes e bonés, que exibiam o *slogan* "Viva livre ou morra", para "A Nação, a Lei, o Rei". La Salle também rejeitou o plano dos soldados de plantar árvores da liberdade ao chegarem a Saint-Domingue, sugerindo, em vez disso, que plantassem "uma árvore da paz".[67]

O dilema do general La Salle era o mesmo enfrentado pelo *lobby* colonial na França e pela plantocracia nas colônias, e sua frágil solução também refletia a estratégia mais ampla dos fazendeiros, comerciantes e donos de navios ao aceitarem a Revolução Francesa. Ao contrário das elites nas colônias britânicas e espanholas, que lutaram contra todas as aparentes novas mudanças na política colonial no final da década de 1780, os fazendeiros franceses mais ricos e poderosos receberam bem a ruptura da revolução na metrópole e esperavam tirar proveito da fraqueza da administração colonial francesa para aumentar seu poder. No entanto, assim como La Salle tentou desvincular o significado republicano dos rituais populares associados à revolução, os fazendeiros e a burguesia comercial assumiram a tarefa semelhante de apoiar a revolução e, ao mesmo tempo, trabalhar para evitar que as forças sociais que ela desencadeou se espalhassem pelas colônias. Mas, como ficou muito evidente na época em que as tropas de La Salle trocaram La Rochelle pelo mundo revolucionário de Saint-Domingue, nem os comandantes militares cuidadosos nem os fazendeiros vigilantes poderiam esperar controlar a força irrefreável da Revolução Francesa, em especial quando rituais e símbolos – faixas e *slogans* de bonés, por exemplo – poderiam comunicar suas correntes de forma tão eficaz quanto panfletos e encartes.

Quando Luís XVI convocou os Estados Gerais em 1787, os fazendeiros de Saint-Domingue, influenciados em parte pelo exemplo recente da independência norte-americana, assumiram a liderança na pressão sobre as reivindicações da escravocracia francesa do Caribe. Mesmo antes de os arquitetos do novo sistema de propriedades terem decidido qual seria o seu lugar, os fazendeiros franceses elegeram deputados para representá-los na Assembleia e agentes para coordenar os esforços de *lobby* em seu nome. Em junho de 1789, os deputados coloniais estavam do lado do Terceiro Estado em sua luta contra a Coroa e os aristocratas, mas se recusaram a endossar a Declaração dos Direitos do Homem e rapidamente se organizaram para manter a revolução fora das colônias. Por meio da voz da influente Sociedade dos Colonos Franceses, conhecida como Club Massiac por seu local de reunião em um hotel de Paris, os fazendeiros ausentes e seus representantes e simpatizantes mantiveram-se firmes em sua exigência de que a Assembleia deixasse a cargo deles a política social e econômica nas colônias, mesmo diante da erosão do apoio à sua posição tanto no Terceiro Estado quanto entre os ministros coloniais.[68]

Junto com os fazendeiros ausentes, outros parisienses expressaram um interesse ativo em questões de governança colonial nos estágios iniciais da Revolução. A comunidade de pessoas de cor livres da cidade organizou sua própria Sociedade dos Colonos Americanos, buscando usar a Revolução para livrar as colônias das desvantagens que os não brancos livres sofriam e que haviam aumentado de intensidade desde a década de 1770. Na verdade, os mulatos livres de Saint-Domingue anteciparam em quatro anos as ações dos fazendeiros da colônia, enviando Julien Raimond à França em 1784 para fazer *lobby* por direitos iguais para as pessoas de cor livres com propriedades em Saint-Domingue. Tão determinados quanto os fazendeiros a obter representação na Assembleia Constituinte, os *gens de couleur* [pessoas de cor] encontraram maiores obstáculos para fazer com que sua voz fosse ouvida, e sua desilusão era presságio da revolução iminente nas colônias.[69] Além disso, o movimento abolicionista britânico havia inspirado um pequeno grupo de humanitários franceses a fundar, em 1788, a Société des Amis des Noirs (Sociedade dos Amigos dos Negros), modelada nos moldes do Comitê de Londres fundado no ano anterior. A Société des Amis não tinha feito os avanços da sociedade similar londrina em termos de organização ou formação de eleitorado, nem exercia a mesma influência do Club Massiac na política francesa, mas os escritos produzidos por seus membros se mostraram bastante influentes na criação de apoio à causa abolicionista. Por essa razão, os lobistas pró-escravidão fizeram dos Amis um alvo constante de ataques, temendo o impacto que suas ideias publicadas poderiam ter nas colônias.[70]

Ao passo que os eventos arrebatadores do verão e do outono de 1789 em Paris concentravam a atenção de toda a Europa, os residentes da capital francesa e seus compatriotas do outro lado do Atlântico se esforçavam para separar os fatos dos boatos enquanto especulavam sobre o que as mudanças na França poderiam significar para o regime colonial. O abolicionista britânico Thomas Clarkson, cujo estudo sobre o tráfico de escravos o levou a Paris naquele verão agitado, entrou na atmosfera carregada sem saber da intensa luta entre facções concorrentes sobre questões de direitos para pessoas de cor livres e a escravidão. Logo após sua chegada, apareceu uma matéria nos "impressos públicos" acusando os Amis de promover a insurreição negra ao enviar cerca de 12 mil mosquetes para as colônias. "Relatos igualmente infundados e malignos foram divulgados nos mesmos jornais em relação a mim", lembrou Clarkson anos mais tarde. Alguns relatos o acusavam de ser um espião britânico, outros afirmavam que ele havia sido banido da Grã-Bretanha por suas opiniões radicais.[71] Os mesmos fazendeiros ausentes que atacaram a presença de Clarkson geraram outros relatórios sensacionalistas alertando seus eleitores no Caribe sobre o "perigo iminente" de que alguns franceses "bêbados de liberdade" estavam prestes a partir para as colônias e pretendiam desencadear um levante de escravos.[72] Uma onda de boatos sobre os acontecimentos nas Índias Ocidentais, incluindo relatos infundados de violentos levantes de escravos na Martinica e em Guadalupe, tomou conta de Paris no outono. "Alarmados pelos infelizes rumores", os membros do Club Massiac pediram ao Ministro da Marinha La Luzerne que confirmasse ou negasse os relatos. La Luzerne respondeu, sem ter o que dizer, que não havia recebido nenhum despacho de administradores no local por dois meses; aparentemente, ele sabia menos sobre a situação nas colônias do que os próprios membros do Club.[73]

Os residentes das colônias tiveram a mesma dificuldade para entender a situação na França. Dada a ausência de informações diretas por meio dos canais oficiais, a tensão e a especulação descontrolada eram intensas. Uma crise comercial, que limitou severamente o número de navios mercantes franceses que chegavam aos portos coloniais, apenas agravou a situação. Nenhuma notícia de Paris chegou a Saint-Pierre, na Martinica, durante os meses de agosto e setembro de 1789, o que provocou rumores inter-relacionados sobre o que estava acontecendo na França e, inevitavelmente, sobre o futuro da escravidão no Caribe. Cópias de jornais britânicos haviam chegado à ilha, e os relatos da agitação do Parlamento em relação ao tráfico de escravos geraram suspeitas locais de que os ingleses poderiam estar espalhando esses relatos para criar entusiasmo entre os escravos. E o que, perguntaram os colonos curiosos, significava essa fita tricolor que adornava os bonés dos viajantes e marinheiros?[74]

Na região mais ao oeste de Saint-Domingue, onde mais navios franceses faziam escala, os correspondentes tinham um suprimento maior de informações, mas muitas delas pareciam confusas ou incertas, e boatos fortes corriam em todas as direções. "Fomos minuciosamente informados sobre todos os rumores que circulavam na Europa", escreveu um morador do Cap Français em outubro, acrescentando que esses relatos de segunda e terceira mão "contribuíram em grande medida para provocar rumores aqui". Das cidades costeiras menores, a oeste e ao sul, chegavam relatos de que a Assembleia estava prestes a abolir a escravidão – notícias que já tinham chegado aos ouvidos de alguns escravos nas lavouras do interior. Outros rumores haviam se enraizado na própria cidade portuária. Assim como os residentes da França rural, cujo "Grande Medo" de boatos de ataques de bandidos se espalhara rapidamente pelo campo apenas alguns meses antes, os brancos no Cap viviam com medo constante, no final do ano, de que mais de 20 mil escravos estivessem prontos para tirar proveito da confusão atual e descer das terras altas vizinhas para se juntar a aliados secretos e assumir o controle da cidade.[75]

Refletindo o esforço individual do general La Salle em uma escala mais ampla, os fazendeiros do Caribe francês e seus representantes e simpatizantes na França colaboraram em uma série de medidas destinadas a controlar o movimento de pessoas e ideias da metrópole revolucionária para as colônias ansiosas. Na França, essa política recaiu com força especial sobre os negros livres e os *gens de couleur*, na medida em que o Club Massiac agia para restringir seu acesso às rotas marítimas. Desde meados do século, a circulação de negros e pardos entre a França e as colônias causava preocupação e comentários. As suspeitas eram, na maioria das vezes, direcionadas aos escravos que retornavam às ilhas na companhia de senhores itinerantes após estadas na pátria-mãe. Da

Martinica, em 1753, uma reclamação típica dizia que os negros que retornavam da França eram "insolentes" e culpava o contato com brancos humildes por suas novas atitudes. Em 1777, um decreto real repetia que, "quando eles retornam às colônias, levam consigo o espírito de independência e intratabilidade e se tornam mais prejudiciais do que úteis".[76] No entanto, a política de Luís XVI era tão fortemente contrária à presença de negros na França que a polícia reuniu "dezenas" de residentes negros – escravos, fugitivos e pessoas livres – e os transportou para as colônias entre 1777 e 1789, apesar das objeções das autoridades coloniais.[77]

O início da revolução e o interesse óbvio que os negros e pardos livres da França tinham pelo seu progresso fizeram com que o *lobby* colonial buscasse uma reversão imediata da política de transporte como forma de impedir que as notícias dos eventos em Paris chegassem aos escravos no exterior. Depois que La Luzerne rejeitou o pedido inicial de uma nova lei que proibia negros e pardos de embarcarem em navios com destino ao Caribe, o Club Massiac conseguiu o apoio direto das câmaras de comércio e dos armadores dos principais portos transatlânticos da França. As autoridades portuárias honraram em grande parte esses desejos, embora às vezes fizessem vista grossa.[78]

Do outro lado do Atlântico, os comitês de segurança autonomeados nas cidades portuárias tomaram precauções semelhantes e se colocaram à procura de personagens sediciosos de todos os tipos. No final de outubro de 1789, relatou um correspondente, "os portos e os cais estão tão bem guardados que será praticamente impossível para qualquer evangelista executar seus planos".[79] No final do ano e em 1790, as assembleias de agricultores do norte e do oeste continuaram a fazer da segurança ao longo das docas uma prioridade máxima. O comitê de segurança pública da Assembleia Provincial Permanente do Norte, reunido no Cap Français, aplaudiu a política dos comissários da cidade de anotar os nomes, idades e descrições de todos os passageiros que chegavam, mas logo foi além dessas medidas, autorizando a inspeção rigorosa de todos os navios que chegavam e colocando guardas armados a bordo de cada um deles para garantir que ninguém desembarcasse antes que essa inspeção fosse realizada. Os passageiros que não conseguiam explicar satisfatoriamente o motivo de sua vinda para o Cap Français eram "imediatamente presos e colocados na cadeia, para serem enviados de volta à França na primeira oportunidade".[80] Em janeiro de 1790, o governo de Porto Príncipe exigiu inspeções e buscas a bordo e ordenou a apreensão de cargas perigosas, como "escravos vindos da França, passageiros desconhecidos, [...] papéis, livros, gravuras e outros objetos capazes de fomentar problemas".[81] Medidas igualmente rigorosas controlavam a presença de estrangeiros, que, de acordo com um relatório espanhol, corriam o risco de serem presos e detidos ao desembarcarem em Saint-Domingue, mesmo que possuíssem passaportes legítimos.[82]

Medidas rigorosas de segurança, no entanto, apenas aumentaram o interesse e a expectativa, e tais regulamentações nunca poderiam ser totalmente eficazes. Assim que a fita tricolor apareceu nas colônias francesas, os escravos começaram a decifrar seu significado. Ao repassar relatórios sobre a agitação dos escravos perto de Cap Français, as autoridades coloniais avisaram, em outubro de 1789, que "uma multidão de materiais impressos" havia informado a população sobre os acontecimentos em Paris. Apesar das precauções criteriosas, "tudo o que é feito ou escrito, especialmente sobre a questão da emancipação dos negros", conseguia esquivar a polícia do cais. Não é de surpreender que os negros no Cap logo entenderam que a fita tricolor simbolizava a recém--conquistada emancipação dos brancos de seus "senhores" na França.[83] Na Martinica, "vários escravos" da capital colocaram fitas logo depois que seu significado ficou claro no outono de 1789, de modo que as autoridades na ilha emitiram proibições rigorosas contra o uso de fitas por negros e *gens de couleur*. Mas, mesmo assim, alguns negros insistiram obstinadamente em participar da luta política local. No verão de 1790, houve um tumulto depois que um escravo que tocava bateria em um desfile da milícia ostentou uma fita no chapéu, desafiando as leis. Meses após a eclosão da rebelião de agosto de 1791, os rebeldes negros de Saint-Domingue continuaram a se identificar com o que a fita tricolor representava. Entre as exigências feitas por grupos de escravos armados perto de Porto Príncipe em 1792, estava o direito de usar o símbolo vermelho, branco e azul da Revolução Francesa.[84]

O fluxo de marinheiros mercantes que frequentavam as tabernas e mercearias das ilhas enquanto seus navios estavam no porto era uma fonte constante, embora consideravelmente atrasada, de notícias sobre a Revolução Francesa para as cidades do Caribe. Um ex-colonizador acusou os marinheiros de serem pouco mais do que "os agentes dos negros" na França. Ele acusou os marinheiros de terem sido fundamentais não apenas na introdução de materiais impressos proibidos, mas também de terem fornecido aos negros pólvora e outros explosivos. Entretanto, o maior desserviço que a marinha mercante prestou à classe dos fazendeiros não envolveu a troca de artigos tangíveis, mas o simples compartilhamento de palavras. Como os marinheiros franceses e os escravos locais estavam "sempre juntos" carregando e descarregando navios ou executando outras tarefas, a orla logo se tornou um "caldeirão de insurreição", no qual os marinheiros, "bem alimentados com os *slogans* ardentes dos clubes, e amigos da constituição" compartilhavam a empolgação da revolução na França com seus colegas negros.[85]

Por fim, os esforços para fechar as fronteiras e os portos das colônias francesas aos forasteiros sediciosos mostraram-se ineficazes. Ocasionalmente, personagens que os fazendeiros e comerciantes reconheciam como claramente perigosos conseguiam iludir as autoridades e permanecer em liberdade nas colônias. Entre os escravos fugitivos ausentes nas proximidades de Cap Français durante a primavera e o verão de 1790, estava Jean-Louis, bem conhecido na cidade por ter vendido carvão por conta de seu senhor. De acordo com o jornal local, Jean-Louis tinha talentos especiais e vasta experiência. Ele já havia morado na França e falava espanhol, holandês, inglês e "*le jargon creole*" ["o jargão crioulo"], além do francês.[86] Mas o caso mais dramático de um incendiário de cor conhecido que escapou da rede armada para ele ocorreu na primavera de 1790, quando o insurgente mulato Vincent Ogé deixou a França e foi para Saint-Domingue, onde liderou uma rebelião abortada de pessoas de cor livres e alguns escravos armados. Como um dos membros mais ativos da comunidade parisiense de *gens de couleur* durante o início da Revolução Francesa, Ogé atraiu a atenção dos membros do Club Massiac.

No início de abril de 1790, depois que a Assembleia Constituinte rejeitou as exigências dos proprietários mulatos, o comitê de correspondência que representava os fazendeiros de Saint-Domingue recebeu um relatório de que um navio estava prestes a partir de Le Havre transportando um grupo de brancos e mulatos empenhados em levar a revolução aos escravos da colônia, com Ogé à frente. Para ajudar as autoridades coloniais a prender os possíveis rebeldes, o comitê enviou uma imagem gravada de Ogé, que as autoridades afixaram em todos os principais portos de Saint-Domingue. Enquanto isso, Ogé partiu de Paris não para Saint-Domingue, como esperado, mas para Londres, onde, após seis semanas, conseguiu um lugar a bordo de um navio com destino a Charleston. Depois de uma breve estada no porto norte-americano, onde muito provavelmente comprou armas, Ogé entrou no Cap Français disfarçado, possivelmente como um marinheiro americano, em 16 de outubro. Em um mês, ele liderou um grupo de rebeldes negros e pardos em uma greve malsucedida, mas historicamente importante, contra a classe de fazendeiros de Saint-Domingue. Embora Ogé nunca tenha defendido a liberdade para os escravos durante sua vida, sua captura e sua execução brutal no início de 1791 galvanizaram a opinião pública na França e causaram uma impressão duradoura nos futuros revolucionários de Saint-Domingue, ironicamente promovendo a causa abolicionista.[87]

Na época da revolta de Ogé em 1790, a intensidade da discussão pública e da especulação sobre o futuro da escravidão no Caribe havia atingido um nível sem precedentes na história das Américas. Os escravos e as pessoas de cor livres em cada um dos três principais impérios tinham motivos de sobra para esperar uma mudança em seu *status* e, portanto, prestavam muita atenção às correntes de informação ao seu redor. Nesse ambiente de expectativa e suspense, as notícias sobre os acontecimentos na Europa e os rumores sobre o fim da escravidão se espalharam amplamente. A incapacidade de autoridades coloniais, lobistas e fazendeiros de suprimir essas notícias e abafar a agitação pública demonstra a impossibilidade virtual de manter em segredo assuntos tão urgentes. Embora as autoridades coloniais tenham conseguido negar aos seus súditos negros e pardos o acesso igualitário à maioria dos recursos materiais, os escravos e as pessoas de cor livres se mostraram hábeis para obter, manipular e transmitir informações para atender aos seus interesses.

É claro que as notícias não chegavam apenas do exterior. Devido às relações estreitas entre os territórios americanos, as informações também fluíam através das fronteiras imperiais e geográficas do Novo Mundo. Enquanto os residentes das colônias francesas e espanholas observavam com interesse o movimento pela abolição do comércio britânico de escravos e avaliavam seu efeito em suas economias, os britânicos se preocupavam com a forma como a Revolução Francesa poderia afetar a escravidão em suas colônias do Caribe. No entanto, quando as autoridades francesas em Cap Français executaram Ogé e seus tenentes no início de 1791, já havia ficado claro em todas as Américas que as ideias que ele representava tinham o potencial de catalisar revolucionários negros e pardos em todas as sociedades escravistas americanas.

NOTAS

[1] Governador Smith para Lorde Goderich, 13 de julho de 1831, C.O. 295/87, PRO, Benjamin D'Urban to John Murray, 20 April 1830, C.O. 111/69, PRO, reimpresso em E. Williams, 1952, pp. 189, 190.

[2] García Chuecos, 1950, pp. 67-76.

[3] Peytraud, 1897, pp. 372-373.

[4] *Virginia Gazette* (Purdie and Dixon), 30 de setembro de 1773, 30 de junho de 1774, *apud* Mullin, 1972, p. 131.

[5] Essas palavras são de Thomas Jeremiah, um navegador negro livre, citado em processos judiciais por Wood, 1978, pp. 284-285.

[6] Anotação em diário, 24 de setembro de 1775, em Adams, 1850-1856, vol. II, p. 428.

[7] Sheridan, 1976, p. 301. A respeito das atividades de marinheiros negros das ilhas Bermudas, cf. Packwood, 1975, pp. 42-46.

[8] George, 1973, p. 15. O estudo de George identifica uma cultura similar de expectativas quanto à reação de escravos norte-americanos aos pregadores itinerantes batistas e metodistas no mesmo período, mas essa afirmação se aplica igualmente ao efeito das correntes políticas no final do século XVIII.

[9] Cf. os dados a respeito de Liverpool em Brooke, 1853, p. 234; G. Williams, 1897, p. 678; e Picton, 1875, vol. I, p. 224.

[10] R. B. Rose, 1959, pp. 85-86. Rose afirma que essa revolta, junto com os mais conhecidos Gordon Riots de 1780 e as revoltas "Church and King" de 1791, foram as "três revoltas mais sérias que chocaram a Inglaterra no fim do século XVIII". Ver também Brooke, 1853, pp. 325-347, um relato inestimável que inclui extensa reimpressão de jornais.

[11] John Pinney para James Tobin (1783), *apud* MacInnes, 1939, p. 334.

[12] *Apud* Picton, 1875, vol. I, p. 225.

[13] Ver o influente livro de Cugoano, 1787, que se acredita ser a primeira publicação contra o tráfico de escravos por um autor negro.

[14] Para um panorama do assunto, ver Coupland, 1964, pp. 86-101; Anstey, 1975, pp. 255-278; e Walvin, 1981, pp. 63-79.

[15] Ver, por exemplo, as petições reproduzidas em Donnan, 1930-1935, vol. III, pp. 574-575, 602-612.

[16] *Barbados Gazette* (Bridgetown), 2 de abril de 1788 (cópia em microfilme no Barbados Museum), AAS; John Orde para Lorde Sydney, 13 de abril de 1788, C.O. 71/14, PRO; Alured Clarke para Sydney, 22, 25 de abril de 1788, C.O. 137/87, PRO.

[17] Orde para Sydney, 10 de maio de 1788, 1º de setembro de 1788, C.O. 71/14, PRO; Orde para Sydney, 13 de dezembro de 1788, 22 de janeiro de 1789, C.O. 71/15, PRO.

[18] Alured Clarke para Sydney, 30 de maio de 1788, C.O. 137/87, PRO.

[19] Beckford, 1790, vol. I, pp. 319-320.

[20] Pinckard, 1816, vol. I, p. 229.

[21] Stephen Fuller para Lorde Sydney, 29 de janeiro de 1788, FLB; *Barbados Gazette*, 23 de agosto de 1788.

[22] Clarke para Sydney, 22 de abril de 1788, C.O. 137/87, PRO.

[23] "Trecho de uma carta de Spanish Town Jamaica datada 25 de abril de 1788 para Stephen Fuller Esq. Agente representando a Jamaica", C.O. 137/87, PRO.

[24] T. J. Parker para George Hibbert, 21 de abril de 1788, trecho reproduzido na petição de Stephen Fuller datada de 2 de julho de 1788, C.O. 137/87, PRO.

"A INCERTEZA É DE MIL FORMAS PERIGOSA"...

[25] Minutas do WIPM, 30 de junho de 1788, rolo 3.

[26] *Kingston Daily Advertiser*, 16 de janeiro de 1790, reimpresso em Brathwaite, 1971, p. 35.

[27] Minutas do WIPM, 6 de abril de 1790, rolo 3.

[28] Turnbull para Shirley, 1º de junho de 1790, C.O. 152/69, *apud* Goveia, 1965, p. 95.

[29] Ver os comentários de Edwards em Jamaica Assembly, 1796, 1.

[30] Comunicação do Council para Williamson, 29 de novembro de 1791, C.O. 137/90, PRO; Petição de Stephen Fuller. Esq., agente representando a Jamaica, para Câmara dos Comuns, 30 de março de 1792, MS 1731, National Library of Jamaica, Kingston (doravante NLJ). Apenas em 1771 o Parlamento começou a afrouxar a restrição absoluta à divulgação pública de debates e discursos proferidos no plenário, e somente em 1783 visitantes foram autorizados a tomar notas sobre os procedimentos parlamentares. Cf. A. Aspinall, 1956, pp. 227-257.

[31] Klein, 1978, pp. 164-170; "Mr. Tarleton's Calculation of the Trade of Liverpool to Africa and the West Indies" (1787), em Privy Council Report (1789), pt. IV.

[32] Clarkson, 1788, 55n.

[33] Clarkson, 1808, vol. II, p. 60; Clarkson, 1788, pp. 53-59; MacInnes, 1972, p. 174.

[34] Ver a evidência de William James e as "Answers, &c. from the Collector and Comptroller of the Customs", Liverpool, 13 de novembro de 1788, em Privy Council Report (1789), pt. II.

[35] [J. Aspinall], 1869, p. 8; Nation, 1788, p. 6.

[36] [Falconbridge], 1802, pp. 171-172. Um número considerável de ex-marinheiros negros dispensados da frota de Sua Majestade depois da Revolução Estadunidense se instalou em Serra Leoa.

[37] Anstey, 1975, pp. 264-265; Clarkson, 1808, vol. I, p. 314; James Currie para William Wilberforce, 31 de dezembro de 1787, reimpresso em *Memoir of the Life...*, 1831, vol. I, p. 122; Debrett, 1781-1796, vol. XXVI, p. 143.

[38] "Extract of Letter from Governor Parry to Lord Sydney", (trecho de carta do Governador Parry para Lorde Sydney) 13 de maio de 1788, Privy Council Report (1789), pt. III (Barbados).

[39] Evidência de James Arnold, Privy Council Report (1789), pt. II.

[40] "Extract of a Letter from Mr. Chief Justice Ottley to Sir William Young. Dated St. Vincent, August 6, 1788", (trecho de carta do Sr. Chief Justice Ottley para Sir William Young, datada St. Vincent, 6 de agosto de 1788) Privy Council Report (1789), pt. III (St. Vincent).

[41] William Dineley para James Rogers, 10 de setembro de 1791 (reproduções fotostáticas das versões originais do PRO nos James Rogers Papers, Duke University Library). Dineley não teve sucesso em seus pedidos e depois "morreu em Kingston, deixando uma viúva desconsolada e seis filhos desamparados". Alex Kent (Kemp?) para James Rogers, 16 de abril de 1793, Rogers Papers.

[42] Hoare, 1820, p. 236; Walvin, 1971, 209n.; Granville Sharp para William Wilberforce, 4 de junho de 1795, William Wilberforce Papers, Duke University Library, caixa 1.

[43] Grenville para Adam Williamson e Lorde Effingham, 21 de abril de 1791, Williamson para Grenville, 4 de julho de 1791, C.O. 137/89, FRO.

[44] Effingham para Grenville, 6 de agosto de 1791, Effingham para Henry Dundas, 17 de setembro de 1791, C.O. 137/89, PRO.

[45] "Extract of a Letter dated Spanish Town Jamaica, 5th Novr. 1791", (trecho de uma carta datada Spanish Town Jamaica, 5 de novembro de 1791), FLB.

[46] Membros da Assembleia para Stephen Fuller, 5 de dezembro de 1791, trecho reproduzido na Petição de Stephen Fuller, 30 de março de 1792, NLJ.

[47] Fuller para Effingham, 7 de dezembro de 1791, FLB.

48 Williamson para Dundas, 17 de junho de 1792, C.O. 137/90, PRO. Apenas no outono o governador Williamson recebeu confirmação oficial de que eram falsas notícias anteriores de que o Parlamento havia banido o tráfico de africanos a partir de 1796. Cf. Dundas para Williamson, 6 de setembro de 1792, C.O. 137/90, PRO.

49 [Falconbridge], 1802, pp. 234-235.

50 Declaração do Conselho (Jamaica Assembly) para Williamson, 29 de novembro de 1791, C.O. 137/90, PRO.

51 "Junta Suprema de Estado de 27 de abril de 1789" (relato de Eugenio Llaguno), AGI, Indiferente General, leg. 802.

52 A cédula de 21 de maio de 1789 foi reproduzida em Konetzke, 1953-1962, vol. III, tomo 2, pp. 643-652.

53 Veja o índice de documentos que compõem um *expediente* (documentos não inclusos) em AGI, Caracas, leg. 180; o resumo do despacho do governador Miró, de Louisiana Nueva Orleans, 10 de setembro de 1790, AGI, Indiferente General, leg. 802; e Torre Revello, 1932, p. 45.

54 Domingo Cabello para Antonio Porlier, La Habana, 14 de dezembro de 1789, AGI, Indiferente General, leg. 802.

55 Petição do *ayuntamiento*, La Habana, 15 de janeiro de 1790, AGI, Santo Domingo, leg. 1253; Cabello para Porlier, La Habana, 14 de dezembro de 1789, AGI, Indiferente General, leg. 802.

56 *Resumen*, Cabello para Porlier, 14 de dezembro de 1789, AGI, Indiferente General, leg. 802; Torre Revello, 1932, p. 47.

57 Cf. os dados para 1787 em Leal, 1961, p. 66. O artigo de Leal oferece uma excelente visão geral do impacto da cédula de 1789 na Venezuela.

58 *Idem*, p. 71.

59 Ver o testemunho de García em uma sessão convocada pelo *síndico procurador general* de Caracas, 12 de dezembro de 1789, AGI, Caracas, leg. 168.

60 Real Audiencia de Caracas para Porlier, Caracas, 29 de junho de 1790, AGI, Indiferente General, leg. 802.

61 Arcaya U., [1965], p. 117.

62 Ver o testemunho de Juan José Echenique, Caracas, 12 de dezembro de 1789, AGI, Caracas, leg. 168.

63 "Carta original que queda en el Archivo Secreto de esta Real Audiencia", Caracas, 8 de maio de 1790, AGI, Indiferente General, leg. 802. Um dos cartazes originais foi preservado em AGI, Pasquines y Loas, 4.

64 "Copia del acuerdo original que queda en el archivo secreto de esta Real Audiencia", Real Audiencia para Porlier, 29 de junho de 1790, AGI, Indiferente General, leg. 802.

65 Rout Jr., 1976, p. 120.

66 "Testimonio... sobre la sublevación de los negros, sambos, mulatos Esclavos y libres de la Jurisdicción de Coro", Caracas, 23 de março de 1797, AGI, Caracas, leg. 426, folios 24, 84.

67 *Savanna-la-War Gazette*, 9 de setembro de 1788; La Salle para Desparbés, 11 de julho de 1792, em Corre, 1897, pp. 26-27.

68 Garrett, 1916, pp. 4-22.

69 Debien, 1950, pp. 398-399; McCloy, 1960, p. 65.

70 Cf. Resnick, 1972, pp. 558-569.

71 Clarkson, 1808, vol. II, pp. 129-130, 154.

72 *Correspondence secrette des colons deputes à l'Assemblée Constituante, servant à faire connaître l'esprit des colons en général, sur la Révolution* (Paris, 1793), pp. 9-10, reproduzido em *La Révolution...*, [1968], tomo VIII.

"A INCERTEZA É DE MIL FORMAS PERIGOSA"...

73 Société des Colons-Français para o Ministro da Marinha, 26 de novembro de 1789, Ministro para a Société, 27 de novembro de 1789, reproduzido em *Extrait particulier des registres de délibérations et de correspondence de la Société des Colons-Français réunis à Paris* (Paris, 1790), pp. 12-14, RSD.

74 Lémery, 1936, pp. 21-22.

75 Carta citada em Debien, 1956, p. 119; *Gazette Nationale ou le Moniteur Universel* (Paris), 12 de janeiro, 6 de fevereiro de 1790. Sobre o Grande Medo na França, cf. Lefebvre, 1973.

76 Peytraud, 1897, p. 385; "Declaration du Roi pour la police des noirs, donnée à Versailles le 9 août 1777", reimpresso em Besson, 1928, pp. 436-441.

77 McCloy, 1960, pp. 55-56.

78 Garrett, 1916, p. 23; Thésée, 1972, pp. 127-129.

79 Carta citada em Debien, 1956, p. 162.

80 Minutas de 26 de novembro de 1789, *Journal de l'Assemblée Provinciale Permanente de la Partie du Nord de Saint-Domingue*, n. 8, pp. 66-67; minutas de 30 de novembro de 1789, *Journal*, n. 9, p. 69; minutas de 9 de dezembro de 1789, *Journal*, n. 12, p. 94, cópias incluem material impresso de Saint-Domingue em AGI, Santo Domingo, leg. 1027.

81 *Nouvelles diverses* (Port-au-Prince), 30 de janeiro de 1790, cópia em AGI, Santo Domingo, leg. 1027. Para mais evidências das medidas tomadas em Porto Príncipe, cf. "Extrait des registres de l'Assemblée générale de la partie franchise de Saint-Domingue, séance de vingt mai 1790", RSD.

82 Arcebispo de Saint-Domingue para Porlier, Santo Domingo, 24 de janeiro de 1790, AGI, Santo Domingo, leg. 1110.

83 Cartas citadas em Vassière, 1909, p. 368.

84 Veja a carta dos "Free Men of Color of Martinique" reproduzida *no St. George's Chronicle e New Grenada Gazette*, 27 de agosto de 1790; Corre, 1897, p. 37.

85 [Carteau], 1802, pp. 75-78.

86 *Affiches américaines* (Supplément), 7 de julho de 1790, RSD.

87 Lettre de la Société Correspondante des Colons Français réunis à Paris, aux Assemblées Provinciales à Saint-Domingue (Paris, 1790), p. 10, RSD; Observations de la Société Correspondante... (Paris, 1790), p. 26, RSD; "Diario", dentro do depoimento de Ogé perante autoridades espanholas em Santo Domingo, 1790, AGI, Santo Domingo, leg. 1028.

4

"As Ideias de Liberdade mergulharam tão profundamente": comunicação e revolução, 1789-1793

Se o fluxo transatlântico de notícias parecia particularmente intenso nos anos que antecederam a Revolução Haitiana, a rede regional de comunicação – o "vento comum", que conectava as sociedades afro-americanas – revelou-se ainda mais ativa. No final da década de 1780 e início da década de 1790, as correntes da revolução alcançaram todas as partes do Caribe. Ao longo das diversas vias de contato entre as colônias, os rumores e os relatos de fontes inglesas, espanholas e francesas se entrelaçavam e mutuamente reforçavam a ideia de que a emancipação estava ao alcance das mãos e, finalmente, instigavam rebeliões armadas nas colônias inglesas e francesas. No período imediatamente anterior a 1793, a contínua rebelião de negros e de outros grupos de pessoas não brancas em Saint-Domingue serviu de inspiração para os que aspiravam a ser revolucionários em outras regiões, enquanto a restrição do trânsito de pessoas e ideias havia se tornado uma questão imprescindível para os governantes em territórios de língua inglesa e espanhola.

***

Os estudos sobre o comércio são parte fundamental da historiografia sobre as Américas no século XVIII. Mesmo assim, sem exceção, esses estudos não dedicam a devida atenção a um dos aspectos mais importantes do intercâmbio: a informação, que estava constantemente trocando de mãos. Na verdade, os americanos em todo o hemisfério dependiam de seus vizinhos tanto para saber das notícias quanto para ter acesso às outras mercadorias que chegavam nos navios. Não surpreende que as notícias sobre guerras iminentes tenham percorrido grandes distâncias em pouco tempo. Rumores de uma guerra entre Inglaterra e Espanha, por exemplo, se espalharam por uma extensa área que se estendia da Virgínia, nos Estados Unidos, à Venezuela, entre julho de 1790 e fevereiro de 1791. Quando tomaram conhecimento de que as autoridades britânicas haviam restabelecido o recrutamento forçado nas ilhas do leste caribenho em antecipação à guerra, os marinheiros anglófonos ao norte, até Norfolk, abandonaram os seus navios em busca de segurança em terra firme.[1] Aproveitando a maior eficiência dos ingleses em manter suas colônias informadas sobre as notícias transatlânticas, os residentes dos territórios espanhóis acompanhavam os acontecimentos através de seus vínculos comerciais com a América britânica. Os cubanos souberam dos rumores alarmantes não por meio de comunicados oficiais do governo espanhol, mas com a chegada das pequenas embarcações que traficavam escravos reexportados da Jamaica de acordo com as regras do livre-comércio. Os capitães que chegavam a Santiago de Cuba traziam jornais britânicos, cujas reportagens mantiveram vivo o medo da guerra na ilha espanhola até o final de janeiro de 1791. Ao mesmo tempo, os habitantes da Nova Espanha tentavam se manter informados através dos jornais londrinos.[2] De Caracas chegaram informações oficiais de que no início de julho de 1790 "começaram a se espalhar e amplificar as vozes sobre uma próxima ruptura entre a nossa Corte e a de Londres". Assim como as informações que chegavam a Cuba e à Nova Espanha, os relatos de Caracas foram rastreados e atribuídos a uma fonte estrangeira: um cartaz inglês, impresso em St. Kitts e levado ao continente em um navio vindo da pequena ilha sueca de São Bartolomeu para fazer negócios.[3]

Por esses mesmos canais, as expectativas e os medos relativos à emancipação dos escravos e à igualdade de direitos para pessoas negras e pardas livres iam de um lugar para outro. Da mesma forma que os residentes de todas as colônias tinham que se manter informados sobre os preparativos de seus vizinhos para a guerra, eles não podiam ignorar outros acontecimentos políticos e sociais, principalmente os que tocavam a questão da abolição da escravidão. Portanto, nos meses tensos que se seguiram aos primeiros relatos do debate britânico sobre o tráfico de escravos, os rumores sobre a emancipação naturalmente assumiram uma dimensão regional. Mesmo antes de os colonos brancos em Saint-Domingue associarem os desdobramentos na França à escravidão nas colônias, alguns deles temiam que a interferência da Grã-Bretanha no tráfico de escravos fosse um mau sinal para a opulenta colônia francesa. Moreau de Saint-Méry lembrava claramente "a tremenda sensação" causada pela chegada ao Cap Français de várias gazetas francesas, em abril e maio de 1788, "trazendo detalhes e comentários" do debate britânico sobre o tráfico de escravos.[4]

A partir de 1789, no entanto, as autoridades das colônias espanholas e britânicas detectaram uma ameaça mais grave nos desdobramentos políticos no Caribe francês. As notícias dos acontecimentos na França e sua grande repercussão nas colônias da nação revolucionária viajaram para o território espanhol nos mesmos navios que levavam escravos e os rumores de guerra das colônias estrangeiras. À medida que a preocupação se intensificava, o interesse pelas notícias do Caribe francês aumentava ainda mais. No final de 1789, quando as proibições espanholas contra a navegação francesa romperam a comunicação direta com as colônias nas ilhas, a importância dessas notícias chegou ao auge. Ao passo que a guerra civil entre os fazendeiros monarquistas e os renegados em Saint-Domingue se intensificava, os altos funcionários do governo colonial em Cuba se viram obrigados a buscar o testemunho de pequenos comerciantes e até mesmo de "viajantes de passagem".[5]

Os distúrbios nas colônias francesas justificavam os medos espanhóis e reforçavam a determinação de limitar o contato com essas ilhas e não se envolver com os assuntos da França. Quando funcionários na Martinica solicitaram ajuda militar ao governador de Cuba no final de 1789, porque os residentes da colônia francesa estavam "à beira da revolta, como resultado da confusão na França", os funcionários espanhóis recusaram tal ajuda e mantiveram a posição no ano seguinte.[6]

Em 1790, os funcionários de todas as colônias espanholas já estavam tomando precauções para evitar que os ventos da Revolução Francesa atravessassem suas fronteiras ou chegassem aos seus portos. Antes que os ministros na Espanha voltassem sua atenção total para a Revolução Francesa nas colônias, os governantes locais adotaram medidas que efetivamente reverteram as isenções comerciais que eles tinham aceitado de bom grado alguns meses antes. Antes do final de 1789, navios britânicos que faziam comércio com o continente retornaram à Jamaica e informaram que os funcionários da alfândega em Cartagena haviam proibido todos os navios estrangeiros de ancorar naquele porto, já que "os problemas na França exacerbaram seus temores e desconfianças".[7] Dois meses depois, um capitão naval francês chamado Bruny foi tratado de forma semelhante no porto de Havana. Ele apresentou uma reclamação oficial depois de o governador interino ter contrariado a prática vigente ao proibir que a tripulação e o próprio capitão desembarcassem. Além disso, os franceses foram alvo de chacota e comentários "injuriosos à França" por parte dos marinheiros espanhóis em navios ancorados perto da baía de Havana. Os epítetos usados expressavam a hostilidade dos oficiais espanhóis em relação à Revolução Francesa, e ficou claro que as notícias dos acontecimentos na França circulavam em navios espanhóis em Cuba, apesar da política oficial.[8] A vigilância foi intensificada à medida que as divergências entre os brancos em Saint-Domingue aumentavam. Já no verão de 1790 na costa de Caracas, como também em Cuba, Santo Domingo e Porto Rico, até mesmo os navios de pesca estrangeiros eram vistos de forma suspeita. No ano seguinte, os ministros de colônias ordenaram que as autoridades revistassem as cargas dos navios em busca de joias, caixas de tabaco e moedas com inscrições revolucionárias.[9]

Apesar de todas essas precauções, os espanhóis que compartilhavam a ilha de Hispaniola com os franceses foram confrontados de forma muito direta com a questão da revolta racial quando Vincent Ogé e 15 tenentes chegaram à fronteira que separava os territórios francês e espanhol após a rebelião abortada de 1790. Esse incidente mostra o quanto os recentes acontecimentos em Saint--Domingue haviam afetado os posicionamentos das autoridades espanholas. Desde os primeiros dias de agitação em Saint-Domingue, as autoridades espanholas no outro lado da ilha começaram a manifestar a sua preocupação com a deserção constante dos escravos que cruzavam a fronteira em ambas as direções. E levaram a sério o aviso dado pelo comandante francês do Cap Français em maio de 1790, que achava que a colônia espanhola podia muito bem tornar-se o palco para um grupo de radicais de Paris ensaiar uma revolta "com o objetivo de perturbar a colônia e conseguir a igualdade total entre negros, mulatos e brancos".[10] Assim, quando o grupo de rebeldes de Ogé chegou em busca de proteção seis meses depois, o território espanhol não era mais o santuário que havia sido em tempos de menor tensão política. O governo espanhol nunca considerou o pedido de asilo de Ogé; em vez disso, a patrulha da fronteira espanhola prendeu os rebeldes e os levou para a cidade de

Santo Domingo sob escolta fortemente armada. Depois do interrogatório, ao concluírem que Ogé e seus seguidores não tinham intenções hostis para com os espanhóis, seus captores os entregaram às autoridades francesas. Após dois meses de julgamento, as autoridades do Cap Français executaram Ogé e mais de 20 outros rebeldes no início de 1791. Primeiro foram desmembrados na roda e depois decapitados. A derrota de Ogé gerou uma onda de repressão contra os mulatos e negros livres em Saint-Domingue.[11]

Embora os espanhóis tenham escapado de um ataque direito, o incidente de Ogé provocou sérias reconsiderações, que se estenderam a outras partes do império espanhol nas Américas. A maratona de reuniões da Audiência na cidade espanhola de Santo Domingo considerou a possibilidade de que "inúmeros mulatos da mesma condição e modo de pensar de Ogé e seus companheiros – e talvez também muitos brancos descontentes e com ideias depravadas escondidas" – pudessem entrar em território espanhol como resultado dos conflitos no lado francês da ilha. As autoridades enviaram imediatamente tropas para patrulhar a fronteira sinuosa e instável. No ano seguinte, tropas da Espanha e de Porto Rico foram convocadas para formar um cordão de isolamento e impedir qualquer comunicação entre as regiões francesa e espanhola da ilha.[12]

Os primeiros relatos sobre a Revolução Francesa ameaçaram menos os brancos na Jamaica do que seus vizinhos espanhóis. Ao contrário da Espanha, a Inglaterra não tinha laços dinásticos com a Coroa francesa, e, pelo menos no oeste do Caribe, nenhuma colônia britânica compartilhava o espaço físico com os franceses. Assim, antes da Queda da Bastilha, os jornais nas ilhas britânicas publicaram notícias da Revolução Francesa com surpreendente entusiasmo. No verão de 1788, um jornal jamaicano apoiou a luta do Terceiro Estado numa linguagem que pouco tempo depois parecia subversiva: "O grande órgão do povo está generosamente determinado a resistir, por todos os meios ao seu alcance, às medidas arrogantes e arbitrárias da Corte, e a proteger contra a opressão todos os seus compatriotas, sem distinção". A demanda dos leitores por notícias da França parece ter crescido, mesmo quando o apoio britânico aos revolucionários franceses havia diminuído. Depois de 1789, o avanço da revolução continuou a dominar as manchetes audaciosas nas primeiras páginas dos jornais do Caribe britânico ocidental e oriental.[13]

À medida que os efeitos da revolução sobre as colônias francesas vizinhas se tornaram evidentes, as autoridades britânicas, assim como seus colegas em Cuba e Santo Domingo, acompanhavam os acontecimentos com atenção. Já em setembro de 1789, os navios de guerra britânicos que iam e vinham da estação naval na Jamaica "monitoravam" o Cap Français e durante os meses seguintes apresentaram aos comandantes navais e ao governador da ilha relatórios detalhados sobre o "estado lamentável" em Saint-Domingue.[14] A Jamaica, como o centro comercial mais movimentado do Caribe ocidental, servia como um importante ponto de confluência para notícias de diferentes fontes. Os navios franceses invariavelmente ficavam ancorados nos portos, o que propiciava que os materiais impressos refletindo os profundos conflitos sociais em Saint--Domingue circulassem livremente na ilha britânica. Comerciantes franceses e outras pessoas "de maior importância" conversavam sobre os acontecimentos com oficiais britânicos entre refeições e bebidas, enquanto os marinheiros de seus navios se divertiam nas tabernas de Port Royal e Kingston.[15]

Através desses canais, as ruas perto das docas na Jamaica logo transbordaram com relatos pormenorizados, muitos dos quais de particular interesse para a população negra e parda da ilha. Por exemplo, os jamaicanos rapidamente tomaram conhecimento da rebelião de Ogé e de suas consequências sangrentas. Em janeiro de 1791, os jornais de Kingston noticiaram que a reação contra a igualdade havia crescido de tal forma que em Saint-Domingue "é difícil que um homem de cor apareça em público com segurança". O brutal esmagamento da revolta de Ogé em Saint-Domingue talvez ajude a explicar o comentário de um oficial jamaicano de que "tudo está perfeitamente calmo", apenas duas semanas antes de os escravos de Saint-Domingue se insurgirem para completar o que o rebelde mulato tinha começado.[16]

***

Nem tudo estava tão calmo no Caribe oriental, onde os eventos de 1789 e 1790 acionaram redes sobrepostas de comunicação entre descendentes de africanos nas Américas. Devido em parte à geografia e em parte à história peculiar da colonização europeia nessa região, o contato entre súditos britânicos, franceses e espanhóis ocorreu com mais frequência e intensidade no Caribe oriental do que em outras sub-regiões caribenhas. Entre 1789 e 1791, escravos e pessoas livres negros e pardos que se deslocavam de um lugar para outro ajudaram a espalhar os rumores sobre liberdade que estavam circulando em cada império, alimentando o espírito de rebelião aberta nas ilhas do leste.

A cadeia de pequenas ilhas conhecidas como Barlavento – que se estende de Guadalupe, no norte, até Granada, no sul – testemunhou grande parte da ação durante as guerras anglo-francesas do século XVIII. O contato comercial e social continuou em tempo de paz. Duas antigas ilhas francesas, Dominica e Granada, haviam sido submetidas ao controle britânico pouco tempo antes, e cada uma delas preservou muitos de seus habitantes e costumes franceses. Logo ao sul de Granada estava a ilha de Trinidad, controlada pela Espanha, que ligava o arquipélago oriental ao continente, mas que mantinha laços estreitos com os britânicos e com as ilhas francesas.

Ironicamente, as incessantes manobras em busca da supremacia imperial que caracterizavam essa região acabaram aproximando ainda mais os laços entre os britânicos, franceses e espanhóis. Buscando atrair o comércio exterior, especialmente o francês, os britânicos concederam à recém-adquirida Dominica dois portos livres, conforme a lei de 1766.[17] Da mesma forma, o esquema espanhol de colonização e desenvolvimento de Trinidad se concentrou em atrair estrangeiros. A cédula real de 1783 convidou abertamente colonos franceses descontentes, prometeu benefícios especiais para aqueles que trouxessem escravos e até ofereceu terras para negros e pardos livres que imigrassem para a ilha espanhola. Em 1784, de acordo com uma fonte do século XIX, "Trinidad era uma colônia francesa, exceto pelo nome".[18] A política de portas abertas de Trinidad atraiu todos os tipos, "o canalha e o devedor fraudulento", negros livres de língua francesa e inglesa, e escravos fugitivos. Quando esses diversos desertores retornaram aos seus antigos lugares de residência como marinheiros, comerciantes ou visitantes, as autoridades os acusaram de incitar os escravos a seguir seu mau exemplo. Nos anos 1790, as autoridades nas ilhas vizinhas britânicas e francesas vigiavam de perto os marinheiros de Trinidad e Tobago, algumas vezes chegando ao ponto de restringir seu desembarque. Enquanto os britânicos na Dominica "aturavam" a presença de um pequeno grupo de "renegados" espanhóis, obrigando-os apenas a pagar taxas e fazer juramentos periódicos de fidelidade ao rei da Inglaterra, Granada exigia que os residentes de Trinidad pagassem uma fiança de valor proibitivo – mil libras esterlinas –, caso contrário seriam presos por vadiagem, "sem qualquer outra prova que não fosse a de residência habitual ou frequente em Trinidad".[19]

No Caribe Oriental, onde territórios franceses, ingleses e espanhóis coexistiam numa proximidade desconfortável, os escravos atentos rapidamente tomaram conhecimento dos rumores sobre os acontecimentos emocionantes em todos os três impérios durante a era da Revolução Francesa. No final de 1789, por exemplo, Trinidad se tornou fonte de algumas notícias muito relevantes para as comunidades de escravos em todo o arquipélago oriental. Ao mesmo tempo que os ministros espanhóis debatiam as reformas abrangentes que logo iriam provocar a disputa em Caracas e em outros lugares, a cédula real de 14 de abril de 1789 determinou que as colônias espanholas acolhessem os escravos franceses e britânicos fugitivos que mostrassem uma reivindicação "legítima" de liberdade e os protegessem de seus antigos proprietários. Em agosto, José Maria Chacon, governador de Trinidad, promulgou o decreto. A reação em todo o Caribe oriental foi imediata. Acusando Trinidad de ser "o Asilo costumeiro de fugitivos de toda espécie", os fazendeiros ausentes e comerciantes britânicos reunidos em Londres tornaram públicas as cartas de correspondentes caribenhos apreensivos. No início de 1790, eles relataram que

> [...] o governo francês tem respondido ao alarme de suas próprias colônias e [...], em Granada, os habitantes acharam necessário manter Guardas Noturnos regulares no litoral e apoiar o custo de dois navios de artilharia navegando constantemente ao redor da Costa, como o único meio eficaz de impedir uma emigração desastrosa de seus escravos.[20]

Mesmo com essas medidas, escravos de Granada e outras ilhas próximas a Trinidad conseguiram escapar e encontraram seu caminho para a ilha espanhola. Notícias sobre os fugitivos que se dirigiam para o território espanhol somente apareceram nos jornais no outono de 1790. Um mulato francês que os ingleses chamavam de "La Pierre" desapareceu de Granada em meados de setembro, e havia rumores de que estava "tentando levar consigo um grupo de negros em uma grande canoa". Em meados de agosto, dois escravos da pequena ilha de Carriacou, perto de Granada, escaparam em uma canoa rumo ao território espanhol, mas, "como a canoa era pequena demais para chegar até onde pudessem desembarcar", provavelmente acabaram em Granada. Ainda

"AS IDEIAS DE LIBERDADE MERGULHARAM TÃO PROFUNDAMENTE"...

menos afortunado foi Antoine, detido quando estava escondido a bordo de um saveiro francês, "com o intento de fugir para Trinidad".[21]

Um exame criterioso das descrições dos fugitivos que se encaminharam para Trinidad revela outros aspectos importantes sobre a cultura afro-americana do Caribe oriental durante a década de 1790. Certamente alguns dos escravos e pessoas de cor livres da região, tanto nas áreas britânicas como nas francesas, tinham uma capacidade extraordinária de comunicação. Um grupo de negros que fugiu de Granada em uma "pequena escuna" em outubro de 1790 incluía Hector, um pedreiro africano que falava inglês e francês "fluentemente", e John, um nativo de Granada que também dominava ambos os idiomas, embora preferisse o francês. Outros alertas sobre escravos fugitivos na segunda metade de 1790 oferecem dezenas de outros exemplos. Entre os fugitivos negros bilíngues nessa região no outono de 1790, estavam a dominicana Cellestine, cujo proprietário alertou os capitães de navio em Granada sobre sua provável intenção de embarcar em um navio que saía do porto; Kitty, uma vendedora de mercadorias nos arredores de São Jorge; e um "marinheiro negro" chamado King John (Rei João).[22] Capazes de se comunicar em francês e inglês, mas respondendo a um convite do território espanhol, esses fugitivos de 1790 tiveram acesso às políticas de escravidão em três impérios coloniais e podiam, portanto, desempenhar um papel fundamental na coleta e transmissão das políticas de cada um.

Mas o mundo ao redor estava mudando rapidamente, como logo perceberam escravos que viviam essa mobilidade. Assim como em Santo Domingo, os eventos políticos na região leste, especialmente as notícias sobre a agitação crescente entre os escravos e os negros livres nas colônias francesas, levaram os legisladores espanhóis a erguer barreiras a fim de dificultar a mobilidade dos negros e pardos e interromper qualquer comunicação entre os negros nas colônias espanholas e estrangeiras. Não demorou muito, portanto, para que a Coroa decidisse reverter sua política de conceder o direito de refúgio aos negros fugitivos da escravidão em territórios estrangeiros. Em vigor apenas por um breve período, o decreto espanhol que atraiu tantos escravos fugitivos para Trinidad em 1790 foi revogado tão repentinamente quanto havia sido implementado.

De fato, quando o governador Chacon emitiu a cédula, as práticas em Trinidad já não estavam mais em sintonia com as de outras áreas da órbita espanhola. Enquanto os escravos das ilhas britânicas e francesas enfrentavam dificuldades para chegar a Trinidad, o governador de Caracas, Juan Guillelmi, relatou com apreensão a chegada de vários negros de língua francesa ao continente. De acordo com Guillelmi, a chegada de cargas de escravos incluía pessoas que "haviam passado muito tempo nas colônias francesas". Ainda mais, os fugitivos francófonos chegavam regularmente a Caracas via Trinidad, e Guillelmi temia que "muitos mais pudessem vir [...] infectados pelas ideias perigosas que viram triunfar" nos territórios franceses rebeldes.[23]

Além disso, a ação de Chacon ainda contrariava as novas políticas que a Coroa havia implementado meses antes. Os primeiros relatos das colônias francesas levaram a Coroa a emitir a ordem de 17 de maio de 1790, que determinou que os escravos fugitivos das colônias estrangeiras não seriam mais bem-vindos nos domínios espanhóis. Quatro dias depois, uma segunda ordem mais específica instruiu que as autoridades espanholas não mais permitissem a entrada de "negros comprados ou escapados das colônias francesas", nem "qualquer outra pessoa de casta" que pudesse importar "ideias sediciosas" para as colônias.[24] Quando finalmente souberam das novas estipulações no início do outono e as colocaram em vigor, as autoridades coloniais, como Guillelmi, ficaram aliviadas e confiantes de que as notícias da mudança na política "sem dúvida se espalharão muito rapidamente nas colônias estrangeiras, e acabará a transmigração" de escravos. Guillelmi foi ainda mais longe ao cogitar a expulsão de todos os escravos "estrangeiros", embora nada indique que qualquer ação tenha sido tomada com base no seu decreto.[25] Nas colônias britânicas, as autoridades publicaram a carta de retratação de Chacon em destaque nos jornais das ilhas, com expectativas semelhantes de que a mensagem circulasse entre os escravos e impedisse a onda de fugitivos para o território espanhol.[26]

∗∗∗

Outros assuntos além do decreto de Trinidad e sua revogação geraram notícias entre todas as classes sociais de todo o arquipélago oriental em 1790. Com tantos territórios franceses muito próximos às ilhas inglesas e espanholas, em toda a sub-região houve um grande interesse popular na Revolução Francesa. Em pouco tempo, a demanda crescente dos leitores por informações sobre os últimos acontecimentos, tanto na França quanto nas colônias, se

"AS IDEIAS DE LIBERDADE MERGULHARAM TÃO PROFUNDAMENTE"...

transformou numa espécie de pequena indústria. No debate que se seguiu, envolvendo colônias britânicas e espanholas, bem como francesas, escravos e negros e pardos livres encontraram maneiras de se afirmar.

Com sua fluidez política e extensa comunicação intercolonial, o Caribe oriental oferece indícios de que as mesmas notícias dos jornais eram lidas em toda a região. Os residentes não ingleses, por exemplo, às vezes se irritavam por depender da imprensa britânica para informações estrangeiras. Um colono francês comentou (em um jornal publicado na Granada britânica) que "os jornais ingleses chegam em tão grande número" que a conversa de rua inevitavelmente toma um viés britânico. No âmbito local, os editores de jornais nas ilhas britânicas conheciam seu público diverso e publicavam as suas matérias em inglês e francês, o que contribuiu ainda mais para o desenvolvimento do bilinguismo em todos os níveis.[27]

Entretanto, a Revolução Francesa inspirou os editores nas colônias a adquirir gráficas que logo deram origem a um novo tipo de gazeta política. Esses jornais, publicados exclusivamente em francês, especializaram-se na cobertura da Revolução Francesa e de seus efeitos nas colônias francesas na América, reproduzindo as reuniões da Assembleia de Paris, bem como das novas assembleias coloniais. Tinham ampla distribuição e eram fonte fundamental de informação para os residentes e autoridades nas ilhas britânicas.[28] O entusiasmo despertado pela Revolução Francesa estimulou até mesmo os residentes franceses das colônias britânicas a publicarem jornais que concorriam com as publicações dos jornais tradicionais. Essas novas gazetas também competiam entre si em termos políticos, algumas se referindo à linha "aristocrática", e outras apoiando abertamente o Terceiro Estado.[29]

No vaivém dessas publicações entre as ilhas francesas e inglesas, exemplares desses jornais, assim como folhetos franceses, também vazaram para as colônias espanholas. Em Caracas e suas províncias, as autoridades relataram algum sucesso em conter o fluxo de materiais impressos "estrangeiros", grande parte deles fazendo referências à Revolução Francesa, entre dezembro de 1789 e março do ano seguinte. Durante esse mesmo período, no entanto, os residentes franceses de Trinidad desafiaram abertamente as antigas restrições espanholas à imprensa. O surgimento em território espanhol de um porta-voz independente e solidário com os franceses resultou em uma ação oficial rápida e decisiva. No início de 1790, o governador de Trinidad tomou medidas para interromper a atividade de Jean Viloux, um imigrante francês que publicava um jornal semanal que incluía uma extensa cobertura de eventos na França e que também reproduzia debates e resoluções da Assembleia Nacional. O governador Chacon proibiu a venda do jornal de Viloux, fechou sua gráfica e recolheu todas as cópias existentes. Mas, como um episódio de repressão explícita poderia suscitar mais debates, era "melhor manter o silêncio", e Chacon inventou um pretexto falso – e sem dúvida transparente – para banir Viloux do território espanhol.[30]

Tanto a palavra escrita quanto a falada desencadeavam rumores sobre a escravidão que exerceram uma forte influência na política na região leste do Caribe entre 1789 e 1791. No final do verão de 1789, cópias de jornais britânicos relatando a agitação no parlamento em relação à questão do tráfico de escravos se disseminaram na Martinica e geraram suspeitas de que os ingleses podiam estar espalhando boatos, visando incitar os escravos. Se essa acusação procede ou não, o fato é que as notícias provenientes de alguma fonte sobre os acontecimentos no Parlamento certamente chegavam à rede de comunicação entre os escravos na Martinica antes do que as notícias mais amplas sobre a Revolução Francesa. No início de setembro, quando os escravos nas colônias inglesas vizinhas contemplavam a possibilidade de que um ato parlamentar proibisse a escravidão, surgiram indícios de descontentamento entre os escravos franceses na Martinica. Os trabalhadores negros começaram a abandonar as *plantations* na ilha francesa e, de acordo com um relatório, "a razão que eles apresentam é que, como todos os negros ingleses serão libertos, eles têm o mesmo direito".[31]

Logo os ventos iriam soprar em outra direção. Uma revolta abortada de escravos e negros livres na Dominica em janeiro de 1791 mostra que os escravos nas áreas britânicas prestavam muita atenção nas notícias das colônias francesas. Embora alguns historiadores tenham argumentado que o incidente da Dominica "devia muito pouco" à influência de eventos ou ideias nas colônias francesas vizinhas, existem evidências consideráveis que sugerem uma situação fluida na qual rumores iniciados em territórios franceses e britânicos – e possivelmente até mesmo em territórios espanhóis – se entrelaçavam e se reforçavam mutuamente.[32] De fato, dadas as muitas e variadas conexões da Dominica com seus vizinhos não britânicos, seria surpreendente se tal intercâmbio não tivesse ocorrido. Localizada a meio caminho entre a Martinica e Guadalupe, a Dominica ficava a apenas 40 quilômetros de distância de cada uma das ilhas francesas. Devido aos numerosos grupos de habitantes que gozavam de mobilidade nessa antiga colônia francesa, em 1791 a ilha preenchia os requisitos para uma rápida e eficaz transferência de notícias e informações.

A Dominica parece ter sido uma ilha particularmente difícil de governar. No final da década de 1780, as autoridades frequentemente registravam sua frustração por não conseguir controlar o trânsito dos seus súditos, tanto na ilha quanto fora dela. Em primeiro lugar, a geografia da ilha era propícia para os desertores das *plantations* de açúcar. A floresta densa e o terreno acidentado da Dominica abrigavam escravos fugitivos desde os primeiros dias da formação das fazendas, e os fugitivos de ilhas vizinhas, como Guadalupe ao norte e a Martinica ao sul, muitas vezes conseguiam se estabelecer no interior da ilha. No início de 1788, o Conselho Privado da Dominica lamentou que, apesar dos recentes esforços para eliminar esses grupos de escravos, muitos permaneceram em liberdade e continuaram a manter uma "correspondência considerável com as fazendas".[33]

A estrutura de comércio da Dominica, que colocava seus residentes em contato constante com colônias e pessoas estrangeiras, proporcionou outra via de mobilidade e comunicação. Como um dos portos livres da Grã-Bretanha, a Dominica desempenhou o mesmo papel no esquema imperial no Caribe oriental que a Jamaica exerceu no ocidental. A partir de 1763, o comércio exterior passou a predominar na Dominica. A partir de 1788, as embarcações francesas, espanholas e outras não britânicas constituíam 63% dos navios registrados na alfândega no porto local de Roseau.[34] Da mesma forma, os marinheiros dominicanos viajavam frequentemente a bordo de navios mercantes para portos franceses, onde testemunharam em primeira mão a evolução da política francesa desde o Antigo Regime até a revolução. Como atestam os depoimentos detalhados que chegaram às mãos do governador Orde em 1788, a prisão, o trabalho forçado e a perda de salários foram experiências comuns para os marinheiros britânicos nas ilhas francesas. Mas, depois de 1789, outros episódios, igualmente intensos, prenunciavam as mudanças fundamentais que já estavam no horizonte. Em dezembro de 1790, um navio francês armado "navegado por brancos e negros, livres e escravos" deteve um navio mercante britânico que operava na Martinica. Para o único marinheiro negro a bordo do navio inglês, "um criado do proprietário do navio", as três noites de cativeiro temporário foram como se o mundo tivesse virado de cabeça para baixo. Somente ele podia circular livremente, enquanto o capitão e a tripulação eram mantidos acorrentados.[35]

Ao lado do sistema de comércio exterior legal da Dominica florescia uma forte contracultura do mercado negro. Assim como o terreno acidentado do interior da ilha ajudou os escravos fugitivos, quilômetros de costa desguarnecidas ajudaram os comerciantes ilegais a não serem detectados. O governador John Orde reclamava constantemente da "disposição de muitos aqui para participar do comércio ilegal" com os franceses e espanhóis e lamentou a enorme quantidade de açúcar francês que os contrabandistas trouxeram para a ilha. Esse comércio ilegal havia se tornado parte da ordem local das coisas na Dominica, assim como tinha sido na Nova Inglaterra, várias décadas antes. Desse modo, em abril de 1790, quando alguém informou aos funcionários da alfândega sobre a chegada de mercadorias proibidas, uma multidão se reuniu nas ruas de Roseau e acusou um certo John Blair, a quem cobriram de piche e penas e depois espancaram quase até a morte.[36]

É significativo que os navios e barcos que trafegavam entre as ilhas, tanto legal como ilegalmente, transportavam muitos negros e pardos livres das ilhas francesas. Seus números incluíam marinheiros e viajantes, bem como residentes mais permanentes. Em uma história da Dominica publicada em 1791, Thomas Atwood estimou que mais da metade das 500 pessoas livres de cor daquela ilha – um grupo "muito ocioso e insolente" – migrou das ilhas francesas.[37] À medida que as revoltas nas ilhas francesas ganhavam força depois de 1789, os residentes brancos das ilhas britânicas, como Atwood, lançavam um olhar atento sobre essas pessoas negras e pardas livres e móveis. Após o primeiro aniversário da Queda da Bastilha, um jornal semanal de Granada chamou atenção para o "grande número de pessoas de cor que recentemente chegaram das colônias francesas" e expressou sua preocupação constante de que os residentes pudessem ser "enganados" pelas ideias daqueles "vagabundos que ultimamente têm aparecido aqui de forma tão questionável". No final do ano, o mesmo jornal lamentou o surgimento dos "bailes de mulatos, cenário de diversão para os ociosos e dissolutos que pareciam ter lugar todas as noites em quase todas as ruas".[38]

Em janeiro de 1971, os cidadãos brancos da Dominica já tinham passado a presumir que as pessoas negras e pardas da Martinica e de Guadalupe introduziram as ideias sediciosas que haviam afetado as ilhas francesas. Na Martinica, o conflito civil mudara momentaneamente em favor dos negros e mulatos, e chegou ao conhecimento do governador Orde a informação de que os escravos daquela ilha tinham pela primeira vez começado a falar em público que a ideia de uma "emancipação geral" era "seu fim e seu objetivo".[39] Quatro dias depois, um fazendeiro francês na Dominica advertiu o governador Orde de que, com a "chegada contínua de pessoas livres de cor, bem como de escravos da Martinica", semelhantes "noções ilusórias" e "ideias falsas" já haviam sido introduzidas na mente dos escravos dele e de outros senhores. Ao retornar de seus afazeres na capital, os escravos das fazendas de seu distrito trouxeram a notícia de que o governador Orde publicara uma ordem concedendo-lhes três dias por semana para trabalharem por conta própria sem supervisão e estipulando que seriam pagos por qualquer trabalho realizado para os fazendeiros. Em tempos comuns, os escravos poderiam ter ignorado esse rumor ou descartado como um absurdo. Mas, com a intensidade crescente das revoluções e a abolição do tráfico de escravos e da escravidão pairando no ar, tanto nas colônias britânicas quanto nas espanholas, essa faísca fabricada poderia acender o pavio de um barril de pólvora. Em questão de horas, os escravos abandonaram algumas propriedades e simplesmente se recusaram a trabalhar em outras.[40]

Durante o impasse de vários dias, funcionários e fazendeiros britânicos tentaram dispersar os rumores e negociaram com os escravos para que voltassem ao trabalho. De repente, em outra parte da ilha – "popularmente conhecida como o Bairro Francês" – começou uma revolta violenta. Um grupo de escravos armados, "liderados por alguns mulatos livres", matou um homem branco e realizou "outros atos de violência e hostilidade".[41] Mas um destacamento militar rapidamente controlou a revolta e os que não foram capturados imediatamente acabaram sendo presos nos seus esconderijos na floresta.

Os detalhes da revolta dominicana de 1791 oferecem um olhar revelador sobre as redes de comunicação afro-americana. Depois de sufocá-la, as autoridades dominicanas atribuíram a maior parte da culpa à "constante e inapropriada movimentação de embarcações estrangeiras" em trechos da costa sem vigilância, nos quais "frequentemente embarcavam e desembarcavam pessoas com propósitos suspeitos". Não foram somente os "primeiros sinais de distúrbios" surgindo em lugares próximos dos que frequentavam os intrusos e os comerciantes ilegais, mas também um dos líderes rebeldes, com 30 de seus seguidores, tentou escapar pela mesma via. Para interditar esses canais, Orde pediu que navios de guerra armados navegassem pelo literal barlavento da ilha para "impedir toda a comunicação entre a ilha e as ilhas estrangeiras".[42] Outras medidas visavam controlar as redes de comunicação internas da própria ilha. Novas leis determinavam que os donos de tabernas retirassem os negros de seus estabelecimentos na hora marcada; indicavam que "bailes e assembleias" seriam monitoradas mais rigorosamente; e restabeleciam o antigo sistema de carteiras para os estivadores e outros escravos cujos trabalhos os obrigassem a sair das fazendas.[43]

Finalmente, Orde, fazendo eco ao governador Chacon na vizinha Trinidad, sugeriu "frear através de leis apropriadas e moderadas a licenciosidade dos editores".[44] O governador não tinha em mente a imprensa que estava a favor dos fazendeiros e comerciantes, apesar das críticas que fazia ao governo colonial e a Orde pessoalmente, mas sim um dos jornais recém-criados da região, um jornal popular publicado em francês sob o título intrigante *L'Ami de la Liberté, l'Enemi de la License* (*O Amigo da Liberdade, o Inimigo da Licensiosidade*). Pela primeira vez, tanto o governador quanto seus críticos na imprensa pró-escravidão da ilha concordaram sobre a natureza subversiva da infame "gazeta francesa" publicada em Guadalupe. Como outras gazetas do gênero, *L'Ami* publicava cópias de discursos e debates, mas mantinha uma forte política editorial, com matérias assinadas pelo pseudônimo "XYZ", que atraiu a atenção dos dominicanos de ambos os lados, contra e a favor da questão da escravidão. Um jornal concorrente, de língua inglesa, atacou o editor do *L'Ami*, chamando-o de "um sujeito mulato sem nenhum caráter ou princípio", mas admitiu que o jornal havia conquistado muitos e ávidos seguidores na Dominica. "Não era somente lido com avidez por pessoas de cor livres", escreveu Thomas Anketell, editor do *The Caribbean Register*, "mas escravos negros eram assinantes dele, e é sabido que os negros aos domingos juntavam 25 centavos em dólar para comprá-lo, a fim de que fosse lido para eles". O Conselho Privado da Dominica também denunciou o "estímulo dado [...] aos escravos e às opiniões promulgadas a seu favor" pelo *L'Ami*.[45]

Como o jornal de Jean Viloux em Trinidad um ano antes, o *L'Ami* não poderia sobreviver indefinidamente enfrentando tamanha oposição. Pouco tempo depois, o controverso editor aparentemente teve que fugir. Mas, um mês depois de uma série de execuções públicas brutais que marcaram o fim da insurreição na Dominica, "XYZ" e o seu jornal voltaram a aparecer, surpreendentemente, em Trinidad. No estilo jornalístico leve que havia se tornado tão familiar aos leitores dessa região do Caribe, ele provocava Anketell e outros adversários. Embora perseguido por detratores tanto na Martinica como na Dominica, o editor anônimo tinha chegado "são e salvo" à ilha espanhola. Mas essa experiência tinha apenas fortalecido a sua determinação de usar a caneta em defesa da liberdade. Em breve, ele e as ideias que abraçava estariam "a caminho do topo".[46]

***

Em Saint-Domingue, a execução de Ogé ocorreu apenas algumas semanas após a supressão da breve revolta da Dominica, em janeiro de 1791. Nos meses seguintes, as divisões entre os brancos na colônia francesa aumentaram, tal como o conflito entre os colonos e os legisladores em Paris. A notícia da morte violenta de Ogé pelas mãos de colonos brancos levou a Assembleia Nacional na França a aprovar, em 15 de maio de 1791, uma medida que concedia direitos de cidadania a um percentual pequeno de mulatos e negros livres e dava um passo ainda mais audacioso de afirmar o direito da Assembleia de legislar sobre o "*status* das pessoas" nas colônias. As notícias sobre o Decreto de Maio chegaram a Saint-Domingue em 30 de junho, e, segundo um membro da elite, "nenhuma palavra pode descrever a fúria e a indignação que imediatamente se espalharam por toda a colônia". Os grandes proprietários da colônia reagiram ao que consideravam ser uma intrusão perigosa nos assuntos coloniais, restabelecendo as assembleias locais e regionais para fazer oposição à autoridade da Assembleia na França. Nos meses seguintes, os ataques violentos aumentaram muito contra negros e mulatos livres que ousavam falar em defesa dos seus direitos recentemente concedidos. Os fazendeiros e comerciantes começaram a falar abertamente sobre independência total da França. A turbulenta situação política criou uma oportunidade para que os escravos também pudessem entreter suas ideias de independência. Enquanto brancos e mulatos debatiam entre si, já em julho relatórios esporádicos das províncias do norte e oeste falavam de uma súbita onda de revoltas de escravos. Preocupada com outras questões, contudo, a classe dos fazendeiros não deu importância a esses sinais da rebelião em massa que se aproximava.[47]

Na noite de 22 de agosto de 1791, mesmo enquanto os representantes dos fazendeiros se dirigiam ao Cap Français para convocar uma assembleia regional, escravos na rica planície do norte ao redor do Cap iniciaram a sua rebelião. Durante semanas, os líderes negros já haviam espalhado a notícia da revolta pretendida, e, quando chegou o momento, a rebelião generalizada e bem planejada pegou os brancos desprevenidos. Horas depois do primeiro levante de escravos numa propriedade localizada a 15 quilômetros do Cap, cerca de cem mil escravos tomaram conhecimento e aderiram à revolta, incendiando as fazendas e atacando sem piedade os proprietários de escravos e as suas famílias. Imediatamente, os funcionários do Cap Français enviaram delegações a Cuba, à Jamaica e aos Estados Unidos para pedir assistência na luta contra os rebeldes negros, mas receberam pouco apoio. Para piorar ainda mais a situação, alguns dias após a rebelião nas províncias do norte, mulatos e negros provocaram uma segunda onda de revoltas armadas no Ocidente. Batalhas terríveis entre as tropas governamentais e rebeldes mal-armados resultaram em milhares de mortes entre os rebeldes, mas essas derrotas não conseguiram impedir as invasões e a destruição das fazendas nos arredores. Eles até ameaçaram invadir as cidades, agora já lotadas com milhares de refugiados brancos. Dois meses após a revolta no norte, os funcionários franceses estimaram que mais de dois mil brancos tinham perdido a vida, e que os rebeldes tinham destruído 180 *plantations* e mais de 900 propriedades dedicadas à produção de café, algodão e índigo.[48]

As notícias dos acontecimentos sem precedentes em Saint-Domingue em agosto de 1791 chegaram rapidamente a todas as partes das Américas, mas esses acontecimentos obviamente eram de interesse especial para residentes de outras sociedades agrárias escravistas. Nunca na história da escravidão no Novo Mundo os negros tinham sido tão violentos contra os seus opressores, e, em meados de 1792, observadores de todas as Américas reconheceram que os rebeldes de Saint-Domingue não permitiriam que os franceses pusessem um rápido fim à revolução que havia começado.

***

Através das estreitas ligações comerciais entre os territórios, um número substancial de norte-americanos desde o início tinha um interesse pessoal na revolução em Saint-Domingue. Nos anos que antecederam e que se seguiram à rebelião dos escravos de 1791, navios dos principais portos da recém-criada nação dos Estados Unidos frequentavam os portos da colônia francesa. Além de fornecerem farinha, madeira e outros bens dos quais os franceses desesperadamente precisavam durante a depressão comercial do início da década de 1790, os navios mercantes dos Estados Unidos mantiveram os seus residentes, bem como os do Caribe, a par da situação em Saint-Domingue.

Quando os acontecimentos na França de 1789 restringiram o número de navios provenientes da Europa, os dos Estados Unidos passaram a suprir as necessidades da colônia francesa. No final de 1790, os navios norte- -americanos representaram uma ajuda crucial para uma economia instável. Sem os americanos para fornecer farinha e outras provisões, escreveu um colonizador francês durante a época de escassez e preços elevados, "estaríamos em circunstâncias das mais extremas". Ele não exagerou a importância dos comerciantes dos Estados Unidos nos meses que antecederam a rebelião dos escravos. Numa típica semana de final de agosto e princípio de setembro de 1790, navios vindos de New London, Newburyport, Boston, Filadélfia, Baltimore, Hampton e Charleston chegaram em Porto Príncipe, e em Cayes chegaram navios de Salém, Boston e Norfolk. Durante o mesmo período, navios partiram desses portos de Saint-Domingue para Baltimore, New Bern, Boston, Filadélfia e Nova York.[49] No Cap Français, o maior porto de Saint- -Domingue e o mais acessível à navegação rumo ao sul, agentes comerciais e capitães de navios americanos relataram "cerca de 50 embarcações americanas [...] e outras chegando diariamente" em fevereiro de 1790 e "um grande número de americanos" ancorados um ano mais tarde.[50]

Após o início da rebelião no Cap, em agosto de 1791, os navios dos Estados Unidos foram determinantes na disseminação de notícias sobre a insurreição em outras partes das Américas. Os navios mercantes norte-americanos que se dirigiam para os seus portos de origem forneciam informações valiosas às autoridades espanholas e, presumivelmente, a outros residentes interessados, durante escalas em Cuba. Os seus relatórios abrangentes e detalhados indicam que tanto os capitães como a tripulação sabiam que haviam testemunhado o desenrolar da história. Num período de oito semanas entre o final do verão e o outono de 1791, o capitão John Davison da embarcação *Charming Sally* assistiu a batalhas entre insurgentes negros e tropas governamentais tanto no Cap Français como em Porto Príncipe. Davison inclusive descreveu um momento surpreendente dos rebeldes no exercício do poder recentemente adquirido em que uma delegação de rebeldes negros armados entra em Porto Príncipe "exigindo a liberdade dos homens, caso contrário, deixaria a cidade em cinzas". Em 1793, traficantes de escravos americanos que reexportavam africanos das ilhas do Caribe para os Estados Unidos tinham substituído os seus competidores espanhóis e franceses na função de principais fornecedores de escravos e informações de Saint-Domingue para Cuba. As embarcações que iam e vinham de Charleston pareciam estar especialmente ativas naquele período.[51]

Os americanos que participavam do comércio com Saint-Domingue durante os primeiros anos da revolução escrava constituíam um grupo heterogêneo e representavam várias correntes políticas. Nos portos americanos, organizações de marinheiros como a "Marine Anti-Britannic Society", de Charleston, apoiavam a Revolução Francesa, e marinheiros procedentes dos estados do norte que se encontravam em Saint-Domingue juntavam-se ao povo local para brindar à saúde da República.[52] Embora recebessem bem o comércio com navios ianques, as autoridades francesas reclamavam que os americanos tendiam a fazer negócios com todas as facções presentes na colônia. Em 1792, um almirante francês temia as consequências de um declínio no comércio americano com os desesperados colonos brancos, mas no ano seguinte outro oficial da marinha solicitou que uma fragata ou um navio de guerra fosse ancorado na costa de Porto Príncipe para interceptar "intrusos" americanos, o que parece indicar que os americanos estavam fazendo comércio com os rebeldes.[53] Depois que as declarações de guerra contra a França em 1793 impulsionaram os ingleses e espanhóis a invadir a colônia rebelde a partir de direções opostas, em tentativas simultâneas de anexá-la, o comércio norte-americano fortaleceu as tropas de ocupação de ambas as nações.[54]

Notícias dos acontecimentos em Saint-Domingue chegaram rapidamente aos Estados Unidos a bordo desses navios mercantes. Quando Vincent Ogé chegou a Charleston no final de 1790, os jornais da cidade portuária da Carolina do Sul por cerca de oito meses já estavam usando relatórios de capitães dos navios para dar notícias sobre as lutas raciais e de diferentes facções no Caribe francês; no ano seguinte, os jornais de Charleston republicaram os despachos traduzidos de assembleias coloniais no Caribe francês e documentos europeus importantes, como a Declaração dos Direitos do Homem.[55]

Não chega a surpreender que os relatos sobre as dramáticas ocorrências em Saint-Domingue tenham rendido bastante para a imprensa, fornecendo assunto para inúmeras matérias discutidas ao longo da costa leste norte--americana nas últimas semanas de 1791. Assim que conseguiam verificar as informações orais, os editores de jornais publicavam matérias sobre a rebelião negra. A primeira notícia sobre a revolta só chegou à Filadélfia em meados de setembro de 1791, mas, quando os jornalistas mais cautelosos finalmente confirmaram a veracidade desses primeiros relatos, diversos jornais rivais, da Nova Inglaterra até a Carolina do Sul, já haviam publicado histórias longas e chamativas sobre os acontecimentos da noite de 22 de agosto.[56]

Enquanto assimilavam as narrativas sobre a insurreição em Saint--Domingue, os brancos logo perceberam os primeiros indícios de que a notícia havia chegado aos ouvidos dos negros norte-americanos. Relatos da crescente inquietação entre escravos ao longo da costa forçaram as autoridades a buscar estratégias para desmontar as redes de comunicação que os escravos utilizavam para se manter informados sobre os acontecimentos em outras partes da bacia do Atlântico. A legislatura da Virgínia, por exemplo, tomou várias medidas para suprimir a discussão pública de assuntos externos durante as primeiras etapas das revoluções na França e em Saint-Domingue. Durante a primavera de 1792, sinais de uma iminente revolta geral de escravos apareceram na região do leste da Virgínia. Investigadores oficiais do estado culparam "o exemplo do Caribe" pelas conspirações locais de escravos que descobriram em Northampton e Norfolk. Essa descoberta levou a Assembleia Geral do estado a revisar toda a sua legislação sobre escravos e impor restrições mais rígidas a reuniões de cativos, qualquer que fosse o propósito. No final do mesmo ano, os magistrados recorreram a medidas mais abrangentes para conter a propagação da agitação política e da incerteza no estado, tanto entre os escravos como entre a população em geral. Uma lei de dezembro de 1792 revela até que ponto os governantes da Virgínia temiam as consequências da disseminação descontrolada de informações e ideias, ao mesmo tempo que expõe a sua sensação de impotência para controlá-la. Citando as muitas "pessoas ociosas e de mente abarrotada", que "forjam e divulgam falsos rumores e relatos", as autoridades civis impuseram uma "Lei contra divulgadores de notícias falsas", que permaneceu em vigor durante a maior parte da década.[57]

***

Na Jamaica, a colônia produtora de açúcar cuja economia e demografia mais se assemelhavam a de Saint-Domingue, a notícia da rebelião na região teve um efeito profundo e duradouro. Menos de duas semanas haviam se passado entre a noite de 22 de agosto e o surgimento dos primeiros indícios de que os jamaicanos brancos estavam discutindo a revolta e circulando entre si as notícias sobre o evento. As notícias sobre a revolta podem ter chegado à maioria negra da ilha ainda mais cedo. Em 7 de setembro, o governador Effingham informou ao Secretário de Estado sobre a "Terrível Insurreição dos Negros", a partir de relatos que ele recebeu de emissários enviados da colônia francesa para "implorar ajuda" da Assembleia da Jamaica. Mas a essa altura, as notícias sobre a insurreição já estavam circulando nas ruas de Spanish Town e Kingston. Em 10 de setembro, William Dineley, um "cirurgião da Guiné" que tinha trabalhado no tráfico de escravos na África e estava passando muito tempo nas docas tentando conseguir uma passagem de volta para a Inglaterra, escreveu a um comerciante de Bristol, James Rogers, sobre "uma rebelião [...] em alguns dos assentamentos franceses", acrescentando que "os negros mataram muitos brancos".[58]

Enquanto oficiais do governo como Effingham e cidadãos como Dineley expressavam urgente preocupação em sua correspondência privada, publicamente parece ter havido um esforço por parte dos brancos jamaicanos para suprimir a discussão sobre a revolução crescente na vizinhança. Buscava-se em vão, por exemplo, por qualquer relato sobre a colônia francesa nas páginas do jornal semanal mais informativo da Jamaica. De outubro de 1791 até o final do ano, apenas uma referência breve e insípida sobre "problemas recentes em Hispaniola" foi publicada na *Royal Gazette* de Kingston – e isso somente três meses após o início da rebelião.[59] A conspiração oficial do silêncio – um artifício conhecido destinado a limitar os medos dos brancos e as esperanças dos negros em relação às revoltas de escravos próximas – persistiu mesmo quando o governo recorreu a medidas defensivas mais abertas. Uma mulher, integrante da congregação metodista em Kingston, acrescentou uma nota irônica à sua descrição longa e detalhada da turbulenta "situação política" da Jamaica no final de 1791. Depois de relatar que os rumores de agitação escrava continuavam a aumentar, as unidades da milícia treinavam noite e dia e as pessoas falavam abertamente sobre a possibilidade de lei marcial, ela escreveu que "a intenção é manter sigilo sobre os motivos para tudo isso".[60] Cientes de que mesmo a comunicação escrita compartilhada de forma privada corria riscos desnecessários no mundo onde notícias de interesse da maioria negra poderiam se espalhar rápida e descontroladamente, observadores brancos mantinham-se em alto estado de alerta e autocensura. A avaliação de um correspondente sobre a mesma situação tensa referiu-se indiretamente a algumas "circunstâncias particulares que consideramos, no momento, impróprias para serem colocadas no papel".[61]

Em contraste com esse silêncio cuidadoso entre os brancos livres, seus escravos rapidamente demonstravam ávido interesse pela rebelião em Saint-Domingue, interesse que às vezes se tornava público o suficiente para que os brancos o notassem. O comandante das forças militares da ilha observou que os escravos jamaicanos eram "imediatamente informados de todo tipo de notícia que chegava" e conheciam "perfeitamente todas as transações no Cap Français". Em meados de setembro, a revolta dos escravos franceses já tinha encontrado expressão na cultura oral dos escravos jamaicanos: as canções tradicionais agora incluíam novas estrofes que descreviam "os negros que haviam feito a rebelião em Hispaniola".[62] À medida que o fim do ano se aproximava, relatórios vindos de várias partes da Jamaica, tanto da cidade quanto do campo, ecoaram essas observações. Em novembro, dizia-se que os escravos de Kingston estavam "perfeitamente familiarizados com tudo o que se fazia em Hispaniola". Os magistrados da paróquia central de Clarendon prenderam vários "líderes negros de algumas das fazendas" por falarem "muito abertamente sobre a rebelião em Hispaniola". Além de celebrar a resistência dos "'Negros no país francês' (expressão usada por eles)", os prisioneiros confessaram ter "expressado também sua esperança de que uma revolta semelhante ocorresse em breve na Jamaica".[63] Embora essa esperança nunca tenha se tornado realidade, a revolta dos escravos em Saint-Domingue teve uma influência muito grande sobre a ilha britânica, como ocorreu em todo o Novo Mundo, e permaneceu como elemento fundamental para a política regional durante uma geração.

***

Os jamaicanos mal haviam começado a se ajustar à realidade de Saint-Domingue quando fortes ventos e correntes e a curta distância da colônia francesa à costa jamaicana trouxeram a revolução vizinha para mais perto. Os negros de Saint-Domingue começaram a chegar à Jamaica logo após os levantes de agosto e setembro de 1791. Muitas dessas testemunhas oculares da revolução permaneceram escravizadas sob a custódia de seus proprietários emigrados, enquanto outras tiraram proveito da desorganização dos fazendeiros para escapar da escravidão. As autoridades jamaicanas imediatamente expressaram preocupação com os dois tipos de imigrantes negros da colônia francesa. Em meados de setembro, após o aparecimento da primeira onda de refugiados brancos, o governador Effingham emitiu ordens para "impedir que seus negros viessem se misturar com os nossos". Essas medidas proibiam o desembarque de negros "sem permissão específica" e bania todo "homem negro" que chegasse. Controlar a chegada de imigrantes negros e pardos sem senhores, no entanto, apresentava um problema maior. Mesmo com as ordens de Effingham entrando em vigor, "várias canoas tinham chegado à costa leste da Jamaica com negros de Santo Domingo".[64]

Entre 1791 e 1793, o medo de que qualquer "negro francês", escravizado ou não, pudesse comunicar o espírito de rebelião aos negros na Jamaica moldou a política oficial. Embora as primeiras leis não proibissem estritamente o desembarque de não brancos de Saint-Domingue, elas estabeleceram alguns limites. Uma proclamação real emitida em dezembro de 1791 proibiu "pessoas de cor livres e negros livres" de se estabelecerem na Jamaica antes que "dois chefes de família (brancos) conceituados" testemunhassem sobre seu bom caráter perante o magistrado-chefe da paróquia. A Assembleia fazia verificações periódicas solicitando nome, endereço e autorizações oficiais de todos os mulatos e negros livres de língua francesa que viviam na Jamaica. Após a chegada de uma segunda onda de imigrantes de Saint-Domingue a partir do primeiro dia do ano, incluindo empregados domésticos negros, o recém-nomeado governador Adam Williamson reiterou as instruções anteriores de Effingham de que os magistrados locais deveriam ser "muito vigilantes para que não haja comunicação entre os servos franceses e escravos ingleses".[65]

Citando a necessidade de impedir "a comunicação entre os escravos desta ilha e os escravos [...] trazidos da ilha de Santo Domingo", a Assembleia aprovou uma lei em maio de 1792 que estabeleceu diretrizes rígidas para o emprego de escravos "estrangeiros" na Jamaica. De acordo com suas disposições, ninguém podia "comprar, alugar ou empregar" qualquer escravo trazido para a ilha depois de 23 de agosto de 1791 – o dia seguinte ao início da rebelião em Saint-Domingue. Mas, para acomodar os refugiados franceses, a maioria dos quais estavam em Kingston, esses escravos podem ser empregados legalmente em "cidades portuárias", com a condição de que nunca lhes seja permitido "transladar-se ao interior".[66]

Assim que essa lei entrou em vigor, no entanto, as autoridades encontraram várias camadas de resistência aos seus esforços para monitorar as atividades dos escravos franceses que trabalhavam na Jamaica. Como os proprietários e empregadores nas áreas urbanas se recusaram a registrar seus escravos estrangeiros com os magistrados locais, a Assembleia não tinha como acompanhar o número de escravos franceses que trabalhavam na ilha. Outros empregadores de mão de obra negra optaram por ignorar completamente a lei do "escravo estrangeiro". Nathaniel Bayly, dono de várias propriedades perto da costa nordeste, não achava nada de errado em importar negros franceses. Pelo menos dois navios mercantes que iam a Saint-Domingue saindo de Port Maria, um pequeno porto na costa norte da Jamaica, traziam de volta agrupamentos inteiros de escravos de língua francesa e crioula para trabalhar nas fazendas de açúcar de Bayly. Os investigadores da paróquia, horrorizados, descobriram que muitos desses trabalhadores sem documentos eram "de capacidade aprimorada e falam inglês e francês". Como os observadores brancos reconheceram, a capacidade de traduzir palavras e ideias francesas para o inglês representava uma ameaça constante. Mas isso foi amplificado pelo fato de que muitos africanos escravizados ainda podiam se comunicar em suas línguas ancestrais. "Embora nossos negros não entendam francês", advertiu o *Royal Gazette* da Jamaica, "todos eles conhecem *seu próprio país*".[67]

Nas cidades, a teia básica de contatos no meio urbano logo aproximou os recém-chegados de Saint-Domingue dos locais. Também forneceu oportunidades para os imigrantes negros e pardos estabelecerem suas próprias redes de apoio. A partir do meio de 1792, as casas de trabalhos forçados em Kingston e Spanish Town confinaram um fluxo constante de fugitivos que falavam francês, em sua maioria mulheres – domésticas escravizadas por refugiados brancos da revolução em Saint-Domingue –, com o habitual e diversificado elenco de desertores locais. A capacidade de se comunicar em inglês pode ter predisposto alguns desses escravos de confiança a buscar a liberdade nesse novo lugar. Um colono francês perdeu dois membros de sua casa entre 1792 e 1793. O cabeleireiro Charmant fugiu em agosto de 1792 para seguir sua profissão de forma independente em Kingston. Daphne, que deixou o emprego da Sra. Espent no mês de março seguinte, era suspeita de ter se escondido em Kingston "com alguns daqueles mulatos que escaparam da punição merecida em Santo Domingo". Charmant e Daphne falavam inglês e francês.[68]

Enquanto buscavam controlar a vida dos escravos franceses que vinham para a Jamaica com seus senhores, as autoridades também prestavam muita atenção aos negros que iam para a ilha sem senhores. Reagindo aos primeiros relatos sobre as chegadas de canoas na costa leste da Jamaica, escassamente povoada e vulnerável, o governador trabalhou com oficiais navais e autoridades portuárias para impedir que negros franceses chegassem ao país sem ser detectados. Separada de Saint-Domingue por um canal de apenas 160 quilômetros de largura em seu ponto mais estreito, a Jamaica ficava bem ao alcance até mesmo de pequenos barcos sem convés que partiam de Hispaniola ocidental, e os ventos predominantes do oeste permitiam a passagem suave e rápida. O almirante em Port Royal rearranjou rapidamente os navios sob seu comando para posicioná-los ao longo das costas do norte e do leste. Em junho de 1792, oficiais da Marinha encarregaram um navio de guerra que cruzava o canal entre a Jamaica e Saint-Domingue da tarefa específica de "interceptar navios com negros fugitivos" da colônia francesa.[69] Além disso, eles orientaram os capitães nos portos livres para "tomar nota" dos negros e pardos a bordo de todos os navios estrangeiros que chegavam e para garantir que os marinheiros não brancos partissem nos navios em que chegaram.[70]

Nem essas precauções cuidadosas foram capazes de manter fora da Jamaica uma gama informada e variada de viajantes negros de Saint-Domingue. Muitos deles chegavam de uma forma que relembra a chegada dos escravos ingleses e franceses que se dirigiam para Trinidad alguns anos antes: conseguiam fugir dos navios de guerra que patrulhavam a costa e alcançavam a Jamaica em canoas e outras embarcações abertas destinadas à pesca e ao comércio costeiro. Os relatos do aporte de canoas com fugitivos a bordo, inicialmente vagos, ficaram cada vez mais detalhados à medida que semanas de rebelião se transformavam em meses. Robert Bartlett, capitão da guarda municipal de Kingston, relatou que prendeu oito "negros perigosos", seis homens e duas mulheres, que "chegaram em um barco aberto e atracaram no extremo oeste da cidade" em setembro de 1793. No mês seguinte, o escrivão do juiz de paz da cidade revelou que mais cinco "pessoas de cor livres" que haviam chegado pelos mesmos meios foram detidas, presas e, posteriormente, deportadas.[71]

Alguns dos passageiros a bordo dessas canoas eram na verdade ex-residentes da Jamaica que foram vendidos ou transportados e estavam aproveitando a desarticulação causada pela revolução em Saint-Domingue para retornar às famílias e aos amigos na colônia inglesa. Um prisioneiro na casa de trabalhos forçados na paróquia de St. James, em abril de 1792, disse às autoridades que havia sido transportado, mas "fugiu de Hispaniola há cerca de seis meses, com outras três pessoas, em uma canoa". Um navio dos Estados Unidos o apanhou no mar e o trouxe para a Jamaica. Enquanto se dirigia da costa norte para Kingston, a tripulação de uma chalupa britânica "descobriu uma canoa" que se dirigia para a Jamaica. Ao serem apanhados, os sete negros a bordo relataram – em inglês – que "eram escravos de certos franceses da ilha de Saint Domingo, que anteriormente os tinham comprado de pessoas desta Ilha".[72]

Emigrantes negros e pardos de Saint-Domingue chegaram a bordo de navios maiores também. No início de 1792, a Guarda Municipal de Kingston prendeu "mais de 20 negros estrangeiros, de Aux Cayes, Jeremie e outros portos de Hispaniola" em uma residência particular no distrito do cais da cidade. Tendo sido "desembarcada em épocas diferentes de navios que negociavam para este porto", a maioria desses "camaradas robustos" falava inglês, e alguns moravam na Jamaica clandestinamente havia três meses.[73] Em maio, as autoridades apreenderam mais rapidamente "um homem negro chamado Ferror", um nativo de St. Kitts que falava inglês. Dois dias depois de sua chegada a Port Royal a bordo de um navio inglês de Saint-Marc, uma cidade portuária no oeste de Saint-Domingue, elas internaram Ferror na casa de trabalho de Kingston por ter desempenhado "um papel muito ativo nos terríveis ultrajes nas proximidades de São Marcos".[74] Naquela mesma semana, um homem que passeava ao longo da orla à noite "avistou, para seu grande espanto, mais de 40 estrangeiros de cor e negros, uniformemente vestidos, chegando ao litoral, aparentemente, tendo acabado de desembarcar" de um navio que atracou em Port Royal.[75]

Ao longo de 1792 e no início do ano seguinte, relatórios dos últimos acontecimentos em Saint-Domingue chegavam constantemente a bordo dos navios que mantinham intercâmbio ininterrupto entre as colônias britânicas e francesas. Praticamente todas as edições da *Royal Gazette*, mesmo carecendo de notícias diretas sobre a rebelião dos escravos em Saint-Domingue, incluíam notícias de chegadas e partidas de navios franceses e britânicos que participavam do comércio ativo, embora modesto, entre as duas colônias. As embarcações que aportavam não só traziam notícias na forma de panfletos e outros materiais impressos, mas também abriam alguma possibilidade de contato humano entre negros que trabalhavam em ocupações marítimas de ambas as costas. Mesmo com as políticas mais rígidas em vigor em relação ao desembarque de escravos e mulatos franceses e marinheiros não brancos, podia-se ver um ou outro marinheiro negro de língua francesa perambular em liberdade nas ruas de Kingston e Spanish Town.[76] Em janeiro de 1793, uma dupla de marinheiros negros escravizados de uma escuna francesa abandonou seu navio e desapareceu no submundo de Spanish Town, sendo presos três dias depois. Aparentemente, seu breve encarceramento teve pouco ou nenhum efeito de intimidação; a mesma dupla logo acabou na casa de trabalho em uma viagem subsequente à Jamaica.[77]

Significativamente, mas não surpreendentemente, existem fragmentos de evidências sobre marinheiros jamaicanos negros e pardos que queriam viajar na outra direção para testemunhar, ou mesmo aderir, à rebelião em Saint--Domingue. Pelo menos dois marinheiros mulatos demonstraram interesse ativo em fazer a viagem para a colônia francesa enquanto a revolução continuava. Em maio de 1792, um homem de cor livre "que se dizia empregado de um pequeno navio que comercializava de Port-Royal para Hispaniola" atacou o oficial da marinha que não permitiu que ele embarcasse, presumivelmente, para Saint-Domingue. No ano seguinte, outro mulato a bordo de uma escuna com destino a Curaçau assassinou seu capitão, "assumiu o comando da embarcação e levou-a para a parte francesa de Santo Domingo".[78]

***

Na mente dos brancos jamaicanos, a questão da mobilidade durante os primeiros anos da Revolução Haitiana refletia uma preocupação maior com o exemplo poderoso que a rebelião negra representava. Nos meses que se seguiram a agosto de 1791, muitos observadores brancos detectaram tendências ocultas de resistência entre os escravos jamaicanos, o que para eles estava relacionado às notícias de Saint-Domingue. Os escravos jamaicanos mostravam grande interesse e conhecimento sobre as transações na colônia francesa, escreveu um membro da minoria branca em novembro de 1791. Já as notícias de Saint-Domingue, ele notou, haviam tornado os trabalhadores negros "pessoas muito diferentes do que eram". Ele concluiu, a partir dos recentes acontecimentos, que "as Ideias de Liberdade mergulharam tão profundamente nas mentes de todos os negros que, onde quer que as maiores precauções não sejam tomadas, eles se erguerão".[79]

Como as autoridades previam desde o início, a agitação escrava e os rumores de revolta desencadeados pelas notícias do início da Revolução Haitiana surgiram com força especial ao longo da costa norte da ilha. Não apenas a longa costa da Jamaica estava ao alcance de colônias estrangeiras e era atraente para navios estrangeiros, mas as defesas da ilha estavam concentradas no canto sudeste da ilha, perto de Port Royal, Kingston e a capital de Spanish Town. Ao longo da história da Jamaica como colônia escravista britânica, o lado norte sempre foi o centro da insurreição, e o inverno de 1791-1792 chegou perto de repetir cenas anteriores de violência. Enquanto escravos no litoral se inspiraram em relatos sobre a revolta na ilha vizinha para reavivar as "Ideias de Liberdade", os moradores brancos de paróquias do norte se preparavam para a possibilidade de uma rebelião semelhante na Jamaica. Suas observações cuidadosas abrem uma janela valiosa para enxergar a comunicação e a política nessa região entre 1791 e 1793.

Nas últimas semanas de 1791, os fazendeiros da costa norte não demoraram a se organizar. Nas reuniões de proprietários em cada paróquia criaram "comitês de sigilo e segurança" encarregados de reunir todas as informações relativas à atividade escrava local e manter as linhas de comunicação abertas entre as paróquias. Embora parte do "alarme" parecesse exagerado para as autoridades que desfrutavam de segurança em Spanish Town, no final de novembro os comitês de segurança perto da costa no outro extremo da ilha, nas paróquias de St. James, Trelawny e St. Ann, relataram "o grande motivo de prevenir uma Insurreição no lado norte".[80] A "reação defensiva" dos brancos jamaicanos assumiu várias formas. Cada cidade colocou à prova unidades de milícia recém-formadas após um hiato de nove anos. A Assembleia pediu a Londres armas, soldados e navios de guerra. Com a aproximação da época do

Natal, tradicionalmente a época mais difícil do ano para impor a disciplina, o governador e a Assembleia instituíram a lei marcial em toda a ilha a partir de 10 de dezembro.[81]

As notícias da Revolução Haitiana ocuparam um lugar proeminente, ou central, na atmosfera de tensão, empolgação e medo ao longo da costa norte, antes e depois da imposição da lei marcial. O comitê de segurança da paróquia de St. James, por exemplo, descobriu e relatou vários incidentes, confirmando que as narrativas da revolta de Saint-Domingue estavam se espalhando pelas comunidades escravas da região. Em Montego Bay, um jovem chamado Guy, descrito como um "criado [...] extremamente espertalhão", soube dos "negros do barlavento" que "Santo Domingo se revoltou, matou os *Boccaras* [brancos] e tomou o país". Guy e seu amigo Congo Jack podem ter contribuído para transmitir essa notícia do leste aos interlocutores no oeste. Ao ser interrogado, confessou que ele e seu amigo "eram mensageiros de informações e se relacionavam com negros em algumas propriedades em Westmoreland". Relatos das fazendas situadas na paisagem montanhosa com vista para Montego Bay diziam que os escravos estavam "muito cientes do que aconteceu no exterior". Ignorando as ordens "para manter os assuntos de Santo Domingo em segredo", um advogado que trabalhava na propriedade de Green Pond em St. James iniciou uma conversa sobre a situação em Saint-Domingue com os escravos. Para sua surpresa, o capataz "já estava totalmente informado sobre o assunto", e até acrescentou detalhes de rebeliões planejadas em outras paróquias das quais o advogado não tinha ideia.[82]

Os integrantes do comitê rastrearam esses relatos até a costa, descobrindo que envolviam pequenos comerciantes estrangeiros e marinheiros que tinham vindo para a Jamaica em conexão com o Ato de Porto Livre. Em meados de novembro, um empregado branco de uma fazenda "ouviu um negro ajuizado dizer a alguns outros que tinha estado em Montego Bay [...] e alguns espanhóis disseram a ele que os negros em Hispaniola agora eram livres e gozavam dos direitos dos homens brancos". J. L. Winn, o comerciante *quaker* de Montego Bay que presidia o comitê de segurança de St. James, disse que alguns relatórios de inspiração espanhola abordavam um tema agora já familiar. Não apenas os "negros franceses [...] obtiveram toda a sua liberdade", mas o mesmo iria acontecer com os escravos britânicos; apenas a oposição dos fazendeiros locais impedia o desejo do rei da Inglaterra de que eles fossem livres. As acusações de jamaicanos proeminentes contra os espanhóis não paravam aí. Além de responsabilizarem a presença espanhola pela circulação de "relatos exagerados" sobre a rebelião de escravos em Saint-Domingue, Winn e seus associados acusavam os espanhóis de ajudar os escravos da costa norte a obter armas, enquanto jamaicanos negros se organizavam para seguir o exemplo dado pelos rebeldes francófonos.[83]

Essas constatações justificam uma série de medidas tomadas nas paróquias do norte com o objetivo de inibir a comunicação entre os escravos locais e os estrangeiros que frequentemente repassavam notícias sobre os acontecimentos mais recentes. Em St. James, assim como em outros lugares, essas precauções atingiram principalmente os espanhóis locais, incluindo comerciantes respeitáveis e seus empregados. Eles haviam se estabelecido na costa visando o comércio lucrativo de escravos, animais e outros artigos que já eram legais há muito tempo. Em Montego Bay, o comitê de segurança começou a impor novas regras em meados de novembro, exigindo que os marinheiros estrangeiros estivessem a bordo de seus navios depois das 8 horas da noite e restringindo as partidas e chegadas às horas do dia. Em poucos dias, medidas mais rígidas exigiram a partida imediata de um grande número de "vadios" espanhóis – embora apenas cerca de 30 dessas pessoas tenham sido expulsas – e lançaram um esforço simultâneo para evitar que outros espanhóis suspeitos "se ocultassem no país". Ainda que esse conjunto de medidas "tenha agradado aos próprios comerciantes espanhóis", de acordo com Winn, muitos cooperaram com relutância, se é que cooperaram. Um capitão recusou-se a transportar prisioneiros de volta para Cuba, pois "todos eram assassinos e ladrões que fugiram da justiça e atacariam a tripulação e tomariam o comando de seu navio".[84]

É significativo que os problemáticos "espanhóis" da costa norte da Jamaica no início da década de 1790 incluíssem muitas pessoas negras e pardas. Um dos residentes perseguidos pela lei em novembro de 1791 era um "negro espanhol" chamado Philip. No final daquele mês, Philip foi preso após tentar sem sucesso comprar pólvora em várias lojas em Montego Bay. O perfil da vida de Philip traçado no relatório do comitê de segurança de St. James fornece um retrato impressionante do tipo de indivíduo, que não tinha senhor e desfrutava de grande mobilidade, que podia desempenhar um papel central na comunicação durante períodos de agitação política. "Notável por sua inteligência, sua disposição ardilosa, seu curso de vida ocioso, sua jogatina e a extensão de suas conexões", Philip migrara de sua Cuba natal para a Jamaica em algum momento da primavera de 1788. Durante os três anos seguintes, ele fez os ajustes culturais necessários, aprendeu inglês e casou-se com uma escrava jamaicana. Embora não tivesse trabalhado por cerca de três meses no momento da sua prisão, Philip havia sido "geralmente empregado no comércio costeiro" e sem dúvida expandiu sua vasta experiência e seus contatos durante seus anos como marinheiro. Jack, um amigo "perigoso e travesso" de Philip, ele próprio um ex--estivador, mostrou-se igualmente bem conectado e sem raízes. Recentemente, Jack fugira do seu dono e conseguira ser contratado por um comerciante judeu para "vender pelo país em troca de comissão". No curso de suas viagens, Jack cobrira uma vasta área que incluía St. James, bem como as paróquias vizinhas de Trelawny e Hanover; ele tinha conhecidos de Montego Bay a Lucea, a cerca de 24 milhas (38,6 quilômetros) de distância. Embora seus destinos finais permaneçam desconhecidos, Philip e Jack podem muito bem estar entre os "vagabundos" transportados para Cuba. Só podemos especular sobre a forma que sua resistência pode ter assumido nos anos posteriores.[85]

***

Os proprietários de todo o mundo, como os da costa norte da Jamaica, rapidamente levantaram sua guarda contra os estrangeiros sem dono. Pessoas como Philip e Jack podiam ser encontradas em todo o Caribe, desempenhando papéis importantes na comunicação durante as primeiras fases da revolução em Saint-Domingue. Além desses indivíduos, no entanto, muitas outras fontes de informações e ideias tornaram-se disponíveis para escravos que tentavam compreender o mundo ao seu redor. Se a rebelião negra em Saint-Domingue teve um significado especial imediato para os escravos, outros acontecimentos apontavam para as correntes ideológicas mais abrangentes que se concentraram na colônia francesa e se espalharam por outras partes das Américas. Como os frenéticos preparativos militares que os fazendeiros e as autoridades coloniais da Jamaica esperavam em vão que permanecessem em segredo, o debate sobre as ideias e políticas da Revolução Francesa rapidamente assumiu uma dimensão pública irreprimível no início da década de 1790.

Mesmo antes da execução de Luís XVI em Paris e da declaração de guerra da Convenção Nacional contra a Grã-Bretanha, Espanha e Holanda, essas nações se prepararam para a provável perspectiva de uma guerra contra os franceses. Nas colônias britânicas, assim como na Inglaterra, a preparação para a guerra que se aproximava assumiu uma dimensão ideológica e também militar. No início de 1793, os rituais contrarrevolucionários já proeminentes na Inglaterra apareceram pela primeira vez nas colônias britânicas, onde os inimigos da Revolução Francesa e da doutrina dos Direitos do Homem usavam ocasiões públicas de maneiras cuidadosamente administradas para conter a disseminação de ideias igualitárias. Os residentes de Barbados já sentiram a "grande expectativa de guerra" em janeiro, quando uma multidão em Bridgetown ergueu uma efígie de Tom Paine segurando "seus direitos do homem" e a queimou nas ruas da capital da ilha. Uma cena semelhante ocorreu na vizinha Granada, um mês depois. Dessa vez, a efígie de Paine primeiro foi exibida por "um dia na forca" antes de ser queimada "em meio aos gritos de um grande número de pessoas".[86]

Em abril de 1793, essa prática chegou à Jamaica. A ilha esteve mais movimentada do que de costume desde os últimos dias de março, quando os navios britânicos voltando de Saint-Domingue e chegando da Inglaterra confirmaram simultaneamente a eclosão da guerra entre a Grã-Bretanha e a França. Em 3 de abril, o governador fez uma proclamação limitando severamente a liberdade de movimento de estrangeiros, exigindo que portassem uma "licença especial" para pisar fora de um raio de cinco milhas (oito quilômetros) de Kingston. Enquanto isso, a marinha ofereceu recompensas aos marinheiros mercantes por se alistarem nos navios de guerra de Sua Majestade, e um escritório foi aberto para receber e administrar prisioneiros de guerra republicanos.[87] Nas semanas seguintes, a guerra trouxe a Revolução Francesa desconfortavelmente perto. Não só os soldados franceses capturados trazidos para a Jamaica conseguiram escapar de seu local de confinamento dilapidado, mas seus oficiais em liberdade condicional "se atreveram" a andar pelas ruas de Kingston "enfeitados [...] com cocardas nacionais", brandindo armas e cantando "a rebelde canção de 'Ça ira'".[88]

Contra esse pano de fundo colorido, fazendeiros e autoridades do governo colonial jamaicanos realizaram um esforço público para desacreditar os franceses e suas ideias entre abril e junho de 1793. As fogueiras anti-Paine constituíram a principal atração nas celebrações iguais em Lucea e Montego Bay, marcando o 11º aniversário da celebrada vitória do almirante Rodney sobre a frota francesa no Caribe durante a Revolução Americana. A persistência da ameaça francesa e sua perigosa forma atual compuseram os temas centrais da manifestação em Montego Bay: Paine foi queimado ao lado do duque de Orleans, apelidado de "Mons. Egalité" ["Senhor Igualdade"], diante de um grupo com "o maior número de pessoas já reunidas aqui".[89]

Em meados de maio, a primeira tradução oficial para o inglês da Declaração dos Direitos do Homem da Convenção Francesa chegou à primeira página do jornal mais lido da ilha. Como se fosse em resposta a esse esforço de se dirigir a um público de língua inglesa, as sucessivas queimadas de efígies de Paine na Jamaica tornaram-se mais elaboradas e voltavam-se com mais veemência contra os protestos internos. Em Savanna-la-Mar, no início de junho, a efígie de Paine balançou ameaçadoramente para frente e para trás diante do rosto de um tal Thomas Bullman, recentemente "condenado [...] por fazer uso de expressões sediciosas" e confinado em um pelourinho. A aparição de Paine nessa ocasião foi projetada para transmitir uma mensagem clara a Bullman e à multidão de espectadores interessados:

> O patife usava o chapéu vermelho (o boné característico dos jacobinos), na frente do qual estava escrito, em letras pretas, "Brissot – Marat – Roberspierre [*sic*] – Egalite" e, embaixo, "Falsa Filosofia – Massacre – Pilhagem – Fraude – Perjúrio". Em sua mão direita, segurava um papel, com as seguintes palavras como página de rosto: "Direitos do Homem, aliás Direitos de pilhagem"; sob o braço esquerdo, um velho par de espartilhos.

Enquanto uma banda tocava "Deus salve o rei", o corpo de Paine, recheado de pólvora, foi incendiado e "logo explodiu, para entretenimento de um grande número de espectadores". No mês seguinte, uma ocasião semelhante lembrou aos residentes de Kingston da origem abolicionista de Paine. Em julho de 1793, o radical inglês, cuja carreira como panfletário havia começado com tratados contra a escravidão e o tráfico, foi simbolicamente enforcado e queimado em Kingston, junto com uma efígie retratando o mais conhecido abolicionista dos seus tempos, William Wilberforce.[90]

Embora os artigos de jornal apresentem um quadro detalhado e sugestivo da estrutura desses rituais contrarrevolucionários e se refiram a "grandes" multidões, questões mais gerais permanecem sobre o papel da política popular (e antipopular) nas sociedades escravistas durante a época da revolução.

"AS IDEIAS DE LIBERDADE MERGULHARAM TÃO PROFUNDAMENTE"...

Qual foi a reação popular a esse esforço conjunto para desacreditar Paine e os revolucionários franceses? Em que medida a dinâmica das sociedades escravistas afetou ou alterou o caráter e o significado desses rituais políticos? Os negros se viam como participantes ativos na política de revolução e contrarrevolução, ou eventos como a queima de efígies simplesmente tendiam a confundi-los e ficaram periféricos às suas preocupações?

Apesar de ser quase impossível responder totalmente a essas questões cruciais, a maneira e a frequência das fogueiras contra os franceses na Jamaica e em outras ilhas britânicas sugerem que, como a efígie de Paine em Savanna--la-Mar, as discussões sobre a Revolução Francesa e sua ideologia literalmente vieram à tona em meados de 1793. E em sociedades divididas por classes e raça, as manifestações públicas da elite podem ter sido uma faca de dois gumes. Ao mesmo tempo que intimidavam e promoviam o conformismo, eles também acentuavam e enfatizavam vividamente o grande desafio que a Revolução Francesa representou para a escravidão.[91] Mesmo que escravos, negros livres e outros que testemunharam o ritual (a queima de Paine, Wilberforce e os Direitos do Homem) não tivessem acompanhado anteriormente o avanço da Revolução Francesa e sua contraparte caribenha, provavelmente acabaram com uma ideia sobre as questões em jogo, ideias opostas às intenções de seus patrocinadores. A fumaça das fogueiras da farsa teatral com as efígies mal havia se dissipado na véspera do aniversário da Tomada da Bastilha em 1793, quando as autoridades na cidade espanhola vizinha interrogaram quatro "negros franceses" recentemente capturados que estavam sendo detidos na casa de trabalho para os pobres. Fosse uma incrível coincidência ou uma declaração política reveladora, um dos prisioneiros negros se autodenominava "John Paine".[92]

Notas

[1] James Baillie para James Rogers, Richard Martin para Rogers, 14 de dezembro de 1790, Moses Myers para Rogers, 10 de janeiro de 1791, Rogers Papers.

[2] Juan Baptista Vaillant para Luis de las Casas, Cuba, 3 de julho de 1790, 22 de dezembro de 1790, 24 de dezembro de 1790, 26 de janeiro de 1791, AGI, Cuba, leg. 1434; Lucas de Galvez para o Conde Campo de Alange, Mérida Yucatán, 8 de fevereiro de 1791, AGI, Sección de Gobierno, Audiencia de México, leg. 3024.

[3] Juan Guillelmi para Pedro de Lerena, Caracas, 29 de setembro de 1790, AGI, Caracas, leg. 907.

[4] Citado em Stoddard, 1914, pp. 72-73.

[5] Las Casas para Campo de Alange, Havana, 20 de setembro de 1790, AGI, Santo Domingo, leg. 1253. As cédulas reais de 23 e 24 de setembro de 1789 e de maio de 1790 proibiam a introdução "de qualquer pessoa francesa sem exceção de classe". Ver Las Casas para Campo de Alange, Havana, 16 de novembro de 1791, AGI, Cuba, leg. 1486.

[6] Las Casas para Campo de Alange, Havana, 17 de agosto de 1790, AGI, Santo Domingo, leg. 1253.

[7] Philip Affleck para Philip Stephens, 28 de setembro de 1789, ADM 1/244, PRO.

[8] Domingo Cabello para Antonio Valdés, Havana, 25 de fevereiro de 1790, AGI, Santo Domingo, leg. 1254.

[9] Joaquín García para Antonio Porlier, Santo Domingo, 25 de julho de 1790, AGI, Santo Domingo, leg. 953; Las Casas para Porlier, Havana, 30 de julho de 1790, AGI, Santo Domingo, leg. 1253; García para Lerena, Santo Domingo, 3 de agosto de 1791, AGI, Santo Domingo, leg. 954.

[10] García para Valdés, Santo Domingo, 25 de maio de 1790, AGI, Santo Domingo, leg. 953.

[11] James, 1963, pp. 74-75.

[12] Joseph Antonio Vrizar para Porlier, Santo Domingo, 25 de novembro, 25 de dezembro de 1790, AGI, Santo Domingo, leg. 1027; Adam Williamson para Lorde Grenville, 4 de julho de 1791, C.O. 137/89, PRO.

[13] *Savanna-la-Mar Gazette*, 29 de julho, 5 de agosto de 1788; *St. George's Chronicle and New Grenada Gazette*, St. George's (Granada), 8 de outubro de 1790, em AAS.

[14] Affleck para Stephens, 14 de setembro de 1789, 12 de setembro de 1790, ADM 1/244, PRO.

[15] Williamson para Grenville, 5 de agosto de 1791, C.O. 137/89, PRO. Trocava-se tanta informação na Jamaica durante as primeiras etapas da Revolução Francesa que o comércio de Cuba em pequenas embarcações chegou a ser a fonte mais confiável de notícias na ilha espanhola sobre os acontecimentos em Saint-Domingue e Europa.

[16] *Kingston Daily Advertiser*, 12 de janeiro de 1791, AAS; Williamson para Grenville, 5 de agosto de 1791, C.O. 137/89, PRO.

[17] Armytage, 1953, pp. 36-46.

[18] Joseph, 1838, pp. 161-166. Joseph afirmou que, mesmo nos seus tempos, 40 anos após a anexação britânica de Trinidad em 1797, "o francês crioulo é mais a língua do povo daqui do que o inglês ou o espanhol".

[19] Atwood, 1791, p. 218; Joseph, 1838, pp. 166-167.

[20] Minutas do WIPM, 23 de março, 1º de abril, 6 de abril de 1790, rolo 3. Para a cédula real de 14 de abril de 1789, ver AGI, Indiferente General, leg. 2787.

[21] *St. George's Chronicle and New Grenada Gazette*, 27 de agosto, 10 de setembro, 15 de setembro de 1790.

[22] *Idem*, 20 de agosto, 22 de outubro, 29 de outubro, 11 de novembro de 1790. Para mais casos, ver *idem*, 13 de agosto, 27 de agosto e 15 de outubro de 1790.

[23] Cartas citadas em Callahan Jr., 1967, pp. 200, 201-202.

[24] Porlier para Lerena, Aranjuez, 14 de junho de 1790, AGI, Indiferente General, leg. 2787; Las Casas para Porlier, Havana, 7 de agosto, 12 de agosto de 1790, AGI, Santo Domingo, leg. 1253.

[25] Guillelmi para Lerena, Caracas, 29 de setembro de 1790, AGI, Caracas, leg. 115.

[26] Ver, por exemplo, *St. George's Chronicle and New Grenada Gazette*, 17 de setembro de 1790.

[27] *St. George's Chronicle and New Grenada Gazette*, 22 de outubro de 1790. O *Chronicle* aparecia em inglês e francês, como um jornal da Dominica, *Gallagher's Weekly Journal Extraordinary*, Roseau, Dominica. Ver o exemplar de 21 de dezembro de 1790 em C.O. 71/18

[28] Muitos exemplares dessas publicações da Martinica, Guadalupe e Santa Lúcia são preservados em C.O. 71/20, PRO.

[29] Por exemplo, o *St. George's Chronicle and New Grenada Gazette* de 15 de outubro de 1790 refere-se a um jornal francês "aristocrático" publicado na Dominica.

[30] José María Chacón para Porlier, Trinidad, 27 de janeiro de 1790, AGI, Caracas, leg. 153; Guillelmi para Valdés, Caracas, 2 de março de 1790, AGI, Caracas, leg. 115.

[31] Lémery, 1936, pp. 21-22; James Bruce para Lorde Grenville, 8 de setembro de 1789, C.O. 71/16, PRO.

[32] Para uma interpretação diferente, ver Craton, 1982, pp. 224-225.

[33] Ata do Conselho Privado, 22 de fevereiro de 1788, C.O. 71/15, PRO.

[34] Orde para Sydney, 10 de maio de 1788, 1º de setembro de 1788, C.O. 71/14, PRO; Orde para Sydney, 13 de dezembro de 1788, 22 de janeiro de 1789, C.O. 71/15, PRO.

[35] Orde para Sydney e os depoimentos anexados, 29 de maio de 1788, C.O. 71/14, PRO; "Statement of the Case of the Captain & Crew of the Schooner Union of Barbados", 31 de dezembro de 1790, C.O. 71/18, PRO.

[36] Orde para Sydney, 13 de abril de 1788, C.O. 71/14, PRO; Bruce para Grenville, 15 de abril de 1790, C.O. 71/16, PRO; Ata do Conselho Privado, 27 de março de 1790, C.O. 71/17, PRO; Orde para Grenville, 8 de janeiro de 1791, C.O. 71/18, PRO.

[37] Atwood, 1791, pp. 219-220. Segundo estimativas oficiais, esses mestiços livres representavam apenas cerca de 3% da população da ilha em 1791, em comparação com dois mil brancos (11%) e 15.400 escravos negros (86%). Ver "Return of White People, Free People of Colour & Blacks", 14 de fevereiro de 1791, C.O. 71/20, PRO.

[38] *St. George's Chronicle and New Grenada Gazette*, 16 de julho, 26 de novembro de 1790.

[39] Orde para Grenville, 8 de janeiro de 1791, C.O. 71/18, PRO.

[40] B. Blanc para Orde, 12 de janeiro de 1791, Renault Briollard para Orde, 13 de janeiro de 1791, C.O. 71/19, PRO. A ideia de que os escravos teriam dias para trabalhar em suas próprias colheitas e que seriam pagos é muito semelhante a rumores que circulavam na mesma época nas colônias de escravos da Espanha. Dado o recente episódio de Trinidad, o código escravo de 1789 pode ter influenciado essas versões. Veja o capítulo 3.

[41] Ata do Conselho Privado, 20 de janeiro de 1791, Orde para Granville, 3 de fevereiro de 1791, C.O. 71/19, PRO.

[42] Ata do Conselho Privado, 17 e 20 de janeiro de 1791, Orde para Laforcy, 20 de janeiro, 28 de janeiro de 1791, C.O. 71/19, PRO.

[43] Orde para Magistrates and Planters, 15 de janeiro de 1791, Ata do Conselho, 24 de janeiro de 1791, C.O. 71/19, PRO.

[44] Orde para President of the Council and Speaker of the Assembly, 21 de janeiro de 1791, C.O. 71/19, PRO.

[45] *The Caribbean Register, or Ancient and Original Dominica Gazette*, 26 de março de 1791, exemplar em C.O. 71/20, PRO; Ata do Conselho Privado, 29 de janeiro de 1791, C.O. 71/19, PRO.

[46] *L'Ami de la Liberté, l'Enemi de la Licence*, Port of Spain, 22 de fevereiro de 1791, exemplar em AAS. Infelizmente, esse é o único exemplar desse jornal que parece ter sobrevivido até hoje.

[47] Garrett, 1916, pp. 97-117; Edwards, 1807, vol. III, pp. 68-69; Stoddard, 1914, p. 129.

[48] Ott, 1973, pp. 47-52; James, 1963, pp. 85-90; Edwards, 1807, vol. III, p. 83.

[49] Carta citada em Deschamps, 1898, p. 84. Para as chegadas e saídas de Porto Príncipe e Les Cayes, veja *Affiches américaines*, 11 de setembro de 1790, RSD.

[50] Benjamin Bailey para Christopher Champlin, 13 de fevereiro de 1790, Samuel Lawton para Christopher e George Champlin, 18 de fevereiro de 1791, reproduzida em *Commerce of Rhode Island*, 1915, vol. II, pp. 409-410, 432-433.

[51] Citado en Las Casas para Campo de Alange, Havana, 9 de novembro de 1791, AGI, Cuba, leg. 1486. Para outros exemplos, veja as observações de Nicholas Thorndike (Salem) e William Newton (Charleston), com Las Casas para Ministro de Guerra, Havana, 8 de fevereiro de 1792, AGI, Cuba, leg. 1486; Las Casas para Campo de Alange, Havana, 7 de maio, 11 de julho de 1793, AGI, Santo Domingo, leg. 1261.

[52] Link, 1942, pp. 26-27, 95-96; "Lista de los franceses que se aprehendieron el 18 de mayo", Havana, 8 de julho de 1794, AGI, Cuba, leg. 1474. Ainda na década de 1830, algumas organizações de trabalhadores brancos continuavam a brindar à saúde de Tom Paine em seus encontros e ao "republicanismo puro" do governo haitiano. Veja Foner, 1980, p. 61.

[53] Vicomte Henri de Grimouärd, *L'Amiral de Grimouärd au Port-au-Prince d'aprés sa correspondence et son journal de bord (mars 1791-juillet 1792)*, Paris, 1937, p. 58; La Salle para Sonthonax, 24 de fevereiro [de 1793], reproduzido em Corre, 1897, pp. 148-149.

[54] "A List of all Ships & Vessels that have clear d'Outwards at the Port of Jeremie in the Island of Santo Domingo since the Commencement of the British Government 20th September to the 9th Novr. 1793", C.O. 137/92, PRO; Vrizar para Gardoqui, Santo Domingo, 25 de fevereiro de 1794, AGI, Santo Domingo, leg. 957.

[55] Terry, 1975, pp. 11-12, 38-39.

[56] P. Bond para Lorde Grenville, 2 de outubro de 1791, Foreign Office Records, class 4/vol. 11, PRO; Mary Treudley, "The United States and Santo Domingo, 1789-1866", *Journal of Race Development*, n. 7, julho de 1916, pp. 103-104; Hunt, 1975, p. 221n.

[57] Boyd, 1931, pp. 206-207; Beeman, 1972, pp. 95-96; Daniel Bedinger para Henry Bedinger, 19 de setembro de 1797, Bedinger-Dandridge Family Papers, Duke University Library.

[58] Effingham para Dundas, 7 de setembro de 1791, C.O. 137/89 PRO; William Dineley para Rogers, 10 de setembro de 1791, Rogers Papers.

[59] *Royal Gazette*, 26 de novembro de 1791.

[60] Mary Smith para William Hammet, 29 de novembro de 1791, William and Benjamin Hammet Papers, Duke University Library.

[61] Carta citada em Fuller para Dundas, 2 de janeiro de 1792, FLB.

[62] Williamson para Dundas, 18 de setembro, 6 de novembro de 1791, C.O. 137/89, PRO. Para um exemplo de canções tradicionais de Trinidad baseadas parcialmente na revolta de escravos de Saint-Domingue, ver Lowenthal, 1972, p. 45. É possível que essa canção tenha origem jamaicana. A população negra de Trinidad em 1807, ano em que um habitante da Ilha ouviu e tomou notas sobre a canção, incluía várias centenas de negros franceses enviados para lá da Jamaica depois que a Grã-Bretanha anexou a ilha em 1797.

[63] "Extract of a Letter from Jamaica dated Kingston 18th Novr. 1791", C.O. 137/89, PRO; "Extract of a Letter dated Spanish Town Jamaica 5th Novr. 1791", FLB.

[64] Effingham para Dundas, 17 de setembro de 1791, C.O. 137/89, PRO; Stephen Fuller para Dundas, 30 de outubro de 1791, FLB.

[65] Jamaica Assembly, 1811-1829, vol. IX, pp. 50, 82, 85; Williamson para Dundas, 12 de fevereiro de 1792, C.O. 137/90, PRO.

[66] Jamaica Assembly, 1811-1829, vol. IX, pp. 319, 332; *Royal Gazette*, 28 de julho de 1792.

[67] Jamaica Assembly, 1811-1829, vol. IX, pp. 319, 332; *Royal Gazette*, 28 de julho de 1792.

68 *Royal Gazette*, 25 de agosto de 1792, 13 de abril de 1793. Para outros exemplos de domésticos de Saint-Domingue que escaparam de seus senhores na Jamaica durante esse período, incluindo bilíngues (pelo menos em termos de idiomas europeus), veja *Royal Gazette*, 28 de julho, 4 de agosto, 10 de novembro de 1792, e 9 de março, 17 de agosto, 26 de setembro de 1793.

69 Affleck para Stephens, 5 de novembro de 1791, "A List of His Majesty's Ships & Vessels on the Jamaica Station, and upon what Services employed", 17 de junho de 1792, ADM 1/244, PRO.

70 No entanto, no final do ano, a Assembleia aprovou a eliminação dessas medidas, por serem muito caras e deletérias para o valoroso comércio da ilha com o exterior. Jamaica Assembly, 1811-1829, vol. IX, pp. 90, 139-140, 173.

71 Jamaica Assembly, 1811-1829, vol. IX, pp. 218, 235. Embora as datas não coincidam exatamente, uma reportagem de jornal sobre a chegada e a prisão de "um mulato, cinco negros e duas mulheres [que] chegaram aqui em um barco aberto [...] de Porto Príncipe" provavelmente se refere ao mesmo incidente relatado por Bartlett. Veja *Royal Gazette*, 31 de agosto de 1793.

72 *Royal Gazette*, 21 de abril de 1792; interrogatório a James Ball, 30 de outubro de 1794, documentos de "7 Negro Slaves"(1794), Records of the High Court of Vice-Admiralty (Kingston, Jamaica), Jamaica Archives, Spanish Town (JHCVA Papers). Veja também o caso de John McArthur, um mulato que retornou à Jamaica depois de ser vendido a um francês em Saint-Domingue, *Royal Gazette*, 1º de dezembro de 1792.

73 *Royal Gazette*, 18 de fevereiro de 1792.

74 *Idem*, 12 de maio de 1792.

75 *Idem*, 19 de maio de 1792.

76 Veja, por exemplo, o caso de Adjo, *Royal Gazette*, 1º de dezembro de 1792.

77 *Royal Gazette*, 19 de janeiro, 9 de fevereiro, 13 de abril de 1793.

78 *Idem*, 19 de maio de 1792, 3 de agosto de 1793.

79 "Extract of a Letter from Jamaica", datada Kingston 18 de novembro de 1791, C.O. 137/89, PRO.

80 *Morning Chronicle*, Londres, 2 de fevereiro de 1792, exemplar em FLB; Williamson para Dundas, 27 de novembro de 1791, C.O. 137/90, PRO; Smith para Hammet, 29 de novembro de 1791, Hammet Papers.

81 Geggus, 1981, pp. 219-221.

82 Todos os exemplos são retirados de "Minutes of the proceedings of the Committee of Secrecy and Safety in the Parish of St. James's, Jamaica", C.O. 137/90, PRO.

83 Além de "Minutes" (*idem*), veja a carta de Winn em *Morning Chronicle*, Londres, 2 de fevereiro de 1792, FLB. As reclamações francesas de que os espanhóis auxiliavam os escravos rebeldes aumentaram a animosidade contra os espanhóis na Jamaica. Ver *Royal Gazette*, 7 de abril de 1792.

84 "Minutes [...] of the Committee of Secrecy and Safety", C.O. 137/90, PRO. A carta de acompanhamento de Winn indica que a paróquia de Hanover havia tomado medidas semelhantes contra os residentes espanhóis. Mas em 1793 "sete oitavos" dos 80 estrangeiros que cumpriram a ordem de registro em Montego Bay eram espanhóis. Veja *Royal Gazette*, 27 de abril de 1793.

85 "Minutes [...] of the Committee of Secrecy and Safety", C.O. 137/90, PRO.

86 *Royal Gazette*, 2 de fevereiro, 9 de março de 1793.

87 *Idem*, 30 de março, 6 de abril, 13 de abril de 1793.

88 *Idem*, 20 de abril, 27 de abril de 1793.

89 *Idem, ibidem.*

90 *Idem*, 8 de junho de 1793; [Falconbridge], 1802, p. 234.

91 E. P. Thompson aponta que na Inglaterra "cada fogueira sob a efígie de Paine serviu para iluminar as diferenças entre a Constituição da nobreza e os Direitos do povo, mesmo que não fosse essa a sua intenção". Pelo menos um dos seguidores ingleses de Paine achou que a queima de efígies era "melhor para a causa do que os argumentos mais substanciais", e ele a creditou por inflamar "o espírito de investigação que se espalhou; dificilmente há uma velha que não esteja falando de política". Thompson, 1964, pp. 113, 122.

92 *Royal Gazette*, 13 de julho de 1793. Esse Paine negro foi o único dos palestrantes franceses a quem se atribuiu um sobrenome. O "número de marcas no seu peito" sugere que ele havia sido uma "propriedade" que deu trabalho aos vários senhores.

5

"Conheçam seus verdadeiros interesses": Saint-Domingue e as Américas, 1793-1800

Enquanto John Paine permanecia confinado em uma prisão na Jamaica, em outros lugares do Caribe os afro-americanos estavam aprendendo sobre e reagindo de forma positiva às políticas e ideias da Revolução Francesa, mesmo quando seus governos se opunham fortemente aos seus ideais. No início de 1794, o governador de Havana, Luis de las Casas, podia ver que a guerra de oito meses contra os franceses envolvia uma disputa por corações e mentes tanto quanto um conflito militar. Em comparação com os oponentes de conflitos anteriores, observou ele, os atuais inimigos dos espanhóis eram "menos temidos por suas armas do que por suas palavras e pelo contágio do espírito de sedição e anarquia que buscam inspirar".[1]

Durante quase quatro anos, Las Casas testemunhou uma série de medidas destinadas a diminuir o "contágio" do republicanismo francês. No início, as colônias espanholas tentaram se proteger simplesmente ficando fora dos assuntos dos franceses. Em novembro de 1791, quando as primeiras notícias sobre a rebelião de escravos em Hispaniola chegaram aos ministros na Espanha, eles pediram às autoridades coloniais que exercessem "neutralidade absoluta" no conflito. Essa política, é claro, contrariava toda a lógica de interação regional que passara a caracterizar a vida no Caribe. Desde aquela época, os acontecimentos forçaram as autoridades espanholas a adotar uma postura mais ativa, ainda que instável. Em vários momentos desde a revolta de Saint-Domingue, os governadores cubanos recusaram o assentamento de colonos franceses brancos; admitiram colonos franceses, mas proibiram que trouxessem escravos; expulsaram colonos franceses depois que se estabeleceram; fizeram esforços para manter fora da ilha livros e outros materiais impressos que faziam alusão à política francesa; e proibiram que navios e comerciantes franceses desembarcassem escravos africanos na ilha.[2]

Apesar desses esforços, nos últimos meses o grande apelo das ideias e do exemplo da Revolução Francesa foi demonstrado repetidamente em Cuba e em todo o Caribe espanhol, onde alguns moradores pareciam tão ansiosos para importar a revolução quanto os franceses estavam para exportá-la. Em Nova Orleans em 1793, assim como em Caracas um ano depois, boticários, capitães de navios e oficiais da milícia estavam entre os envolvidos em conspirações locais para traduzir e fazer circular um panfleto da Convenção Nacional conclamando "cidadãos de todas as nações" a resistir "aos tiranos unidos contra a República Francesa". Todos estavam ativos na "adoção e celebração das máximas francesas".[3]

Grande parte da inspiração para esse tipo de atividade veio diretamente de Saint-Domingue. No final de 1793, comerciantes de Santiago de Cuba denunciaram um morador francês de longa data daquela cidade como uma fonte importante de informações locais do Cap Français. Esse notório contrabandista não só se comunicava regularmente com membros radicais da Assembleia Colonial na colônia francesa como também fazia uso das "máximas detestáveis" dos franceses para incentivar seus amigos a resistir ao jugo espanhol. Em outras partes do império espanhol, contrabandistas francófonos com ideias semelhantes planejavam usar o Cap como base de operações para um ataque ao porto de Vera Cruz, na Nova Espanha.[4]

Se a revolução de Saint-Domingue inspirou comerciantes descontentes a montar suas próprias rebeliões, a situação na colônia francesa foi um exemplo ainda maior para os escravos. Em 1794, o progresso do abolicionismo francês foi foco das atenções tanto dos escravos quanto dos defensores do sistema escravista. Nos dois anos e meio que se seguiram à eclosão da rebelião de escravos na colônia francesa, os radicais do governo francês gradualmente orientaram a política metropolitana para a ideia de emancipar os escravos como forma de restaurar a ordem nas colônias e defendê-las contra os desígnios britânicos e franceses. Já em 1792, quando um jacobino chamado Leger Felicité Sonthonax e dois outros comissários civis chegaram para assumir as rédeas do governo em Saint-Domingue, surgiram rumores em Cuba e em outros lugares de que sua verdadeira missão incluía colocar Saint-Domingue sob o comando das pessoas de cor, libertar os escravos e desencadear uma reação em cadeia de violentas revoltas de escravos que se espalhariam por todo o Novo Mundo.[5] No final de junho de 1793, uma pequena canoa que transportava vários prisioneiros de guerra britânicos que haviam acabado de escapar do Cap desembarcou perto de Baracoa, no leste de Cuba, com notícias alarmantes que confirmaram a apreensão dos fazendeiros e oficiais espanhóis vizinhos: não apenas os rebeldes negros tinham tomado o Cap Français, mas o notório Sonthonax, o comissário responsável pelo distrito norte, tinha libertado os escravos que se uniam à causa dos franceses contra a Espanha e a Inglaterra. Assim como os espanhóis em Cuba, os britânicos na Jamaica agora estavam atentos a um possível desembarque de "um grupo de mulatos e negros [...] em diferentes partes do norte da ilha, para tentar estimular os escravos a se rebelarem".[6]

A partir do final de junho de 1793, milhares de pessoas que fugiam da rebelião em Saint-Domingue embarcaram em navios norte-americanos e outras embarcações com destino a portos em toda a América, onde narraram os eventos que levaram à vitória rebelde no Cap. Somente na manhã de 22 de junho partiram dez mil emigrantes.[7] Esse êxodo em massa não se limitou de forma alguma aos brancos. Um oficial francês que testemunhou a agitação e a confusão quando uma onda de emigrantes embarcou em navios no porto comentou sobre "a quantidade de brancos, amarelos e negros que aproveitou essa pequena flotilha para deixar o Cap".[8] Assim como a Jamaica, Cuba recebeu sua parcela de imigrantes franceses, com muitos dos recém-chegados se reunindo na jurisdição de Las Casas na área de Havana.[9]

Se a presença de refugiados franceses em Cuba e em outros lugares não garantiu a difusão de ideias de liberdade e igualdade, os eventos políticos que estavam ocorrendo logo apresentariam novos desafios. Mesmo enquanto Las Casas registrava suas observações, a Convenção em Paris elaborava um decreto histórico que ratificava a ordem de Sonthonax e punha fim à escravidão nos domínios franceses. Ao tomar conhecimento em Londres da declaração aberta da Convenção sobre a causa abolicionista, Stephen Fuller expressou uma preocupação que acabaria atravessando o Atlântico, chamando o decreto de "o pior golpe político que os franceses deram desde a Revolução" e perguntando se os negros escravizados que viviam em áreas adjacentes aos territórios franceses "suportariam a continuidade da escravidão, quando em uma ilha vizinha [...] todos os negros são livres?".[10] No ano seguinte, enquanto os fazendeiros das ilhas recorriam a medidas repressivas para garantir que os escravos não seguissem o exemplo de Saint-Domingue, reformadores britânicos e espanhóis responderam ao desafio do exemplo francês propondo "modificações" em seus sistemas de trabalho escravo "de modo a evitar qualquer revolta violenta da parte [dos escravos] para reivindicar sua independência".[11]

Quando Las Casas falou em fevereiro de 1794, notícias sobre a ação da Convenção ainda não haviam chegado às Américas. Entretanto, os acontecimentos recentes no Caribe tinham energizado a cultura de expectativa e antecipação entre os escravos. O governador espanhol já podia informar que, entre os escravos de seu distrito, "está muito difundido o boato de que os franceses desejam que não haja escravos e os tornarão livres".[12]

***

Como a colônia espanhola ficava ao lado da francesa em Hispaniola, as autoridades espanholas tinham um ponto de vista único para observar os acontecimentos em Saint-Domingue. Os espanhóis não apenas monitoraram o progresso da rebelião negra nas paróquias do norte de Saint-Domingue antes de 1794, mas também observaram de perto o movimento de pessoas e ideias durante essa fase crucial da revolução. Durante esse período, as autoridades espanholas testemunharam e registraram as primeiras comunicações de oficiais e rebeldes negros em Saint-Domingue com negros de fora da colônia francesa sobre o fim da escravidão.

No final de 1792, a agitação dos escravos e os esforços do exército francês para restabelecer a ordem haviam se deslocado constantemente para o oeste a partir do Cap Français, alcançando as cidades de Fort Dauphin, Ouanaminthe e Vallières, todas situadas a curta distância do território espanhol. As vitórias francesas e as retiradas dos rebeldes aproximaram cada vez mais a frente de batalha, expondo as patrulhas de fronteira ao deslocamento causado pela revolução. As mudanças nas circunstâncias da guerra complicavam a política espanhola. Por exemplo, refugiados com lealdades políticas duvidosas fugiram das áreas de batalha na zona francesa e buscaram proteção na fronteira. Os documentos espanhóis descrevem muitos desses refugiados como mulatos que fugiam "da fúria dos negros rebeldes", mas também incluem entre eles rebeldes negros que escapavam dos avanços do exército francês e escravos fugitivos das *plantations* francesas.[13]

Do ponto de vista da política espanhola em relação a Saint-Domingue, o grupo de refugiados mais importante – e mais problemático – que buscava a segurança da colônia espanhola incluía Jean-François, Biassou, Toussaint Louverture e outros líderes da rebelião negra que, como Ogé em 1790, procuraram os espanhóis em busca de ajuda na batalha contra os franceses. No final de 1793, esses rebeldes e as tropas sob seu comando concordaram em lutar sob a bandeira espanhola em troca de proteção e apoio. Em grande parte por meio dessas forças "auxiliares", os espanhóis fizeram incursões em Saint-Domingue na esperança de trazer a colônia para a órbita espanhola. O primeiro sucesso espanhol nesse esforço para ocupar Saint-Domingue ocorreu na cidade de Fort Dauphin, um porto pequeno mas estrategicamente vital, cujos fazendeiros franceses cederam para o almirante espanhol em janeiro de 1794.[14]

Uma vez dentro de Saint-Domingue, os espanhóis herdaram uma série de problemas, entre eles uma grave escassez de provisões e a resistência de habitantes rebeldes que se recusavam a desistir de suas práticas ou aspirações republicanas. As forças de ocupação encontraram considerável resistência ao tentar impor um novo conjunto de leis aos habitantes das cidades francesas. Logo após sua chegada ao Fort Dauphin, as autoridades espanholas recolheram todos os cartazes e panfletos da Convenção e proibiram o uso da cocarda tricolor. Elas também impuseram controles rígidos sobre as atividades das prensas, proibiram reuniões independentes e fecharam o porto para a imigração francesa.[15] Ao aplicar essas regras, os espanhóis logo descobriram até que ponto as ideias e os rituais associados à Revolução Francesa haviam se consolidado entre as várias classes sociais da colônia. Por praticarem tais atividades, centenas de franceses residentes em Fort Dauphin sofreram o mesmo destino de John Paine. Sem serem prisioneiros de guerra no sentido tradicional, esses infelizes são mais precisamente descritos como prisioneiros políticos ou ideológicos, considerados perigosos e condenados à prisão por suas ideias.

Um grupo de 110 prisioneiros reunidos em Fort Dauphin e enviados para Havana em maio de 1794 consistia inteiramente de indivíduos cujas expressões e ações recentes contra a presença contrarrevolucionária espanhola eram informadas pelo espírito e pela linguagem do republicanismo. No topo da lista estavam os infames irmãos Flores, Luis e Rafael, que as autoridades descreveram como "judeus que prometeram restabelecer a República" depois de arquitetar a expulsão dos espanhóis. Os prisioneiros brancos também incluíam "republicanos radicais" que "denunciavam todos os monarquistas", como o líder do clube jacobino da cidade e um tal de Menier, que "há menos de três dias brindou à saúde da República Francesa" em uma taverna local.[16]

As pessoas de cor, entretanto, constituíam a maioria dos prisioneiros. Esses republicanos mulatos e negros celebraram ativamente as ideias de liberdade e igualdade e resistiram à autoridade espanhola. O contexto de sua oposição é significativo. No Cap Français e em Fort Dauphin, assim como em outras cidades de Saint-Domingue após a primavera de 1793, a fuga de um grande número de colonos brancos e suas famílias deixou aos que ficaram uma liberdade de ação sem precedentes. Em setembro, observadores em Santo Domingo receberam relatos – talvez exagerados – de que não restavam mais de 500 brancos no Cap Français, que todos os brancos que não haviam fugido de Porto Príncipe foram presos como monarquistas e que Fort Dauphin era "controlado por mulatos e alguns negros domésticos".[17] Nas primeiras semanas da ocupação espanhola, apesar das garantias oficiais de que as pessoas de cor livres manteriam seus direitos concedidos pela Convenção, muitos dos moradores negros e pardos da cidade pareciam determinados a reconquistar sua elusiva liberdade do controle branco. Vários dos mulatos presos pelas autoridades espanholas eram supostos seguidores de Marco Antônio e Nicoló, que também foram detidos, esse último por ter "realizado reuniões de pessoas de cor em sua casa à noite". Adaptando a ideologia igualitária da Revolução Francesa à política racial do Caribe, um "negro livre" chamado Delrrival declarou-se publicamente "inimigo [...] de todos os brancos", mas um "bom republicano". Outros foram presos por terem levado sua resistência à invasão espanhola ao ponto de pegar em armas. Nas semanas seguintes, os barcos com prisioneiros políticos enviados de Saint-Domingue para Cuba por várias formas de "má conduta" incluíam escravos, negros e pardos livres e homens brancos, soldados e civis acusados de "crimes" como a tentativa de levantar uma rebelião e "manter comunicações e correspondência com nossos inimigos". Ao deter esses personagens perigosos "em um lugar seguro, em confinamento e sem comunicação", o governador Las Casas esperava impedir que suas ideias se espalhassem por Cuba.[18]

Como os espanhóis em Hispaniola já sabiam muito bem, a mobilidade das ideias e imagens originadas nas áreas controladas pelos rebeldes em Saint-Domingue justificava essa preocupação. Mesmo antes da tomada do Cap pelos escravos rebeldes ou da ocupação espanhola do Forte Dauphin, as tropas armadas e a milícia passavam "boa parte" de seu tempo perseguindo "negros e outros, não apenas escravos fugitivos, mas uma multidão de vagabundos, sem ofício ou ocupação" que, "encorajados pelo exemplo dos franceses", vagavam entre o território francês e o espanhol, roubando as *plantations* e criando "outras confusões".[19] Os membros desses bandos itinerantes às vezes se mostravam fontes valiosas de informação para as autoridades espanholas, e, portanto, as autoridades pensavam que eles poderiam prestar o mesmo serviço a escravos não tão móveis. Um rebelde capturado em território francês revelou-se um escravo fugitivo de longa data de uma *plantation* do lado espanhol, e foi levado sob forte guarda para ser interrogado na capital.[20]

Entre 1793 e 1794, esse movimento descontrolado tornou-se mais intencional, e os espanhóis passaram a depender cada vez mais dos negros como fornecedores de informações sobre assuntos relacionados à colônia francesa. Quando as tropas auxiliares se tornaram o foco de um esforço determinado de recrutamento francês nos meses após a tomada do Cap, os líderes desses batalhões negros agiram de fato como os olhos e ouvidos dos espanhóis em Santo Domingo. Essa dependência em questões de comunicação reforçou um sentimento de inquietação entre os espanhóis no final de 1793. Além disso, os acontecimentos do outro lado da fronteira e o conteúdo das mensagens transmitidas do Cap testavam constantemente a lealdade de seus aliados negros. Por exemplo, foi claramente planejado que as tropas auxiliares acampadas perto da fronteira fossem as primeiras a receber cópias da histórica proclamação de Sonthonax de 29 de agosto de 1793. Esse documento afirmava a liberdade dos escravos e traçava as diretrizes para a transição do trabalho escravo para o trabalho livre na colônia francesa. Somente depois que um dos generais negros passou o documento para o governador García é que as autoridades espanholas viram a proclamação pela primeira vez.[21]

Os franceses usaram mais do que proclamações públicas para se comunicar e recrutar as tropas auxiliares. No mesmo mês, mensageiros do Cap Français com cartas de Pierrot, um liberto que agora comandava sua própria unidade, penetraram no acampamento de Jean-François para incentivá-lo a abandonar os espanhóis e se juntar ao lado republicano. As cartas de Pierrot explicavam que a vida dos negros e das pessoas de cor no Cap havia mudado consideravelmente nas últimas semanas. "Nenhuma pessoa branca" permaneceu no poder na maior cidade de Saint-Domingue, revelou ele. "As pessoas de cor estão no controle". De acordo com as autoridades que viram suas comunicações escritas, Pierrot pintou "um quadro grandioso" de solidariedade racial na luta comum contra a escravidão e a opressão, conclamando todos os negros da ilha a deixarem de lado as diferenças políticas atuais e "se unirem como irmãos" sob a bandeira francesa contra as forças pró-escravidão.[22] Logo, outros líderes dos auxiliares revelaram que eles também tinham recebido tais mensagens do outro lado da fronteira. Para não ficar para trás, Biassou reconheceu, no final de 1793, que uma "profusão" de material escrito pelos republicanos estava circulando entre seus subordinados. Além disso, ele recebeu pessoalmente várias "delegações da República". Em negrito, os apelos a Biassou e suas tropas conclamavam aos leitores: "abram os olhos e conheçam seus verdadeiros interesses" – pediam que abandonassem os espanhóis pró-escravidão em favor dos franceses abolicionistas. Assim como Jean-François, Biassou também foi recrutado com propostas de alianças militares e novos sistemas de agricultura que protegiam os direitos dos trabalhadores.[23]

Sob essa pressão política constante, as tropas seguiram caminhos distintos em algum momento da primavera seguinte. Enquanto Jean-François e Biassou continuaram a resistir aos apelos franceses para que retornassem ao grupo, Toussaint Louverture, depois de saber do decreto de Paris de fevereiro de 1794 que proibia a escravidão nas colônias francesas, abruptamente decidiu aliar--se com os franceses. Como a brilhante liderança que Toussaint demonstrou a serviço dos franceses após 1794 alterou todo o curso dos acontecimentos no Caribe, sua controversa "deserção" marca o principal ponto de virada na Revolução Haitiana.[24] Além de Toussaint, outros rebeldes se aliaram aos franceses devido ao decreto de emancipação. Em 1795, um oficial espanhol de Santo Domingo confessou que a abolição da escravidão pela Convenção Francesa "havia mudado a opinião de muitos negros que costumavam ficar do nosso lado" contra os franceses.[25] Mas o apelo dos revolucionários haitianos, essa imagem atraente de Saint-Domingue como um epicentro do abolicionismo e autodeterminação negra no hemisfério, atingiu um público mais amplo do que simplesmente os negros franceses na parte espanhola de Hispaniola. As notícias dos eventos decisivos de 1793 logo fizeram da revolução em Saint-Domingue um objeto de identificação para os afro-americanos em todo o Novo Mundo.

***

Em um período de um mês na primavera de 1795 as autoridades espanholas em duas regiões muito diferentes na borda externa da bacia do Caribe descobriram e reprimiram grandes conspirações contra seus governos. No oeste da Venezuela, um grupo de escravos armados, identificados como negros livres, mulatos e *zambos* (pessoas de ascendência indígena e africana), sob a liderança de um escravo fugitivo da vizinha Curaçau, desceu do altiplano próximo a Coro em uma tentativa de tomar a cidade costeira e estabelecer uma "república" multirracial livre do domínio espanhol. Ao mesmo tempo, as autoridades da Louisiana estavam realizando audiências para desvendar os detalhes de uma conspiração de escravos francófonos que trabalhavam em uma *plantation* na paróquia predominantemente negra de Pointe Coupee, uma área isolada nos arredores de Nova Orleans. Embora fatores locais tenham determinado a natureza e o caráter das conspirações de Coro e Pointe Coupee, o momento em que ocorreram não foi mera coincidência. Em 1795, meia década de agitação relacionada à Revolução Francesa havia afetado muito as duas regiões, assim como a notícia da emancipação dos escravos em Saint-Domingue. Ilustrando de forma dramática as tensões que ambas as revoluções francesas exerceram sobre os territórios hispano-americanos em meados da década de 1790, esses pontos de conflito também revelam o poder, a extensão e algumas das vias de comunicação regional do período revolucionário.[26]

Inicialmente, a reação oficial da capitania-geral de Caracas ao desafio da Revolução Francesa não diferiu muito da do restante da América espanhola, e as autoridades seguiram a mesma série de medidas defensivas que as autoridades cubanas depois de 1789. Elas proibiram estritamente o assentamento de todos os possíveis simpatizantes franceses, incluindo escravos estrangeiros e negros livres; baniram todo material impresso sobre as revoluções na Europa ou na América; e procuraram nas cargas que chegavam outras expressões da cultura material da era revolucionária – moedas, relógios, joias, medalhões e outros artigos. Mas as muitas conexões que ligavam essas províncias costeiras ao resto do Caribe provaram ser impossíveis de romper, e a influência francesa escapou das defesas espanholas de várias maneiras. Os emigrados da Martinica e de Guadalupe viajaram para o continente via Trinidad, e os navios franceses de Hispaniola, que haviam se acostumado a trocar escravos por cavalos e outros animais de criação sob as disposições do comércio livre, continuaram a chegar aos portos de La Guaira e Puerto Cabello muito tempo depois de os espanhóis terem proibido esse comércio. Por fim, o envolvimento cada vez maior de outras colônias espanholas nos assuntos de Saint-Domingue prejudicou a capacidade dos venezuelanos de adotar uma postura neutra. As autoridades das sociedades escravagistas espanholas localizadas mais perto de Saint-Domingue esperavam plenamente que os venezuelanos se identificassem com seus problemas após 1791 e contribuíssem com o esforço para conter a disseminação da rebelião dos escravos. Quando os residentes de Santo Domingo ficaram com medo de uma invasão francesa iminente em 1793, pediram ajuda às autoridades de Caracas.[27]

Os residentes da Venezuela estavam, portanto, bem cientes dos acontecimentos políticos na Europa e de suas repercussões na América em 1793. Mas a invasão espanhola de Saint-Domingue colocou Caracas e as outras províncias costeiras que compunham a colônia em contato direto, repentino e inesperado com a revolução na colônia francesa. Sobrecarregado com o número de prisioneiros capturados nas campanhas de Ouanaminthe e Dondon – mais de mil – e sem um lugar para mantê-los em segurança, García, o governador de Santo Domingo, decidiu, em agosto de 1793, enviar boa parte deles para Caracas. No final do ano, centenas de prisioneiros de guerra e prisioneiros políticos franceses começaram a chegar a La Guaira, o porto que servia a capital. Cerca de 538 prisioneiros chegaram no final de agosto. Como os prisioneiros reunidos em Fort Dauphin e enviados a Cuba no ano seguinte, esses indivíduos eram "em sua maioria patriotas revolucionários, leais ao novo governo da chamada República da França", de acordo com García. Mal passara a agitação com sua chegada quando outro carregamento de 422 presos, mais da metade deles negros, chegou a La Guaira. García descreveu os prisioneiros negros em termos igualmente cautelosos; alguns haviam sido "levados com armas nas mãos" e outros eram fugitivos "de longa data, cujos espíritos rebeldes e conduta durante quatro anos de liberdade" os tornaram problemáticos demais para permanecer em Hispaniola.[28]

Desde a chegada desses barcos com convidados indesejados até a primavera de 1795, as autoridades da capital lutaram com as difíceis questões de como conter fisicamente esses prisioneiros e impedir que suas ideias se espalhassem pela colônia. Ambos os objetivos se provaram difíceis. Como as instalações existentes em La Guaira não poderiam acomodar um número tão grande de pessoas, as autoridades transferiram alguns dos prisioneiros para Puerto Cabello, um centro litorâneo a dois dias de navegação a oeste de La Guaira, transportaram alguns para Caracas, a aproximadamente 30 quilômetros de distância, e confinaram os negros em uma prisão improvisada – o porão de uma adega – em La Guaira.

Apenas dois meses após a chegada dos prisioneiros franceses, as autoridades espanholas em Caracas se uniram, determinadas a livrar a província de sua "conduta irreligiosa" e "máximas sediciosas". Relatórios oficiais citaram vários acontecimentos recentes e alarmantes em Caracas, La Guaira e outras partes da Venezuela. Os franceses haviam colocado em circulação em Caracas moedas de prata com "inscrições que denegriam a autoridade real". Os oficiais franceses e outras pessoas em liberdade se recusavam a assistir à missa, e os que assistiam corajosamente davam as costas ao altar e, de outras formas, desrespeitavam a autoridade da Igreja. Além disso, os simpatizantes franceses vagavam livremente tanto pelo campo quanto pelas cidades. Pelo menos um homem francês viajou de Caracas até Coro, onde as autoridades o acusaram de espalhar a sedição e o prenderam.[29]

O enorme interesse que os escravos e as pessoas de cor livres demonstravam tanto pelos prisioneiros quanto pelo que eles representavam constituía o sinal mais ameaçador de problemas. Embora não haja relatos de que algum dos prisioneiros rebeldes negros tenha escapado em algum momento, a própria presença deles, juntamente com os atos públicos dramáticos dos franceses brancos, despertou esse interesse. No outono de 1793, dois escravos que trabalhavam em uma padaria em La Guaira, onde os negros franceses sofriam em sua prisão-adega, falaram que "dentro de um ano estariam livres como os negros de Guarico" e que "se livrariam do jugo dos espanhóis assim como os de Guarico haviam se livrado do dos franceses". Observadores em La Guaira e em outras cidades relataram que escravos e negros livres antes confiáveis agora os desafiavam abertamente com ideias de igualdade e abolição associadas aos franceses.[30]

Por quase dois anos, mesmo depois que as autoridades de Caracas esvaziaram as prisões de franceses brancos que foram enviados para a Europa e outros lugares, o problema do que fazer com os prisioneiros negros permaneceu. Sua presença contínua se tornou um simbolismo ameaçador para os brancos, pois continuavam a surgir evidências de que as pessoas de cor da colônia queriam ter acesso a informações sobre os acontecimentos no mundo francês. No início de 1795, as autoridades descobriram que os negros e pardos livres de Caracas estavam discutindo abertamente ideias igualitárias. Juan Bautista Olivares, um negro livre, assegurou a um dos mulatos da cidade que os mansos herdariam a terra, uma visão apoiada por um sermão impresso em posse de Olivares, atribuído ao arcebispo de Paris. As autoridades consideraram esse sermão, que Olivares aparentemente havia lido e explicado a negros e mulatos em Caracas em várias ocasiões, "repleto do que há de mais detestável em termos de liberdade e igualdade". Outras evidências da "chama da insubordinação" também ressurgiram no corpo da milícia mulata da cidade. Em resposta, as autoridades reuniram e deportaram um pequeno número de franceses, prenderam Olivares e o enviaram para a Espanha, onde ele foi parar em uma prisão de Cádiz "sem comunicação". Por fim, eles proibiram o uso de foguetes em Caracas, observando com preocupação que eles iluminavam o céu à noite "a qualquer hora" e poderiam muito bem sinalizar "reuniões perigosas" envolvendo franceses sem mestres e "o grupo mais numeroso dessas províncias", as pessoas de cor.[31]

***

Fatores geográficos dificultaram os esforços espanhóis para livrar a Venezuela da influência dos franceses e das revoluções em seus territórios. Mesmo que todos os republicanos "perigosos" pudessem ser expulsos da colônia, sua proximidade com Saint-Domingue e outras colônias francesas e seu extenso litoral desprotegido serviam para trazer essas revoluções para mais perto. Em termos de tempo de navegação, um navio da costa sul de Hispaniola tinha acesso mais fácil a muitas das cidades costeiras da Venezuela do que essas cidades tinham entre si. Um navio mercante de tonelagem média poderia viajar de Santo Domingo a La Guaira e retornar em 15 dias de navegação, com ventos e correntes predominantes do leste durante cada trecho da viagem. As viagens de ida e volta entre La Guaira e Maracaibo ou Trinidad, por outro lado, exigiam pelo menos um mês no mar, pois a viagem para o leste envolvia navegar constantemente contra o vento ao longo do litoral.[32]

A partir de 1793, corsários franceses armados que operavam em Saint Domingue fizeram visitas não autorizadas às colônias espanholas em toda a região e não ignoraram a vulnerável costa da Venezuela. Em 1795, essas embarcações representavam uma ameaça à navegação transatlântica e costeira e, com frequência, desembarcavam suas tripulações republicanas, que incluíam vários mulatos e negros libertos. Desde o início do século XVIII, a política francesa apoiava o emprego de negros como marinheiros em tempos de guerra, mas nunca a presença de negros no mar havia sido tão importante quanto foi nessa guerra revolucionária. Na década de 1790, as listas de tripulação dos corsários franceses geralmente registravam um grande número de marinheiros negros, e referências a negros a bordo dessas embarcações aparecem em documentos britânicos e espanhóis. Um "corsário republicano" notoriamente ameaçador chegou a ter um capitão pardo, e, sem dúvida, outros oficiais negros e pardos capitaneavam suas próprias embarcações.[33]

Assim como aqueles equipados por seus rivais, esses corsários atacavam todos os tipos de embarcações inimigas, mas muitas vezes suas ações violentas no mar refletiam a oposição da França à escravidão nas colônias. Os corsários franceses que operavam entre Cuba e Jamaica, por exemplo, tratavam os navios espanhóis que transportavam escravos de forma especialmente severa. Em um caso, um navio francês apreendeu um navio espanhol que se dirigia a Bayamo, no leste de Cuba, com uma carga de 68 africanos da Jamaica para venda. Depois de libertar os escravos, a tripulação francesa jogou os marinheiros capturados ao mar só por garantia.[34] Além disso, as autoridades espanholas acusaram os marinheiros franceses de criar todo tipo de problema em terra, desde a invasão de *plantations* para obter provisões e gado até o sequestro de escravos. Mas o governador de Trinidad, Chacon, que relatou em 1796 que a maioria dos membros das tripulações francesas que desembarcaram em sua ilha eram "mulatos e negros, muitos dos quais foram escravos", ofereceu uma visão mais sutil das atividades das tripulações de cor dos corsários republicanos. Ele observou que a presença deles tinha um efeito profundo sobre os escravos. Inevitavelmente, escreveu Chacon, os escravos locais entraram em contato com esses marinheiros franceses recém-libertados, e "suas conversas e discussões, embora pouco sofisticadas, não são tão ineficazes em perverter as ideias de nossos [escravos]". As ações dos escravos forneceram algumas evidências do conteúdo dessas conversas. Chacon havia observado anteriormente que as vítimas negras dos "sequestradores" franceses em Trinidad eram escravos que intencionalmente direcionaram suas canoas para os corsários, onde sabiam que seriam "recebidos e protegidos".[35]

Os corsários franceses que navegavam perto da Venezuela afetaram o clima político da colônia em meados da década de 1790. Quando esses navios entravam e saíam dos portos sem serem detectados, os residentes locais tinham acesso aos membros da tripulação e às suas ideias e experiências. Ocasionalmente, os marinheiros franceses conseguiam recrutar alguns dos habitantes locais para servir a bordo de seus navios. Ao visitar a Venezuela em 1799, Alexander von Humboldt e seu grupo tiveram um confronto violento com um ex-membro da tripulação de um corsário de Saint-Domingue, um *"zambo"* nativo de uma aldeia indígena perto de Maracaibo, cujo capitão tinha abandonado em Cumaná após uma briga no mar. No entanto, mesmo quando não chegavam à terra, as embarcações francesas mantinham uma espécie de correspondência de segunda mão com o litoral. Por meio de seu contato com navios dinamarqueses e outros navios neutros que entravam e saíam dos portos venezuelanos, um corsário francês capturado perto da costa em fevereiro de 1795 reunia "notícias atualizadas de tudo o que ocorria [...] na capital". Presumivelmente, as informações também fluíam na outra direção.[36]

A presença de corsários franceses na costa desprotegida de Coro em 1795 encorajava os rebeldes dessa cidade em seus esforços para organizar uma rebelião em massa contra o governo espanhol. Os líderes da revolta convenceram os possíveis seguidores de que os franceses apoiariam essa ação, e a aparição de navios franceses "permitiu que eles falassem com mais autoconfiança e investigassem" mais a fundo a possibilidade de uma revolta bem-sucedida.[37]

Além da visão estimulante dos corsários franceses, um fator igualmente importante que ligava as ações dos rebeldes de Coro ao mundo revolucionário do Grande Caribe era a conexão histórica da cidade com a colônia holandesa de Curaçau, uma pequena ilha localizada ao sudeste de Hispaniola e situada a menos de 50 milhas (80,4 quilômetros) da costa sul-americana. Durante anos, as autoridades de Caracas apontaram a proximidade de Curaçau com a Venezuela como o principal fator determinante do volume do comércio de contrabando na colônia espanhola. Em 1790, o governador de Caracas, Juan Guillelmi, via Coro como pouco mais do que "uma base avançada de colônias estrangeiras, especialmente a ilha de Curaçau, que está ao seu alcance".[38] Curaçau não apenas oferecia uma base ideal a partir da qual navios e tripulações estrangeiras poderiam penetrar no fechado mercado espanhol, mas seu acesso a partir do continente tornou a ilha holandesa um porto seguro conveniente para foragidos espanhóis que escapavam da justiça venezuelana e para escravos fugitivos. Da mesma forma, centenas de escravos de Curaçau se deslocaram na direção oposta e se estabeleceram como pessoas livres em Coro e em seu interior. Na época da revolta de Coro, esses fugitivos viviam em assentamentos bem estabelecidos tanto na cidade quanto nos altiplanos ao seu redor, e até desenvolveram o que as autoridades espanholas chamaram de "economia e corpo político autônomos formidáveis" com conselhos municipais locais inspirados nos *cabildos* (conselhos) espanhóis que regulavam os assuntos nas aldeias das montanhas.[39] Além de oferecer um santuário para os fugitivos do exterior, a composição demográfica dessa região da Venezuela reforçava a perspectiva autônoma de seus habitantes. Na época da revolta, os negros e pardos livres, nascidos localmente e também imigrantes, representavam 44% da população do distrito. Os brancos constituíam 14% dos residentes, e os escravos negros cerca de 12%.[40]

Apropriadamente, a liderança da rebelião de 1795 incluiu tanto um fugitivo de fora da Venezuela quanto um nativo de Coro. José Caridad González, a principal figura da insurreição, pertencia ao grande contingente de migrantes de Curaçau. Ele organizou essas comunidades em torno das reivindicações locais, especialmente a oposição à recente imposição da *alcabala* (imposto sobre vendas) pelo governo espanhol. Mas, além de enfatizar a injustiça da tributação sem representação, González inspirou os rebeldes com sua visão de uma "república" sob "a lei dos franceses", na qual não haveria escravos ou hierarquia étnica. Essas ideias poderosas podem ter chegado a González por várias fontes. Ele era capaz de se comunicar em vários idiomas; sabia espanhol, *papamiento* (a língua crioula falada em Curaçau) e até mesmo "um pouco de francês". Ele também tinha bastante mobilidade; havia feito várias viagens a Caracas nos últimos anos, onde poderia ter participado das discussões sobre a Revolução Francesa e suas ideias, que se tornaram tão públicas após 1793. Para chegar a Caracas, ele também teria passado por La Guaira, e deve ter tomado conhecimento da situação dos "negros franceses" presos naquela cidade. José Leonardo Chirinos, conspirador *zambo*, trabalhou por algum tempo em uma casa comercial de Coro. Como González, ele também viajou bastante pelo Caribe, tendo visitado Saint-Domingue e Curaçau.[41]

A comunicação contínua com Curaçau fez com que as palavras de ordem da Revolução Francesa, bem como as notícias da revolução em Saint--Domingue, fossem acessíveis ao povo da região de Coro.[42] Tanto comercial quanto politicamente, a revolução em Saint-Domingue afetou profundamente a ilha holandesa. Seu transporte marítimo neutro foi uma tábua de salvação para os rebeldes, e esses navios fizeram uso de um grande grupo multilíngue de marinheiros libertos, negros e pardos. A designação "homens pardos de Curaçau" aparece com frequência nos registros que descrevem as tripulações dos navios que faziam comércio com Saint-Domingue em meados da década de 1790; marinheiros negros que falavam inglês e espanhol reivindicaram a ilha holandesa como sua residência.[43]

O ambicioso plano para o levante de Coro exigia ataques coordenados em duas frentes. Enquanto González buscava organizar os moradores da cidade, Chirinos recebeu a tarefa de liderar a revolta nas áreas mais afastadas. A rebelião começou na véspera de um dia santo católico popular no início de maio de 1795. Durante as festividades no final da noite, os escravos de várias *plantations* vizinhas localizadas a uma distância considerável da capital se uniram e começaram a atacar as casas de seus senhores, matando pelo menos um deles. Pela manhã, de 200 a 300 escravos haviam se unido aos rebeldes, que marcharam para a cidade, onde esperavam o apoio de seus aliados sob a direção de González. Mas um dos senhores conseguiu escapar e chegar a Coro a tempo de avisar as autoridades sobre o iminente ataque dos insurgentes. As unidades da milícia local agiram rapidamente, e seus preparativos desencorajaram os possíveis rebeldes na cidade. Depois de proteger a capital e matar González, as tropas espanholas esperaram e surpreenderam os escravos antes que eles chegassem a Coro, pondo fim à insurreição.[44]

Quatro meses após o malfadado levante de Coro, uma violenta revolta de escravos ocorreu em Curaçau, sugerindo ainda mais a importância das ligações entre o entreposto holandês e o continente espanhol. Em 1795, a combinação de rumores sobre os eventos no exterior e mais perto de casa na comunidade de escravos em Curaçau resultou em uma rebelião no final do verão. Quando o Tratado de Haia, em maio, pôs fim ao estado de guerra entre a França e a Holanda, os escravos das ilhas holandesas esperavam que a lei francesa, incluindo o decreto de emancipação do ano anterior, se estendesse a eles. Quando o tratado não resultou em emancipação nas colônias, os escravos de Curaçau acreditaram que apenas a resistência das autoridades holandesas recalcitrantes impedia sua liberdade.

Assim como a rebelião na Dominica, quatro anos e meio antes, a revolta de Curaçau começou com uma paralisação do trabalho. Em meados de agosto, os escravos de uma *plantation* iniciaram a greve que se espalhou por outras *plantations* na região oeste da ilha, produtora de açúcar. Logo, mais de mil escravos pararam de trabalhar e se juntaram aos rebeldes para exigir sua liberdade. Um breve confronto com um pequeno destacamento de tropas fez com que a rebelião se tornasse violenta. Assim como a massa parisiense que invadiu a Bastilha em 1789, a multidão negra de Curaçau direcionou sua fúria contra as prisões de escravos, libertando os detentos e desencadeando uma onda de ataques às *plantations*, a qual ameaçava atingir toda a ilha. Novamente, o governo enviou tropas para conter os rebeldes, e, dessa vez, elas foram bem-sucedidas em conter a revolta. Essa reviravolta nos acontecimentos, combinada com a promessa de anistia do governo, convenceu centenas de insurgentes a retornarem às *plantations*. As forças holandesas então capturaram os líderes, transformando a execução de 29 deles na capital em um espetáculo público após um julgamento rápido.

Relatos sobre a política francesa e notícias sobre a revolução em Saint-Domingue contribuíram para alimentar a rebelião em Curaçau. Quando os detalhes do tratado franco-holandês de 1795 se tornaram conhecidos nas Américas, o porto de Curaçau atraiu dezenas de corsários franceses com suas tripulações mistas, cuja presença pode ter alimentado os rumores de libertação que levaram à revolta. Além disso, as conexões entre Curaçau e Saint-Domingue incentivaram os escravos do entreposto holandês a tentar reproduzir os sucessos dos negros franceses. Devido à comunicação regular entre as províncias do sul de Saint-Domingue e Curaçau, os rumores de que André Rigaud, o líder mulato da rebelião no sul de Saint-Domingue, viria em auxílio dos rebeldes em Curaçau deram um estímulo adicional à rebelião de 1795. Enquanto isso, os escravos de Curaçau encontraram maneiras de se identificar com a revolta em Saint-Domingue. Um estudioso da escravidão holandesa observa que muitos pais negros começaram a dar aos filhos o nome de Toussaint. Enquanto os organizadores da revolta de Coro invocavam as ideias associadas à Revolução Haitiana, os líderes da rebelião de Curaçau de 1795 chegaram ao ponto de convocar os próprios rebeldes de Saint-Domingue. Entre os líderes que as autoridades holandesas executaram após a revolta de 1795, um se autodenominava "Toussaint", e outro, que as autoridades identificaram como "Toelo", era popularmente conhecido na ilha pelo apelido de "Rigaud".[45]

***

A província de Louisiana, no Golfo do México, compartilhava várias características com as colônias do leste do Caribe no final do século XVIII. Assim como as ilhas que foram cedidas pela França para a Inglaterra no final da Guerra dos Sete Anos, a Louisiana francesa mudou de mãos e ficou sob domínio espanhol em 1763. E, do mesmo modo que ilhas como a Dominica mantiveram habitantes, costumes e conexões comerciais franceses após a transferência do poder colonial para a Inglaterra, a Louisiana permanecia fortemente ligada ao mundo francês em 1789.

Em sua composição social, a província pouco povoada se assemelhava a Trinidad, o eterno "problema" da Espanha no leste do Caribe. Após a Revolução Americana, as dificuldades de defender e povoar a Louisiana e estimular seu comércio causaram dores de cabeça constantes aos legisladores espanhóis. Eles instituíram uma tentativa de expandir o comércio por meio de uma cédula real de 1782 que permitia que navios franceses negociassem diretamente com a colônia espanhola e até mesmo que os habitantes da Louisiana negociassem legalmente com as ilhas francesas do Caribe que eles conheciam tão bem em casos de "necessidade urgente". De acordo com essas e outras regulamentações posteriores, o comércio entre a Louisiana e Saint-Domingue expandiu-se rapidamente após 1785, tornando a tarefa de aumentar o volume do comércio espanhol na Louisiana "totalmente impossível", nas palavras de um irritado funcionário espanhol. Quanto à população, os espanhóis fizeram experiências com incentivos no estilo de Trinidad para atrair colonos, mas com menos sucesso ainda. Em 1790, o ministro Diego de Gardoqui lamentou que muitos dos residentes da Louisiana eram "pessoas expatriadas de vários reinos por causa de desventuras irregulares".[46]

A extensa rede pessoal do capitão de navio Jean Pousson indica que os habitantes da Louisiana tinham contatos com muitas áreas distantes do Novo Mundo. Um francês nativo que se estabeleceu em Nova Orleans no mesmo ano da promulgação da cédula, Pousson navegou sob a bandeira espanhola para vários portos hispano-americanos, como Campeche, nos 12 anos seguintes, mas também negociou com frequência em Kingston e Charleston e fez negócios no Cap Français em outubro de 1792. De fato, Pousson estava em Charleston, prestes a partir novamente para Saint-Domingue no início do verão de 1793, quando "chegaram informações sobre a destruição do Cap Français". A essa altura, as viagens de Pousson podem ter tido propósitos políticos e comerciais. Nos primeiros anos de agitação revolucionária no Caribe francês, navios que realizavam muitas viagens como o seu transportavam cartas entre Nova Orleans e o Cap Français, planejando a tomada da Louisiana pelos franceses, e traziam "inimigos secretos" para a província, que espalharam panfletos criticando o governo e até mesmo apoiando um levante de escravos. Mais tarde, durante o ponto alto da influência jacobina na Louisiana, as autoridades espanholas em Nova Orleans prenderam Jean Dupuy, um companheiro frequente de Pousson, por "ter feito comentários que sugerem uma revolução na Louisiana".[47]

A chegada da Revolução Francesa proporcionou aos residentes franceses na Louisiana um ponto de convergência para a sua resistência à autoridade espanhola. Quando o barão de Carondelet assumiu as funções de intendente e governador da província, no final de 1791, falava-se da Revolução Francesa em todos os cantos. Havia simpatizantes jacobinos entre os oficiais da milícia e da infantaria, bem como entre os marinheiros na esquadra naval. Em reuniões abertas, o público francês exigia a execução de "La Marseillaise", e os versos antiaristocráticos de "Ça ira" ecoavam nas bodegas em todo o território. O incentivo veio de várias direções. Navios aportaram em Nova Orleans com jornais franceses e passageiros das colônias, e panfletos chegaram até mesmo dos Estados Unidos pedindo aos residentes franceses que "deixassem de ser escravos de um governo para o qual foram vergonhosamente vendidos". Para combater essa atividade provocadora, o governador Carondelet emitiu, no início de 1793, uma proclamação pública descrevendo uma série de novas regulamentações destinadas a deter o crescente sentimento revolucionário na província. Essas leis proibiam estritamente ler ou falar em público sobre a política francesa; exigiam que o governo fosse avisado com 24 horas de antecedência sobre qualquer reunião a ser realizada; e, para que os marinheiros e estrangeiros que desembarcassem em Nova Orleans não pudessem alegar ignorância das novas regulamentações, instruíam todos os armadores e comandantes navais a informar suas tripulações para que a lei fosse assunto de conversas nas docas.[48]

A tentativa de repressão de Carondelet apenas fortaleceu os próprios rumores que ele esperava dissipar. Por exemplo, muitos habitantes da Louisiana cochichavam que a Espanha logo substituiria a colônia espanhola pela francesa em troca de Saint-Domingue. Como esse relato sugere, os residentes da Louisiana viam seu destino atrelado ao da colônia francesa, e isso já havia algum tempo. Trinta anos antes, as autoridades haviam impedido a entrada de negros de Saint-Domingue na Louisiana devido a uma série recente de envenenamentos de proprietários de escravos, que, segundo eles, poderiam se espalhar para o continente. Regulamentos semelhantes foram instituídos em 1790, mas, apesar das restrições contra a inclusão de escravos ou pessoas de cor livres das colônias francesas, Nova Orleans continuou a ser o destino de um grande número de indivíduos de ambas as denominações durante a Revolução Haitiana. Os refugiados brancos trouxeram consigo escravos de confiança ou, em alguns casos, os enviaram. Além disso, os negros livres constituíam até um terço dos dez mil refugiados das Índias Ocidentais francesas que se estabeleceram na Louisiana entre 1792 e 1808.[49]

A influência das revoluções na França e em Saint-Domingue afetaram profundamente a população de negros livres em rápida expansão em Nova Orleans e em outras partes da província, e eles participaram ativamente das tramoias e das trocas de ideias que ocorriam ao seu redor. Devido à sua posição social e ao seu acesso às ideias e conspirações que giravam em torno deles na Louisiana, bem como aos relatos que chegavam do exterior na década de 1790, os negros livres representavam uma fonte inestimável de informações para o governador Carondelet e outras autoridades espanholas. Em meados de 1793, o governador relatou ao Ministro de Estado que "é somente por meio das pessoas de cor livres que o governo consegue obter qualquer notícia". A disponibilidade dessas informações ajudou as autoridades em sua campanha para reunir, prender e deportar "aqueles que são mais ousados em suas conversas e que tentam disseminar seus princípios", fossem eles oradores em palanques na capital, emigrantes ou moradores locais que defendiam princípios revolucionários ou pareciam ser partidários dos franceses. No início de 1793, vários desses dissidentes foram enviados de Nova Orleans para Havana e outros lugares, onde formaram uma primeira onda de prisioneiros políticos, que aumentaria após a declaração de guerra entre a Espanha e a França.[50]

Um dos prisioneiros que entrou em um *castillo* [cadeia] cubano em 1794 foi um miliciano de cor livre chamado Pedro (ou Pierre) Bailly, tenente na unidade parda da milícia em Nova Orleans. Opositor declarado da desigualdade de tratamento dos membros de sua casta antes de 1790, Bailly se envolveu em conflitos com as autoridades locais sobre essas questões. No outono de 1791, logo após as primeiras notícias da revolta dos negros chegarem à Louisiana, as autoridades espanholas prenderam Bailly e o levaram a julgamento por se identificar publicamente com os revolucionários de Saint-Domingue. O testemunho de colegas milicianos acusou o tenente de levantar a questão da igualdade com os oficiais brancos e de "encorajar outros a seguir o exemplo dos mulatos livres do [Cap Français]". Em um baile oferecido por um dos negros livres de Nova Orleans, ele reafirmou seu apoio à rebelião de Saint-Domingue. Bailly continuou revelando que ele e um grupo de amigos esperavam diariamente a chegada de notícias do Cap, na expectativa de desferir "um golpe como o de Guarico".[51]

Embora tenha escapado da prisão em seu julgamento de 1791, Bailly se viu diante do tribunal novamente dois anos depois, enfrentando a mesma acusação. Dessa vez, no entanto, as evidências contra ele mostram até que ponto suas opiniões haviam evoluído e se aprofundado nos dois anos desde que a revolução em Saint-Domingue se tornou notícia. No segundo julgamento de Bailly, o colega oficial Luis Declonet relatou que Bailly o abordou no forte de Plaquemines em novembro de 1793, quando as tropas se preparavam para um esperado ataque das forças francesas. "Senhor", perguntou Bailly, "o que você acha das notícias sobre o inimigo?". Insatisfeito com a resposta negativa à sua pergunta, Bailly passou a dar um sermão em seu colega. Talvez os franceses tenham ido longe demais ao matar seu rei, ele admitiu, mas, ao fazê-lo, haviam realizado o bem maior de "conceder aos homens seus direitos". De acordo com Declonet, Bailly então aplaudiu longamente a política francesa que levava para as Américas o princípio de "uma igualdade geral entre os homens, incluindo nós, pessoas de cor". Sua linguagem ecoa as imagens que Pierrot empregou em suas cartas a Jean-François, escritas por volta da mesma época:

Temos o título de "Cidadão" em Saint-Domingue e nas outras ilhas francesas. Lá, podemos falar abertamente, assim como qualquer pessoa branca, e podemos ter a mesma posição social. E será que temos algo disso no atual governo? Não, senhor, e isso é injusto. Sendo todos nós humanos, não deveria haver diferenças: a cor não deveria nos diferenciar.

Outras evidências citaram a insubordinação geral de Bailly dentro da milícia e descreveram vários confrontos verbais recentes entre Bailly e residentes brancos de Nova Orleans nos quais Bailly fez declarações semelhantes. Em um caso, ele e um homem branco quase se agrediram, com Bailly prometendo a seu colega combatente que "ele sairia carregado pelos pés" se ousasse atacar. O governador Carondelet, que considerou esse comportamento sintomático das "ideias diabólicas de liberdade e igualdade" de Bailly, o enviou para uma prisão em Havana em 24 de fevereiro de 1794, onde permaneceu confinado com outros presos políticos até o fim da guerra com a França.[52]

A deportação de Bailly e de um grande número de outras pessoas durante o pânico jacobino de 1793-1794 na Louisiana pouco fez para impedir o progresso das ideias republicanas na colônia. A sombra cada vez maior lançada pela revolta em Saint-Domingue continuou a afetar profundamente a política espanhola (e mais tarde a francesa e a estadunidense) em relação aos escravos e ao tráfico de escravos na Louisiana. Além disso, os negros da Louisiana se inspiraram nos negros e pardos de Saint-Domingue, e, em alguns casos, receberam apoio direto deles, nas tentativas de montar uma insurreição no continente. Em meados de abril de 1795, as autoridades descobriram que os negros da paróquia de Pointe Coupee, uma área localizada a cerca de 150 milhas (240 quilômetros) de Nova Orleans e com uma grande maioria negra, haviam organizado uma conspiração em toda a paróquia para se insurgir contra os proprietários de *plantations*. Uma investigação intensa que durou um mês revelou vários indícios de que a conspiração tinha se originado entre os escravos francófonos na *plantation* de Julien Poydras, mas se espalhou pelo Mississippi até Natchez. As observações dos contemporâneos mostram que a rebelião de Saint-Domingue foi uma das influências sobre os possíveis rebeldes. Enquanto um francês afirmava que um emigrante de Saint-Domingue havia provocado a revolta por ter "representado o quanto aqueles [negros] de São Domingo estavam felizes", outros culpavam os rumores predominantes, originários de simpatizantes jacobinos, de um decreto de emancipação que tinha sido suprimido pelos fazendeiros e pelo governo espanhol. Após a conspiração, um tribunal espanhol mandou 26 negros para a forca, condenou outros a penas de prisão e trabalhos forçados e degredou duas pessoas, incluindo Luis Benoit, um negro livre de Saint-Domingue, por sua cumplicidade. Convencido de que a presença de negros estrangeiros, como Benoit, ajudara a plantar as sementes da sedição na Louisiana, o governador Carondelet fechou imediatamente o porto de Nova Orleans para a importação de escravos, e as autoridades continuaram a impor essa proibição até que o sucessor de Carondelet a suspendeu em 1799. Com Saint-Domingue em mente, ele também ordenou que as autoridades reprimissem a mobilidade e a visitação entre as *plantations*.[53]

Mais de 15 anos depois, a rebelião negra em Hispaniola teve destaque em uma segunda revolta de escravos, que esteve mais perto de ser bem-sucedida. Depois que o Haiti se tornou independente em 1804, o governador W. C. C. Claiborne, assim como Carondelet uma década antes, agiu "para impedir a entrada de escravos que participaram das insurreições de St. Domingo", mas lamentou que, apesar de seus esforços e dos agentes alfandegários, "não se pode efetivamente impedir a entrada deles no momento". Em 1811, nas paróquias de St. John the Baptist e St. Charles, entre 200 e 500 escravos rebeldes marcharam para Nova Orleans, incendiando *plantations* no caminho. Mais tarde, as autoridades identificaram Charles Deslondes, um capataz e "mulato livre de São Domingo", como um dos principais líderes da revolta. Derrotada por unidades da milícia sob o comando de Wade Hampton após vários confrontos, a maioria dos rebeldes foi enforcada no local ou decapitada, "suas cabeças [...] colocadas em postes altos acima e abaixo da cidade, ao longo do rio [Mississippi], até a *plantation* onde a revolta começou". Embora as revoltas de Gabriel, Denmark Vesey e Nat Turner no século XIX tenham ofuscado a revolta da Louisiana de 1811, ela foi a maior rebelião em massa de escravos na história da América do Norte.[54]

***

A emigração em massa de Saint-Domingue após a vitória dos rebeldes negros no Cap Français, na primavera de 1793, espalhou refugiados de todos os tipos pelas ilhas do Caribe, mas os portos dos Estados Unidos receberam o maior número de qualquer território americano. Visual e dramática, a chegada repentina de milhares de refugiados da revolução na colônia francesa transmitiu uma sensação de rebelião que os relatos impressos não podiam fornecer. O influxo dos emigrados franceses causou uma forte impressão nas mentes dos escravos e negros livres norte-americanos enquanto eles reuniam os detalhes da revolta dos escravos no Caribe.

Antes que os eventos de 1793 forçassem os colonos franceses a abandonar Saint-Domingue, um pequeno número de pessoas das ilhas francesas decidiu ir para o norte para escapar da crescente inquietação nas colônias. Cerca de 200 famílias de emigrantes chegaram à Filadélfia em 1792. No mesmo ano, a legislatura de Maryland debateu se os "vários habitantes" de Saint-Domingue que haviam entrado recentemente no estado teriam permissão para manter os escravos que levaram com eles. Em outubro de 1792, um grupo de colonos de Saint-Domingue estabeleceu um modesto assentamento ao longo do rio Clinch na Virgínia.[55]

Em contraste com as migrações ocasionais das ilhas francesas para os Estados Unidos que ocorreram em 1791 e 1792, a evacuação do Cap Français e de outras cidades na primavera seguinte adicionou instantaneamente mais de dez mil residentes às cidades costeiras da nova nação no final de julho de 1793. O aparecimento inesperado de literalmente centenas de embarcações cheias de sobreviventes destituídos do ataque ao Cap Français causou um espetáculo intenso nos portos do norte e do sul. Cerca de "20 e poucos" navios carregados de passageiros franceses chegaram a Norfolk, uma cidade com cerca de quatro mil habitantes, em um período de dois dias no início de julho. Até o final do mês, um total de 137 navios trazendo refugiados ancoraram em Norfolk, e os moradores relataram que a cidade estava "lotada de franceses [...] [e] muitos negros [franceses]". Incontáveis "centenas" de refugiados negros, pardos e brancos chegaram a Charleston durante julho e agosto, enquanto em Baltimore, 53 navios com cerca de mil imigrantes brancos e 500 negros e mulatos a bordo chegaram entre 10 e 22 de julho.[56] Como muitos dos imigrantes franceses vieram com pouca coisa além de suas roupas e alguns artigos pessoais espalhados, os legisladores da Virgínia, da Carolina do Sul e de Maryland destinaram fundos de auxílio no final do verão de 1793. As estimativas federais de imigrantes francófonos "em dificuldades" em 1794 encontraram 400 imigrantes que se encaixavam nessa descrição em Maryland,

350 na Carolina do Sul e em Nova York e 290 na Virgínia. Até mesmo o porto relativamente pequeno de Wilmington, na Carolina do Norte, registrou 54 brancos e 30 mulatos de Saint-Domingue "passando a maior necessidade" no outono de 1794.[57]

Embora os emigrantes de Saint-Domingue encontrassem simpatia em alguns bairros, muitos brancos da nova nação os viam com desconfiança. Em certa medida, essa tensão era resultado de uma oposição maior à própria Revolução Francesa. Mas a maior preocupação se concentrava nas lições que uma presença francesa tão evidente, seja por intenção ou por implicação, poderia trazer para os escravos norte-americanos. Muitos observadores brancos tinham poucas dúvidas de que, entre os refugiados e viajantes franceses, havia radicais determinados a deflagrar rebeliões de escravos no Sul. O decreto de emancipação dos Comissários Civis em Saint-Domingue aumentou esses temores. Em 1793, os jamaicanos aprisionaram dois franceses a bordo de um navio capturado com destino "aos Estados Americanos". Como se dizia que eles eram "agentes ativos no encaminhamento das medidas dos Comissários Civis" em Saint-Domingue, o governador Williamson supôs que esses personagens "certamente não pretendiam ficar ociosos no lugar para onde estavam indo".[58] "Eu quase preferiria dormir no topo do mastro a dormir entre aqueles franceses desagradáveis de St. Domingo", escreveu Ebenezer Pettigrew durante uma viagem das Índias Ocidentais para Charleston na companhia de um grupo de passageiros de Saint-Domingue. Embora simpatizasse com a situação dos refugiados, Pettigrew, no entanto, "lamentava que um número tão grande de pessoas tivesse vindo para este país, para envenenar ainda mais as mentes dos brancos e dos negros", e previu, de forma ameaçadora, que o resultado seria "anarquia, estupro e pilhagem".[59]

Devido às incertezas que acompanhavam a chegada dos francófonos do Caribe, os rumores sobre as atividades sediciosas dos enviados franceses se espalharam rapidamente. Citando uma fonte de Charleston, um jornal de Boston noticiou, em novembro de 1793, que as autoridades da Carolina do Sul haviam detido alguns emissários franceses de Saint-Domingue que traziam documentos que esboçavam "planos para uma insurreição geral de negros nos estados do sul". Em resposta a essas alegações, os envolvidos, ainda irritados com o tratamento que receberam em Charleston, acusaram as autoridades de persegui-los apenas por causa de suas fortes credenciais republicanas e afirmaram que o misterioso pacote não continha nada além de correspondência diplomática de rotina. "Americanos do Sul", garantiram eles, "dos patriotas franceses, os verdadeiros republicanos, vocês não têm nada a temer".[60]

Mesmo assim, as autoridades da Carolina do Sul continuaram a observar atentamente os viajantes franceses que chegavam ao porto de Charleston, especialmente os negros das colônias francesas. Após uma denúncia em outubro de 1793, o comitê de segurança pública da cidade prendeu um imigrante negro que se gabava, durante a viagem do Cap, de "ter massacrado 11 brancos" em Saint-Domingue. Os membros do comitê imediatamente entregaram o suposto revolucionário ao capitão do navio, que foi proibido de entrar novamente no porto de Charleston até que apresentasse um documento autenticado do Cap Français afirmando que havia devolvido seu passageiro negro em segurança. Caso contrário, ameaçaram as autoridades da Carolina do Sul, o capitão poderia ir para a forca. Logo após esse incidente, o governador Moultrie emitiu ordens pedindo a expulsão de todos os negros livres e pessoas de cor de Saint-Domingue dentro de dez dias.[61] No ano seguinte, a legislatura da Carolina do Sul tornou ilegal a entrada de qualquer negro das Índias Ocidentais no estado. Relatórios financeiros municipais que listam várias entradas para "passagem de negros franceses" e "confinamento de negros franceses" entre 1793 e 1795 indicam que os negros das Índias Ocidentais continuaram a chegar em números menores, mas significativos, ao porto de Charleston após a imensa movimentação do verão de 1793.[62]

A partir de 1793, as legislaturas dos estados onde um grande número de "negros franceses" havia chegado e se estabelecido seguiram o exemplo da Carolina do Sul e aprovaram leis restringindo a imigração de negros das Índias Ocidentais. Um estatuto da Georgia daquele ano limitou radicalmente a importação de negros. Uma lei da Carolina do Sul de 1794 estendeu a proibição aos negros do Caribe. Em 1795, a Assembleia Legislativa da Carolina do Norte impediu que "qualquer pessoa que emigrasse de qualquer uma das Índias Ocidentais ou das Ilhas Bahamas, ou dos assentamentos franceses, holandeses ou espanhóis na costa sul da América, trouxesse escravos para este Estado". A legislatura de Maryland adotou uma disposição semelhante em 1797. Essa preocupação com os negros nascidos no exterior chegou até Boston, no norte, onde, em 1800, todos os residentes negros não nascidos no estado foram ameaçados de deportação.[63]

Embora a legislatura da Virgínia não tenha aprovado nenhuma lei desse tipo, os brancos do estado mostraram-se tão preocupados com o problema da imigração negra quanto seus colegas de outros estados litorâneos. Em janeiro de 1795, as autoridades de Norfolk se reuniram para discutir "a situação peculiar dos habitantes [...] por causa das frequentes migrações de negros e pessoas de cor", e a opinião pública favorável a deportações em massa parecia forte. Em abril e junho, as autoridades de Norfolk recusaram o direito de desembarque a embarcações do leste do Caribe com "negros franceses" a bordo e expressaram receio em relação a navios franceses no porto com marinheiros negros. Na zona rural, os residentes brancos continuavam inquietos devido à presença de "diversos negros livres, vindos das ilhas das Índias Ocidentais e de outros lugares [...] à solta".[64]

Apesar dessa oposição, os colonos de Saint-Domingue, incluindo *gens de couleur* livres e escravizadas, estabeleceram sua própria vida comunitária e, como a maioria deles via sua estada nos Estados Unidos apenas como temporária, logo estabeleceram comunicação com as ilhas para acompanhar os acontecimentos. O número de jornais que os imigrantes de Saint-Domingue fundaram nos Estados Unidos entre 1790 e 1800, especializados em informações de interesse dos cidadãos franceses, revela a importância e a extensão dessa comunicação. As manchetes em negrito que prometiam "notícias frescas de St. Domingo" garantiam vendas rápidas, e o volume dessas notícias que chegavam à América do Norte era suficiente para manter os jornais franceses em atividade, de Boston a Charleston, em intervalos constantes durante a década de 1790. No final de 1793 e início de 1794, esses jornais publicaram uma cobertura extensa, embora muitas vezes imprecisa, das ocupações espanhola e britânica de Saint-Domingue. Ocasionalmente, essas histórias identificavam viajantes negros como fontes dos últimos relatos.[65]

Os franceses também usaram as páginas de seus jornais para continuar sua luta sobre a questão da escravidão. Logo após sua chegada em 1793, os emigrados franceses se depararam com relatos contraditórios sobre a posição da Convenção Nacional em relação à escravidão, o que resultou em um debate aberto. No outono, os rumores de que a Convenção abolira a escravidão varreram os estados do meio do Atlântico com tanta força que um grupo de "cidadãos de cor da Filadélfia" redigiu uma carta para a Convenção, agradecendo aos membros por "quebrarem nossas correntes" com "o Decreto imortal que eliminou todos os vestígios de escravidão nas colônias francesas" e prometendo "contar aos nossos descendentes sobre [suas] boas ações". Mas os jornais publicados na mesma cidade desconsideraram os relatos de abolição, afirmando que "a Convenção Nacional revogou a liberdade geral concedida aos negros [...] e anulou seu decreto para a abolição do tráfico de negros".[66] Embora os senhores de escravos franceses não admitissem até maio de 1794 que a Convenção havia de fato abolido a escravidão em fevereiro, muitos escravos pertencentes a senhores franceses na Pensilvânia, em Delaware, Maryland e outros estados já tinham resolvido o problema com as próprias mãos e fugido de seus senhores, muito provavelmente em resposta a rumores anteriores sobre o decreto de abolição. Se alguns dos fugitivos tentaram retornar ao Caribe, outros provavelmente encontraram seu caminho em comunidades locais de escravos urbanos e negros livres.[67]

***

Concentradas nas grandes cidades portuárias da costa leste, a imigração em massa de Saint-Domingue em 1792 e 1793 e as discussões políticas provocadas por sua chegada não poderiam deixar de atrair a atenção dos residentes negros dessas cidades. Na verdade, esse fluxo de refugiados políticos da rebelião negra no Caribe coincidiu com uma rápida expansão da população negra urbana nos Estados Unidos, que começou na década de 1790. De Massachusetts à Carolina do Sul, o aumento do número de negros nas cidades foi uma das principais tendências demográficas após a independência, e essa migração trouxe consigo importantes consequências para o desenvolvimento social e institucional afro-americano. Após o declínio da escravidão em Massachusetts, os negros se mudaram para as áreas litorâneas, a fim de testar sua liberdade, e, em 1795, os residentes negros do estado teriam "em geral, embora não totalmente, deixado o campo e buscado as cidades marítimas".[68] A comunidade negra da Filadélfia cresceu a uma taxa de 176% entre 1790 e 1800, em comparação com um aumento de 43% na população branca. A população negra de Baltimore aumentou de 1.600 em 1790 para 5.600 dez anos depois. Em Charleston, o número de negros livres triplicou entre 1790 e 1820, e também houve um aumento substancial na população escrava.[69]

Além de oferecer oportunidades de emprego marítimo, as cidades portuárias proporcionavam aos residentes negros outros benefícios do acesso ao mar. Uma dessas vantagens era a de ter acesso a uma grande variedade de fontes de informação e notícias do exterior. As notícias de interesse especial para os negros urbanos geralmente seguiam as rotas de comércio que passavam inevitavelmente pelo Caribe. Os negros de Newport, por exemplo, demonstraram muito entusiasmo com o projeto de colonização em Serra Leoa, cuja notícia eles receberam "da África, por meio das Índias Ocidentais". Em Charleston, os escravos que trabalhavam na redação da *City Gazette*, de Peter Freneau, declaradamente republicana, que cobria notícias e questões do Caribe e acompanhava os acontecimentos nas Índias Ocidentais francesas, pegavam para uso próprio 200 exemplares de cada edição.[70] Mas nem os relatos de terceiros nem os jornais conseguiam transmitir com tanta força o sucesso da revolta negra em Saint-Domingue quanto a chegada de milhares de refugiados desprovidos durante o verão de 1793. Em Baltimore, ou talvez em outro lugar, um observador negro chamado Newport Bowers demonstrou grande interesse no destino desses refugiados e no país que deixaram para trás.

Até mesmo seu nome sugere que Newport fazia parte da geração de afro-norte-americanos que gravitava em torno das cidades portuárias no período pós-revolucionário. Nascido livre em Massachusetts, Bowers provavelmente ganhava a vida como marinheiro ou como comerciante no distrito dos cais de Baltimore.[71] Em um curto período de tempo, em meados de julho de 1793, mais de 50 dos navios franceses que partiram do Cap Français para o norte carregados de refugiados chegaram a Baltimore. Precisamente no momento de sua chegada, Bowers aparentemente decidiu viajar na outra direção e visitar o Cap.

Ele deve ter achado o novo ambiente estimulante. Durante sua temporada de seis meses, Bowers testemunhou em primeira mão o processo de liberdade nas províncias do norte após as vitórias rebeldes no Cap, e participou da evolução, ainda que instável, do governo autônomo do qual Pierrot se gabava para Jean-François. Mesmo que tenha chegado depois dos eventos que colocaram a maior cidade de Saint-Domingue sob o controle dos rebeldes, Bowers estava presente em outubro de 1793, quando Sonthonax emitiu sua proclamação de liberdade, a primeira desse tipo nas Américas. Ele montou uma "loja" no Cap, de onde aparentemente fazia negócios frequentes com os marinheiros dos navios mercantes que chegavam, incluindo muitos da América do Norte.

Qualquer que tenha sido o motivo, em algum momento no final de 1793 Bowers decidiu retornar aos Estados Unidos e fez os preparativos para viajar a bordo do *Juno*, um navio de Baltimore que retornava àquela cidade e partiu do Cap em 4 de dezembro de 1793.

Além de Bowers, pelo menos seis outros passageiros negros – residentes de Saint-Domingue que falavam francês – embarcaram no *Juno* naquele dia de dezembro. Embora Bowers os tenha descrito mais tarde como "pessoas que haviam sido dadas de graça pelo Comissário e que haviam concordado em ir com [Bowers] para a América" e como "negros livres e não propriedade de nenhuma pessoa a bordo", os membros brancos da tripulação planejavam parar em Havana e vendê-los (e provavelmente Bowers também) para obter lucro.[72] Nem o plano de Bowers nem o plano dos membros da tripulação se concretizaram. Um navio britânico interceptou o *Juno* logo após sua partida e levou o navio para a Jamaica como se fosse espólio de guerra. Ao decidir a favor dos captores, o tribunal do vice-almirantado vendeu os "negros franceses" por conta deles. Assim como John Paine, Pedro Bailly e um número incontável de outros negros sem senhores durante esse período, Newport Bowers perdeu sua liberdade; o mesmo tribunal o relegou à casa de trabalhos forçados de Kingston. Ele nunca completou sua jornada. No mês de março seguinte, um leilão público vendeu "diversas roupas velhas pertencentes a Newport, que morreu na casa de trabalho".[73]

***

A breve e frustrada aventura de Newport Bowers indica os perigos das viagens marítimas para os negros em geral, pois reflete as dificuldades maiores da comunicação direta de longa distância no final do século XVIII. Apesar desses obstáculos, as evidências indicam que outros negros anglófonos dos EUA foram testemunhas dos estágios iniciais cruciais da revolução em Saint-Domingue. Entre um grupo de mais de 200 escravos do sexo masculino transportados de Porto Príncipe e levados para venda em Honduras em novembro de 1791 por causa de sua atividade insurrecional, estava Paul Williams, nascido em Charleston e falante de inglês.[74] De fato, a tripulação do navio em que Bowers fez sua última viagem incluía um cozinheiro descrito como "um homem negro [...] nascido na costa da África" que havia embarcado na partida da viagem em

Baltimore. Além disso, o amigo de Bowers, Bridgewater, que o levou até o *Juno* e estava presente no momento da captura, foi provisoriamente identificado por um membro da tripulação como "um inglês", mas também pode ter sido norte-americano.[75]

Outros negros norte-americanos viajaram para Saint-Domingue na mesma época que Bowers, vivenciaram a revolução e, aparentemente, conseguiram voltar para suas casas no norte para relatar suas experiências e observações. William Johnson, da Filadélfia, chegou ao Cap Français em julho de 1793, mais ou menos na mesma época que Bowers, como cozinheiro a bordo do *Rising Sun*, um navio da Filadélfia contratado por dois comerciantes franceses naquela cidade. Depois de deixar o Cap Français, o *Rising Sun* seguiu para Porto Príncipe, onde o próprio Sonthonax alugou o navio para transportar dinheiro e documentos. Um passageiro britânico testemunhou que havia um boato em Saint-Domingue de que o navio de Filadélfia "estava e esteve em uma viagem anterior a serviço do Monsieur Sonthonax e seu agente ou agentes na América".[76] Um cozinheiro negro de Richmond embarcou no *Nancy*, um navio que fez pelo menos três viagens a Saint-Domingue em 1792 e 1793. Enquanto estava em Saint-Domingue no final do verão de 1793, o *Nancy* atracou em Porto Príncipe e Cayes, onde um grupo de passageiros franceses, incluindo dois mulatos e dois negros, embarcou com a intenção de viajar para a América do Norte.[77]

Mas a mais intrigante das evidências espalhadas da presença afro-norte-americana durante 1793 vem de uma das muitas cartas entre os documentos do *Fox*, um navio de Petersburg, Virgínia, que ia de Cayes, no sul de Hispaniola, para Baltimore no final do verão de 1793. Nessa carta, uma jovem de Charleston conta para sua mãe sobre suas viagens e experiências recentes. Ela relata que o "senhor" a quem foi vendida recentemente é "muito gentil comigo, de fato", e que achou uma companheira agradável em "uma garota com o mesmo senhor que vem de Nova York". "Não quero nada", continua ela, "a não ser uma carta sua para saber como vão as coisas em casa". No momento, ela e sua amiga estão em Saint-Domingue, aguardando o retorno de seu senhor para a França. "Esse é um país problemático", ela relata. "Eles são obrigados a dar liberdade a todos os negros para serem soldados e proteger o país, já que não há homens brancos".[78]

***

Enquanto os tripulantes americanos colocavam a enigmática carta de Ginna na grande pilha destinada à América do Norte, os residentes de Charleston e de outros lugares relatavam rumores de agitação entre os escravos. Na cidade portuária da Carolina do Sul, onde os moradores pró-franceses comemoravam o Dia da Bastilha com procissões e brindes; onde o Cidadão Genet chegou da França para reunir apoio à Revolução apenas algumas semanas antes do desembarque dos primeiros refugiados do Cap Français; e onde os corsários franceses recrutavam marinheiros norte-americanos ansiosos para lutar contra os britânicos, os brancos começaram a detectar sinais de uma iminente revolta de escravos já no outono de 1793. Além das muitas outras manifestações públicas da política francesa em Charleston, o mesmo material impresso que os mensageiros levavam do Cap Français através da fronteira para as tropas negras na Hispaniola espanhola aparentemente chegava ao continente. De acordo com um observador francês, em outubro, "muitas cópias" da "proclamação de liberdade geral" de Sonthonax circularam na cidade. Ao mesmo tempo, os jornais informaram que os escravos de Charleston haviam se tornado "muito insolentes" e que "os negros de St. Domingo plantaram as sementes da revolta". Em junho de 1794, quando a primeira notícia sobre o decreto de abolição da Convenção Francesa chegou a Charleston, os brancos agiram rapidamente para evitar que essa notícia agitasse novamente o ânimo dos escravos de Charleston. Uma reunião em 11 de junho considerou a triagem de todas as embarcações que chegassem e outras medidas "para evitar quaisquer consequências malévolas deste decreto diabólico".[79]

Uma série de incêndios em junho de 1796 levantou dúvidas entre os brancos de Charleston, alguns dos quais suspeitavam de "negros franceses" que "pretendiam fazer algo ao estilo de St. Domingo". No ano seguinte, o exemplo de Saint-Domingue e a presença de refugiados influenciaram diretamente um plano para incendiar Charleston, que "teve origem entre os negros franceses" da cidade. As autoridades julgaram cinco negros francófonos por sua participação na conspiração, acusando-os de pretenderem "agir aqui como haviam feito anteriormente em St. Domingo". O tribunal sentenciou três dos conspiradores à morte por enforcamento, e os outros dois foram degredados, enquanto os brancos locais expressaram, reservadamente, alívio pelo fato de a conspiração ter sido detectada e "completamente controlada" antes que "um único negro de nosso país" se envolvesse.[80]

Mais ao norte, a evacuação em massa de Saint-Domingue em 1793 trouxe tensões semelhantes para as áreas costeiras da Virgínia. Dois escravos de Richmond foram ouvidos em julho de 1793 planejando "matar logo os brancos neste lugar", como fizeram os negros "na ilha francesa". No condado de Goochland, os brancos sentiram uma nova tensão no ar, "especialmente desde a chegada dos franceses".[81]

Os brancos de Portsmouth, que relataram que "muitas centenas de negros franceses desembarcaram nesta cidade" quando se aproximava o segundo aniversário da noite de 22 de agosto, temiam por sua segurança, pois muitos dos escravos franceses "pertenciam à insurreição em Hispaniola". Em outubro, as autoridades da região descobriram planos para uma revolta inter-racial em que os conspiradores pretendiam queimar os navios franceses em Portsmouth e Norfolk. Considerando o boato predominante ao longo da costa leste de que a Convenção havia libertado todos os escravos franceses, esse plano pode refletir camadas ocultas de protesto.[82] Ao mesmo tempo, as autoridades de Petersburg alertaram sobre os perigos de uma possível revolta após uma investigação do júri de acusação sobre as "reuniões desordenadas de negros nas ruas aos domingos e suas reuniões noturnas e caminhadas noturnas ilegais". Os escravos do condado de Powhatan praticavam o mesmo tipo de atividade, fugindo para os bosques à noite para se reunirem em uma escola abandonada.[83]

Nos anos seguintes, os brancos da Virgínia continuaram a associar a agitação dos escravos à presença de refugiados de Saint-Domingue. Em 1795, o prefeito de Norfolk, Thomas Newton, detectou "o brilho da liberdade" nos olhos de alguns dos negros franceses que, apesar do decreto de abolição da Convenção, a lei dos Estados Unidos considerava escravos. As autoridades mais uma vez consideraram a possibilidade de deportação em massa.[84] O espectro do Haiti apareceu mais uma vez em 1800, quando um grupo de conspiradores liderados por Gabriel Prosser elaborou planos para uma rebelião de escravos em Richmond. Mas uma forte tempestade e inundações destruíram pontes e tornaram as estradas intransitáveis na véspera da insurreição, e Gabriel e outros rebeldes foram executados após um julgamento cujos detalhes permanecem em segredo até hoje. Um relato em um jornal de Richmond, "dissuadido por consideração pela segurança pública e pela promoção da justiça", não chegou a especular se Saint-Domingue poderia ter figurado no plano de Gabriel, mas o autor se sentiu à vontade para perguntar "o que se poderia esperar dos infelizes negros em nossos estados a partir do exemplo" de Toussaint Louverture na colônia francesa?[85]

À medida que a década de 1790 chegava ao fim, os negros continuaram a aplicar às suas condições locais as ideias de autodeterminação e abolicionismo que a Revolução Haitiana desencadeou. No extremo norte de Massachusetts, local de nascimento de Newport Bowers, o pedreiro negro Prince Hall proclamava o início de uma nova era "nas Índias Ocidentais francesas". Em todas as Américas, escravos e negros livres compartilhavam a fervorosa esperança de Hall de que os acontecimentos *recentes* no Caribe francês finalmente sinalizavam o tão esperado dia em que "a Etiópia [estenderia] sua mão da escravidão para a liberdade e a igualdade" para os afrodescendentes em todo o Novo Mundo.[86]

O fim da escravidão também parecia iminente para muitos observadores brancos. George Tucker, da Virgínia, lançou uma campanha para transportar os escravos daquele estado em segurança para outros lugares antes que o inevitável dia do ajuste de contas chegasse. Tucker pediu a seus leitores que reconhecessem que impedir que os escravos lutassem por sua liberdade só se tornaria mais difícil com o passar do tempo. "Até agora, confiamos muito na dificuldade de eles agirem em conjunto", observou Tucker, mas os eventos recentes provaram decisivamente "que a dificuldade não é insuperável". Apesar dos códigos legais restritivos e de outras formas de repressão, os escravos conseguiram manter "uma correspondência que, se considerarmos sua extensão ou duração, é realmente surpreendente". Como os futuros avanços nas Américas "facilitariam continuamente a comunicação", talvez tivesse chegado o momento de acabar gradualmente com a instituição da escravidão.[87]

No entanto, para a maioria dos observadores brancos de todo o hemisfério, isolar os rebeldes haitianos era uma solução mais viável. A revolução em Saint-Domingue e a recente onda de rebeliões de escravos em outros territórios, argumentavam eles, indicavam em termos claros a necessidade de circunscrever o Caribe sem senhores.

Notas

[1] Luis de las Casas para Conde del Campo de Alange, La Habana, 20 de fevereiro de 1794, AGI, Cuba, leg. 1488.

"CONHEÇAM SEUS VERDADEIROS INTERESSES"...

2   Juan Baptista Vaillant para Las Casas, Cuba, 27 de julho de 1793, 3 de outubro de 1793, AGI, Cuba, leg. 1434; Las Casas para Conde de Lerena, La Habana, 30 de março de 1792; Josef Pablo Valiente para Lerena, La Habana, 28 de março de 1792, AGI, Indiferente General, leg. 2822. Sobre a doutrina de "neutralidade absoluta", ver Conde de Floridablanca para Las Casas, San Lorenzo, 26 de novembro de 1791, reimpresso em Franco, 1954, p. 67.

3   Barón de Carondelet para Las Casas, Nueva Orleans, 28 de outubro de 1793, AGI, Estado, leg. 14, doc. 54; Pedro Carbonell para Duque de Alcudia, Caracas, 31 de agosto de 1794, AGI, Estado, leg. 65, doc. 20.

4   Vaillant para Alcudia, Cuba, 29 de outubro de 1793, AGI, Estado, leg. 14, doc. 53; John Rydjord, 1935, pp. 133-136.

5   Joaquín García para Acuña, Santo Domingo, 13 de janeiro de 1793, AGI, Santo Domingo, leg. 956. Ver também as "Noticias" inclusas em Vaillant para Campo de Alange, Cuba, 3 de maio de 1793, AGI, Santo Domingo, leg. 1260.

6   Vaillant para Campo de Alange, Cuba, 30 de junho de 1793, AGI, Santo Domingo, leg. 1260; Adam Williamson para Henry Dundas, 13 de julho de 1793, C.O. 137/91, PRO.

7   Stoddard, 1914, p. 220.

8   "Treasurer Paymaster of the Colony of St. Domingo to Bizouard his predecessor", [Port Républicain], 8 [de setembro?] de 1793, nos documentos de *Rising Sun* (1793), JHCVA Papers, JA.

9   Debien, 1953, pp. 562-565.

10   Stephen Fuller para Committee of Correspondence (Jamaica), 20 de fevereiro de 1794, Fuller para Williamson, 8 de março de 1794, FLB.

11   *Considerations on the Present Crisis of Affairs...*, 1795, p. 11. Cf. também o relatório muito parecido de Joseph Antonio Vrizar, regente da audiência de Santo Domingo, intitulado "Discurso sobre Modificación de la esclavitud", Santo Domingo, 25 de junho de 1795, AGI, Santo Domingo, leg. 1032. Ambos os planos traçam formas de assegurar a lealdade dos escravos em face da pressão abolicionista nas colônias francesas.

12   Las Casas para Campo de Alange, La Habana, 20 de fevereiro de 1794, AGI, Cuba, leg. 1488.

13   García para Diego de Gardoqui, García para Acuña, Santo Domingo, 25 de novembro de 1792, AGI, Santo Domingo, leg. 955; García para Campo de Alange, Santo Domingo, 12 março de 1793, AGI, Santo Domingo, leg. 956; Arcebispo de Santo Domingo para Acuña, Santo Domingo, 25 de maio, 25 de setembro de 1793, AGI, Santo Domingo, leg. 1110.

14   García para Acuña e anexos, Bayajá, 5 de fevereiro de 1794, AGI, Santo Domingo, leg. 957. Os espanhóis chamavam o Fort Dauphin de "Bayajá".

15   García para Gardoqui, Bayajá, 6 de fevereiro de 1794, AGI, Santo Domingo, leg. 957; "Reglamento para el buen Gobierno... de las partes conquistadas en la colonia Francesa", s.d., em Vrizar para Alcudia, Santo Domingo, 2 de fevereiro de 1794, AGI, Estado, leg. 13, doc. 3.

16   Las Casas para Ministro de Guerra, La Habana, 17 de julho de 1794 e *relación* anexa, s.d., AGI, Cuba, leg. 1488. Para descrições mais detalhadas dos prisioneiros, ver Joaquín García para Las Casas, Bayajá, 18 de maio de 1794, e "Lista de los Franceses que se aprendieron el 18 de mayo", La Habana, 8 de julho de 1794, AGI, Cuba, leg. 1474.

17   Arcebispo para Acuña, Santo Domingo, 25 de setembro de 1793, AGI, Santo Domingo, leg. 1110.

18   "Lista de los Franceses", AGI, Cuba, leg. 1474. Também ver Las Casas para Campo de Alange, La Habana, 20 de setembro de 1794, AGI, Cuba, leg. 1488, e García para Las Casas, Bayajá, 4 de junho, 18 de junho de 1794, AGI, Cuba, leg. 1474. Quanto ao republicanismo ambíguo de Delrrival, veja a descrição de um *monsieur* Borel, que deixou Saint-Domingue

para a Jamaica em 1793, como um dos "democratas mais violentos que se pode imaginar", porém "um inimigo do povo de cor que jamais consentiria que eles tivessem quaisquer privilégios". Williamson para Dundas, 5 de setembro de 1793, C.O. 137/91, PRO.

[19] Arcebispo para Acuña, Santo Domingo, 25 de maio de 1793, AGI, Santo Domingo, leg. 1110.

[20] García para Marques de Bajamar, Santo Domingo, 25 de novembro de 1791, AGI, Santo Domingo, leg. 954.

[21] García para Acuña, Santo Domingo, 12 de setembro, 22 de outubro de 1793, AGI, Santo Domingo, leg. 956. O Plano Francês concedia a trabalhadores domésticos o direito de receber salários fixos e aos trabalhadores rurais um terço dos lucros anuais de seus senhores, além de comida e vestimentas.

[22] García para Acuña, Santo Domingo, 6 de setembro de 1793, AGI, Santo Domingo, leg. 956. Tal linguagem, bastante reminiscente de apelos à unidade negra em tempos mais recentes, tornar-se-ia peça fundamental da nacionalidade haitiana após a independência em 1804. Ver Nicholls, 1979, pp. 41-46.

[23] Cf. García para Acuña e anexos, Santo Domingo, 23 de novembro de 1793, AGI, Santo Domingo, leg. 956.

[24] Continuam a ser tema de debates as circunstâncias específicas da "deserção" de Toussaint dos espanhóis e seus motivos para tal. Ver Geggus, 1978, pp. 481-499.

[25] Vrizar, "Discurso sobre Modificación de la esclavitud", n.p.

[26] Para descrições dos eventos em Coro e Pointe Coupee, ver Arcaya, 1949, e Holmes, 1970, pp. 352-361. Essas duas revoltas representam apenas uma pequena fração das revoltas negras de 1795. Para rebeliões em Cuba, Porto Rico, Jamaica e Granada que ocorreram no mesmo ano, ver, respectivamente, Franco, 1974, pp. 95-100; Baralt, 1981, pp. 13-20; Furness, 1965, pp. 30-49; e Cox, 1984, pp. 76-91.

[27] Callahan Jr., 1967, pp. 177-179; Sanz Tapia, 1977, pp. 41-50; Carbonell para Gardoqui, Caracas, 30 de novembro de 1793, AGI, Caracas, leg. 94; Esteban Fernández de León para Gardoqui, Caracas, 19 de maio de 1792, AGI, Caracas, leg. 503; Carbonell para Alange, Caracas, 31 de julho de 1793, AGI, Caracas, leg. 94.

[28] García para Governador de Caracas, Santo Domingo, 16 de agosto de 1793, AGI, Estado, leg. 58, doc. 4; León para Gardoqui, Caracas, 11 dezembro de 1793, AGI, Caracas, leg. 505; García para Gardoqui, Santo Domingo, 25 de outubro de 1793, AGI, Santo Domingo, leg. 956.

[29] García para Gardoqui, Caracas, 11 de dezembro de 1793, AGI, Caracas, leg. 505; "Duplicados de las Juntas" [1793], com carta de Carbonell, Caracas, 13 de março de 1794, AGI, Estado, leg. 58, doc. 4.

[30] "Duplicados de las Juntas", AGI, Estado, leg. 58, doc. 4. Os espanhóis se referiam ao Cap Français e a seus arredores como "Guarico".

[31] Antonio López Quintana para Gardoqui, Caracas, 15 de fevereiro de 1795, AGI, Caracas, leg. 472; León para Gardoqui, Caracas, 15 de janeiro de 1795, AGI, Caracas, leg. 507; consulta (Manuel Romero, Juan Gonzalez Bustillo, Jorge Escobedo, Vicente Hora), Madri, 6 de outubro de 1795, AGI, Caracas, leg. 15. Por volta da mesma época, autoridades na Filadélfia cogitaram uma proibição semelhante a foguetes "porque haviam sido utilizados como sinais em San Domingo". Ver Higginson, 1889, p. 208.

[32] A respeito dos tempos de navegação de La Guaira para vários portos na América espanhola, ver "Reglamento para Transportes de Oficiales de los Puertos de esta Capitanía General para todos los de la Península de Europa, y de unos a otros Puertos en América", Caracas, [1800], AGI, Caracas, leg. 96.

[33] Pares, 1937, pp. 31-32. Para exemplos, ver os papéis de Le Flibustier, 1795, e L'Adelaide, 1795, JHCVA Papers, JA, e as relações de prisioneiros franceses anexas a Juan de Araoz para Las Casas, La Habana, 4 de junho, 13 de junho de 1795, AGI, Cuba, leg. 1455. Para as atividades do capitão mulato, ver Juan Nepomuceno de Quintana para Las Casas, Cuba, 29 de julho de 1796, AGI, Cuba, leg. 1435.

[34] Para este e outros ataques contra espanhóis traficantes de escravos, ver Vaillant para Gardoqui, Cuba, 15 de maio, 27 de maio, 9 de junho de 1795, AGI, Santo Domingo, leg. 1263. Navios franceses na costa da África realizavam ataques ainda mais agressivos contra traficantes de escravos britânicos, holandeses e portugueses, queimando navios e libertando cativos africanos. Ver *Courrier de la France et des colonies* (Filadélfia), 15 de outubro de 1795 (cópia em microfilme na Yale University Library).

[35] Arcebispo de Santo Domingo para Príncipe de la Paz, Santo Domingo, 15 de outubro de 1796, AGI, Estado, leg. 11-A, doc. 1; José María Chacón para Gardoqui, Trinidad, 17 de junho de 1796, AGI, Indiferente General, leg. 1595; Chacón para Gabriel Aristizábal, Trinidad, 29 de dezembro de 1795, AGI, Caracas, leg. 153.

[36] Humboldt, 1831, vol. I, pp. 343-345; Quintana para Gardoqui, Caracas, 19 de fevereiro de 1795, AGI, Caracas, leg. 514.

[37] "Testimonio del expediente formado sobre la sublevación de los negros, Sambos, mulatos Esclavos y libres de la Jurisdicción de Coro", Caracas, 23 de março de 1797, AGI, Caracas, leg. 426.

[38] Carbonell cita seu antecessor Guillelmi em uma carta para Campo de Alange, Caracas, 13 de março de 1794, AGI, Caracas, leg. 95.

[39] León para Lerena, Caracas, 27 de fevereiro de 1792, AGI, Caracas, leg. 503; "Papeles Relativos a los Quejas de los vecinos de Curazao", 28 de março de 1770, AGI, Indiferente General, leg. 2787; Guillelmi para Antonio Porlier, Caracas, 23 de janeiro de 1791, AGI, Estado, leg. 58, doc. 2; *informe of the ayuntamiento of Coro*, Coro, 21 de abril de 1796, AGI, Caracas, leg. 95.

[40] Para dados populacionais, ver Domínguez, 1980, p. 56.

[41] *Testimonio* de Mariano Ramírez Valderrain, Coro, 23 de maio de 1795, AGI, Caracas, leg. 426; Arcaya, 1949, pp. 34-35.

[42] Veja o *informe* de Manuel de Carrera, Caracas, 26 de setembro de 1796, AGI, Caracas, leg. 426.

[43] Veja a investigação do nativo de Barbados Michael Brown, s.d., papéis de Speedwell, 1793; exames de John Domingo e John Francisco, 18 de fevereiro de 1795, papéis de Le Flibustier, 1795; e o exame do comandante do navio negro Nicolás Manuel, 26 de março de 1796, papéis de Trimmer, 1796, em JHCVA Papers, JA.

[44] Arcaya, 1949, pp. 37-39; Domínguez, 1980, pp. 56-57.

[45] Para descrições desses eventos, ver Gershoy, 1964, p. 303; Goslinga, [1956], pp. 34-40; 1979, pp. 113-114.

[46] Whitaker, 1931, pp. 30-39, 107, 119. Din, 1970, pp. 197-213, cobre as tentativas falhadas para estimular imigração.

[47] Exames de Jean Pousson, 26 de fevereiro de 1794; George Clark, 27 de fevereiro de 1794; Henry B. Ludlow, 4 de abril de 1794; e Lachlan McNeal, 8 de abril de 1794, papéis de Joseph/ St. Joseph (1794), JHCVA Papers, JA; Carondelet para Las Casas, Nueva Orleans, 14 de abril de 1792, AGI, Cuba, leg. 1446. Sobre a prisão de Dupuy, ver Fiehrer, 1977, p. 480.

[48] Holmes, 1965, p. 65; Liljegren, 1939, pp. 47-56; Gayarré, 1885, vol. III, pp. 327, 337; Las Casas para Alcudia, La Habana, 2 de março de 1793, Carondelet para Las Casas, Nueva Orleans, 15 de fevereiro de 1793, AGI, Estado, leg. 14, doc. 7. Para um navio levando notícias de Porto

Príncipe para Luisiana, ver Las Casas para Campo de Alange, La Habana, 2 de julho de 1792 e a relação em anexo do capitão francês, AGI, Santo Domingo, leg. 1259.

[49] Carondelet para Las Casas, Nueva Orleans, 15 de fevereiro de 1793, AGI, Cuba, leg. 1489; Villiers du Terrage, 1982, p. 183; Joseph Villars Dubreuil, rascunho de discurso para o legislativo, s.d., Joseph Villars Dubreuil Papers, Duke University Library; Barbé-Marois, 1830, p. 198; Fiehrer, 1977, p. 394.

[50] Sterkx, 1972, pp. 79-83; Fiehrer, 1977, pp. 484, 485.

[51] Las Casas para Alcudia, La Habana, 14 de maio de 1794, e o anexo "Testimonio de la Sumaria contra el Mulato libre Pedro Bailly" [Nueva Orleans, 1794], AGI, Estado, leg. 14, doc. 60; Burson, 1940, 123n.

[52] "Testimonio... contra el Mulato libre Pedro Bailly", AGI, Estado, leg. 14, doc. 60; McConnell, 1968, p. 28. João de Deus, líder negro de uma conspiração na Bahia, no nordeste do Brasil, em 1798, expressou em termos semelhantes as mesmas ideias igualitárias que Bailly e também conclamou por uma nova sociedade calcada nas ideias do republicanismo francês. Ver Viotti da Costa, 1975, pp. 68-69.

[53] Ver as observações de Paul Alliot reproduzidas em Robertson, 1911, vol. I, p. 119; Lachance, 1979, p. 174; e Holmes, 1970, pp. 345-349, 352-361. Sobre as medidas de Carondelet, ver United States, 1834, vol. I, pp. 380-381.

[54] William C. C. Claiborne para James Madison, 12 de julho de 1804, em Donnan, 1930-1935, vol. IV, p. 663; Genovese, 1979, p. 43; Gayarré, 1885, vol. IV, pp. 266-268.

[55] Fordham, 1975, p. 116; *Laws of Maryland, Made and Passed at a Session of Assembly...* (Annapolis, 1792), ch. XVI; James Innis para Governador Lee, 27 de fevereiro de 1792; M. de Tubeuf para Governador e Conselho, 29 de outubro de 1792, em Palmer & McRae, 1875-1893, vol. V, p. 452; vol. VI, pp. 112-113 (doravante CVSP).

[56] Childs, 1940, p. 15; Thomas Newton para Governador, 9 de julho de 1793, CVSP, vol. VI, p. 443; Bogger, 1978, p. 89; Terry, 1975, pp. 43-45; Hartridge, 1943, pp. 103-107.

[57] Childs, 1940, pp. 89-90.

[58] Williamson para Dundas, 10 de agosto de 1793, C.O. 137/91, PRO.

[59] Ebenezer Pettigrew para James Iredell, 4 de julho de 1804, James Iredell Papers, Duke University Library.

[60] *Boston Independent Chronicle*, 8 de novembro de 1793; *Baltimore Daily Intelligencer*, 4 de dezembro de 1793.

[61] *Journal des Révolutions de la partie française de Saint-Domingue* (Filadélfia), 28 de outubro, 9 de dezembro de 1793, RSD.

[62] Candy, 1830, p. 147; Terry, 1975, pp. 63-64.

[63] *Digest to the Laws of the State of Georgia...*, 1802, pp. 442-443; Iredell, 1791, pp. 1-2, 10-11; *Laws of Maryland*, 1797, s.p.; Higginson, 1889, p. 208.

[64] "In Council", 14 de janeiro de 1795; Thomas Newton para Governador, 28 de abril, 9 de junho, 11 de junho, 23 de junho, 29 de junho de 1795; A. Dunscomb para Vice-Governador Wood, 18 de setembro de 1795, CVSP, vol. VII, p. 475, vol. VIII, pp. 254-256, 260, 274, 277--278, 298.

[65] Winship, 1920, pp. 82-91; *The American Star, or, Historical, Political, and Moral Journal* (Filadélfia), 4 de fevereiro de 1794, documento em Historical Society of Pennsylvania, Filadélfia (doravante HSP).

[66] *Journal de Révolutions de la partie française de Saint-Domingue*, 6 de janeiro de 1794, documento em in HSP; "Les citoyens de couleur de Philadelphia à L'Assemblée Nationale", 24 [de setembro de] 1793, RSD; *American Star*, 6 de fevereiro de 1794.

[67] Para anúncios de fugitivos em vários estados do meio do atlântico, ver *American Star*, 4 de março, 1º de abril, 10 de abril, 1º de maio de 1794.

[68] "Queries Respecting the Slavery...", 1795, p. 206. *Cities, 1790-1825* (Charlottesville, 1967), p. 33; Rogers Jr., 1969, p. 141.

[69] DuBois, 1899, p. 17; Lee & Lalli, 1967, p. 33; Rogers Jr., 1969, p. 141.

[70] Samuel Hopkins para Granville Sharp, 15 de janeiro de 1789, em Hoare, 1820, pp. 340-342; Thomas, 1840, vol. I, pp. 77-78.

[71] Investigação de Newport Bowers, 16 de dezembro de 1793, nos papéis de Juno (1793), JHCVA Papers, JA. A suposição de que Bowers residia em Baltimore é baseada inteiramente no fato de que ele comprou uma vaga em um navio com destino a Baltimore para voltar "para casa". Ver abaixo.

[72] Ver os exames de Bowers; George Parker e Robert Ellis, 14 de dezembro de 1793; e James Fuller, 17 de dezembro de 1793, *idem*. É pertinente notar que membros da tripulação estavam confiantes de que fariam uma venda em Havana, apesar de proibições espanholas contra a compra de negros "estrangeiros", nascidos em outras colônias.

[73] Balanço patrimonial, 25 de maio de 1795, *idem*.

[74] Registro de 18 de novembro de 1871, "Minutes of the proceedings of the Magistrates and Inhabitants of Honduras respecting a Cargo of Slaves from St. Domingo landed and left on English Key", C.O. 137/90, PRO.

[75] Investigações de Parker e Fuller, papéis de *Juno*, JHCVA Papers, JA. Não está claro se algum desses indivíduos foi vendido junto com os outros ou preso com Bowers.

[76] Exames de Peter Torris, 25 de novembro de 1793, e William Johnson, s.d. [novembro de 1793]; declaração de James Patterson, 30 de novembro de 1793, nos papéis de *Rising Sun* (1793), JHCVA Papers, JA.

[77] Exames de David Crocker e Howland Powers, 25 de outubro de 1793, em papéis de *Nancy* (1793), JHCVA Papers, JA.

[78] Ginna [?] para "Miss Polly Morgan at Mrs. Russel's Widow, No. 5 White point, Charleston", 28 de agosto de 1793, nos papéis de *Fox* (1793), JHCVA Papers, JA.

[79] *Journal des Révolutions de la partie française de Saint-Domingue*, 28 de outubro de 1793; *New York Journal and Patriotic Register*, 16 de outubro de 1793, *apud* Treudley, 1916a, p. 124; Nathaniel Russell para Ralph Izard, 6 de junho de 1794, *apud* Phillips, 1909, p. 735; Terry, 1975, p. 80.

[80] *Minerva* (Nova York), 16 de julho de 1796, *apud* Terry, 1975, p. 102; Edward Rutledge para John Rutledge Jr., 21 de novembro de 1797, John Rutledge Papers, Duke University Library; J. Alison para Jacob Read, 5 de dezembro de 1797, Jacob Read Papers, Duke University Library; L. A. Rose, 1969, pp. 162-164.

[81] Depoimento de John Randolph, 21 de julho de 1793, E. Langhorn para Governador, 3 de agosto de 1793, CVSP, vol. VI, pp. 452-453, 470.

[82] Willis Wilson para Governador, 21 de agosto de 1793, CVSP, vol. VI, p. 490; Thomas Newton para Governador, 1 de outubro de 1793, CVSP, vol. VI, pp. 571-572.

[83] Livro de minutas, Corte Hustings (1791-1797), p. 85, Tribunal de Petersburg, Petersburg, Virginia; Robert Mitchell para J. Marshall, 23 de setembro de 1793, CVSP, vol. VI, p. 547.

[84] *Apud* Bogger, 1978, p. 92.

[85] Virginia Argus (Richmond), 3 de outubro de 1800. Para uma descrição completa da conspiração de Gabriel, ver Mullin, 1972, pp. 140-163. O Presidente Adams suspendeu o embargo comercial contra o governo de Toussaint em Saint-Domingue apenas semanas antes da rebelião de Gabriel.

[86] "Extract from a charge delivered to the African Lodge, June 24th, 1797... by the Right Worshipful Prince Hall", reproduzido em William Cooper Nell, *The Colored Patriots of the American Revolution, with Sketches of Several Distinguished Colored Persons* (Boston, 1855), p. 64.

[87] Tucker, 1801, pp. 10-11.

Epílogo

Logo depois que os primeiros relatos da revolta em Saint-Domingue chegaram à Jamaica, no final de 1791, um escravo astuto de uma das paróquias do litoral norte fez uma advertência quando seus colegas cogitaram montar um levante semelhante na ilha britânica. Não importa o quão bem concebidos fossem esses planos insurrecionais, ele advertiu, "enquanto os brancos controlassem a comunicação com o mar, os negros não poderiam fazer nada".[1] Na virada do século, o surgimento de Saint-Domingue representou a possibilidade de uma presença negra autônoma no mar que parecia impossível apenas uma década antes. Toussaint Louverture naturalmente buscou a "comunicação com o mar" como uma forma de consolidar a revolução na colônia francesa. Mas as potências escravagistas das Américas, em um esforço para conter a disseminação da agitação negra no hemisfério, agiram de forma decisiva para limitar os contatos de Saint-Domingue com o resto das Américas, negando aos rebeldes negros o acesso ao mar.

Quando Gabriel começou a preparar o terreno para a conspiração de Richmond em 1800, Saint-Domingue estava no limiar da independência. Sob a liderança de Toussaint, exércitos de ex-escravos derrotaram a ocupação espanhola em 1796 e, dois anos depois, obtiveram uma vitória ainda maior quando as forças britânicas abandonaram seus dispendiosos esforços que já duravam cinco anos para anexar a colônia francesa. Após a evacuação, o comandante britânico Thomas Maitland negociou e assinou uma "convenção secreta" não autorizada com Toussaint, prometendo parar de interferir nos assuntos de Saint-Domingue em troca da promessa do líder negro de que não exportaria a revolução para a Jamaica.

Nos dois anos seguintes a esse tratado, tanto os britânicos quanto os americanos tiveram que encarar a complicada questão diplomática de como lidar com o regime de Toussaint. Ele, por outro lado, fez propostas conciliatórias a ambas as nações, a fim de atrair o comércio de que precisava para reconstruir a colônia após anos de guerra. Debates acalorados em Londres e na Filadélfia finalmente produziram uma política aprovada pelos governos britânico e norte-americano. A Grã-Bretanha e os Estados Unidos consentiram em abrir o comércio com as áreas de Saint-Domingue sob o comando de Toussaint e em apoiar o movimento da colônia em direção à independência política, visando enfraquecer o império francês nas Américas. Em maio de 1799, em outra série de negociações secretas, Toussaint concordou com as condições elaboradas semanas antes por representantes britânicos e americanos na Filadélfia. No entanto, longe de ajudar Saint-Domingue a conquistar uma independência significativa, os vizinhos poderosos e preocupados de Toussaint usariam esse acordo para negar sua capacidade de agir com qualquer grau de autonomia nos assuntos regionais.[2]

Em 1798 e 1799, enquanto os norte-americanos e os britânicos debatiam o futuro de Saint-Domingue, pessoas sem senhores de Saint-Domingue apareceram em portos da Filadélfia à Venezuela, trazendo consigo ideias revolucionárias. As já acirradas deliberações do Congresso dos Estados Unidos sobre leis contra a imigração e contra insurreição [Alien and Sedition Acts], medidas destinadas a excluir estrangeiros rebeldes do território da nova nação e a suprimir a dissidência interna, ganharam mais urgência em junho de 1798. Chegou ao plenário da Câmara a notícia de um "perigoso motim" que se formava entre 250 e 300 negros a bordo de navios franceses de Saint-Domingue ancorados no rio Delaware, a uma curta distância da Filadélfia. Oficiais militares observaram a tripulação de um "saveiro de guerra tripulado apenas com negros [...] rondando todos os outros navios que têm negros a bordo", em um aparente esforço para desembarcar, desafiando regulamentos que os confinam aos seus navios.[3] Em maio de 1799, tripulações inter-raciais de Saint-Domingue navegaram três navios franceses ao porto de Maracaibo, na costa da Venezuela, sob falsos pretextos e tentaram deflagrar uma rebelião local contra a autoridade espanhola.[4] Mais tarde naquele ano, os temores de longa data dos jamaicanos brancos de que os rebeldes de Saint-Domingue exportariam sua revolução "com a ajuda da palavra mágica Liberdade" quase se concretizaram.

Em dezembro de 1799, as autoridades britânicas executaram Isaac Sasportas, um comerciante judeu de Saint-Domingue e partidário das revoluções na França e no Caribe, depois de considerá-lo culpado de se infiltrar na ilha com o objetivo de reunir o apoio dos negros para uma invasão vinda de Saint--Domingue. As instruções de Sasportas forneceram indícios impressionantes da natureza potencialmente subversiva do comércio não regulamentado: ele chegou à Jamaica na companhia de contrabandistas espanhóis de Santiago de Cuba; frequentou tavernas para testar "a opinião pública em relação às visões políticas [francesas]"; e se reuniu com líderes quilombolas.[5]

Os observadores críticos da aparente aproximação com Toussaint argumentaram que a permissão para que os navios negociassem com Saint--Domingue apenas tornaria esses episódios mais frequentes e aumentaria o problema do controle de escravos. "Podemos esperar, portanto, tripulações negras, grandes cargueiros e missionários nos estados do sul", escreveu Thomas Jefferson depois que o presidente Adams suspendeu o embargo ao comércio com Saint-Domingue em 1799. "Se essa combustão puder ser introduzida entre nós sob qualquer disfarce, temos que temê-la." Fazendo eco a Jefferson, o almirante britânico Hyde Parker, comandante da estação naval da Jamaica, registrou "fortes objeções [...] contra essa comunicação de cor". A Assembleia da Jamaica solicitou que os legisladores coloniais reconsiderassem o pacto com Toussaint, já que seria "quase impossível" impedir que "personagens impróprios e perigosos" viajassem entre a Jamaica e Saint-Domingue em navios comerciais ou "ocultar de nossos escravos o conhecimento de uma relação autorizada existente entre nosso governo e escravos rebeldes da pior espécie".[6]

Incapazes de dissuadir seus governos de cultivar relações comerciais e diplomáticas com a colônia francesa rebelde, as autoridades locais tentaram se preparar recorrendo a práticas conhecidas. Na Jamaica, por exemplo, a Assembleia aprovou requisitos rigorosos de licenciamento para comerciantes e capitães que optassem por realizar comércio com Toussaint. Essas regulamentações obrigavam os capitães a assinar um acordo de que não empregariam marinheiros franceses "nem negros, nem pessoas de cor denominadas mulatos" e a registrar declarações na alfândega imediatamente após seu retorno de Saint-Domingue, "para que estrangeiros não fossem introduzidos nesses navios sob o disfarce de marinheiros". Como proteção adicional contra a comunicação não autorizada, as leis da Jamaica que regiam o comércio entre as ilhas britânicas e francesas obrigavam o Conselho de Polícia a inspecionar e liberar todas as cartas que viajavam a bordo de navios britânicos em qualquer direção.[7]

Os artigos secretos da convenção de maio de 1799 com Toussaint, no entanto, continham medidas mais abrangentes e eficazes voltadas para os mesmos fins. Em resposta aos críticos do tratado, o Secretário de Estado britânico respondeu que o acordo fornecia "a melhor segurança que pode ser obtida contra qualquer comunicação entre os negros daquela ilha" e os de outros territórios.[8] A correspondência oficial privada revela que a política anglo-americana em relação a Saint-Domingue visava especificamente o controle das redes de comunicação dos negros. Em nítido contraste com a discordância sobre uma série de questões diplomáticas correntes, a Grã-Bretanha e suas ex-colônias encontraram "um interesse comum em evitar a disseminação de princípios perigosos entre os escravos de seus respectivos países" e concordaram que "o principal perigo a ser percebido com a liberdade dos negros em St. Domingo" consistia no "eventual aumento de sua navegação". O ministro britânico para os Estados Unidos, Robert Liston, que participou das reuniões na Filadélfia entre os funcionários de seu governo e seus homólogos dos Estados Unidos e ajudou a redigir o tratado, resumiu as deliberações, declarando que os britânicos e os norte-americanos trabalhariam juntos "para pôr um fim completo, ou o mais próximo possível, a todas as operações marítimas ou aos esforços de qualquer tipo na ilha de St. Domingo".[9]

Se ganhou a guerra contra os britânicos em 1798, Toussaint claramente perdeu a paz. Para o deleite de seus antigos inimigos, ele concedeu aos navios britânicos e norte-americanos o monopólio compartilhado do comércio exterior de Saint-Domingue, tornando a colônia "totalmente dependente de nós para sua alimentação diária, bem como para as outras necessidades da vida".[10] Embora as embarcações locais mantivessem o controle de parte do comércio costeiro entre os portos, os regulamentos do tratado impunham "restrições severas" à operação dessas pequenas embarcações, bem como à frota incipiente de "navios do Estado" armados de Toussaint. Essas restrições limitavam a tonelagem e o tamanho das tripulações e, finalmente, proibiam qualquer embarcação local de navegar fora de um raio de 5 léguas, ou 15 milhas (24 quilômetros), da costa. Os barcos que violassem esses termos estavam sujeitos à apreensão.[11]

EPÍLOGO

Para o desânimo de Toussaint, os navios britânicos que patrulhavam as águas costeiras de Saint-Domingue aplicavam rigorosamente esses limites à atividade marítima. Naturalmente, os comandantes britânicos prestaram a maior atenção às embarcações armadas sob o comando de Toussaint. De acordo com um relatório britânico, em dezembro de 1799, a "força marítima" do general negro consistia em 13 navios tripulados "principalmente por negros" e cerca de 700 marinheiros.[12] Apesar de essa frota parecer modesta para os padrões britânicos, a Marinha Real identificou esses navios e suas tripulações negras como potencialmente problemáticos e logo os acusou de violar as estipulações da convenção. Em algum momento do final de 1799, oficiais britânicos relataram a apreensão de "uma pequena frota de guerra" sob as ordens de Toussaint que se dirigia de Port Républicain (antigo Port-au-Prince) para Jacmel, na costa sul. Alegando que os navios haviam ultrapassado o limite de 15 milhas (24 quilômetros) e se aproximavam perigosamente do leste da Jamaica, os navios de guerra britânicos forçaram esses quatro navios com mais de 400 tripulantes a bordo a entrar capturados em Port Royal. Em fevereiro de 1800, os navios britânicos conseguiram tirar "entre 500 e 600 homens do mar", que definhavam nas prisões superlotadas da Jamaica como prisioneiros de guerra. Sustentando que esses homens embarcariam em navios corsários imediatamente após sua libertação e atacariam o comércio naval jamaicano, o almirante Parker recusou os pedidos de Toussaint e do governador Balcarres para que esses marinheiros fossem devolvidos à colônia francesa.[13]

Parker se opôs firmemente ao tratado com Toussaint, e, sob seu comando, muitos navios britânicos ultrapassaram sistematicamente os limites de sua autoridade. Eles não apenas interceptaram navios armados sob pretextos duvidosos, mas também perseguiram e apreenderam barcos menores envolvidos no comércio costeiro. Apesar das repetidas súplicas de Toussaint para que "meus navios fossem respeitados", os cruzadores da Marinha Real frequentemente atacavam os navios pesqueiros, forçando-os a desembarcar e, em alguns casos, capturavam-nos como espólios de guerra.[14]

Por fim, os britânicos e as outras potências apoiaram o esforço para conter os rebeldes negros em Saint-Domingue reagindo rapidamente para eliminar qualquer sinal de iniciativas marítimas independentes dentro da colônia francesa. Em Cuba, em 1799, e na Jamaica, no ano seguinte, as autoridades bloquearam a venda de escunas de grande porte para representantes que tinham vindo de Saint-Domingue com o objetivo de adquirir navios. Até mesmo a descoberta de uma pequena quantidade de lona de vela escondida entre uma carga de mercadorias contrabandeadas a bordo de um navio norte-americano indicou aos comerciantes britânicos que comercializavam em Saint-Domingue que Toussaint estava planejando discretamente alguma aventura marítima.[15]

A política de contenção iniciada e executada nos anos incertos entre 1798 e 1800 conseguiu isolar Saint-Domingue de seus vizinhos, frustrando o sonho de Toussaint de reconstruir a colônia depois de uma década de guerra e de se juntar à família das nações em condições de igualdade. Em Saint-Domingue, essas derrotas enfraqueceram seriamente a base de apoio de Toussaint e, em última análise, sinalizaram o fim de sua autoridade. Em 1801, um enviado de Napoleão capturou o líder negro e o mandou para a prisão na França como parte da tentativa do novo governo metropolitano de restabelecer a escravidão nas colônias.

No entanto, os eventos subsequentes confirmaram a fé do poeta britânico William Wordsworth e do maçom afro-americano Prince Hall. Como Wordsworth previu em 1802, ao saber da morte iminente de Toussaint, "nem um sopro do vento comum" esqueceu Toussaint; nem sua morte reverteu o ímpeto da revolução em Saint-Domingue. Os soldados franceses, devastados pela febre amarela e constantemente lembrados de sua própria herança revolucionária pela resistência das tropas negras, não foram páreo para os ex-escravos que lutavam para preservar a liberdade que lhes havia custado tanto. Em 1º de janeiro de 1804, Jean Jacques Dessalines declarou o Haiti a segunda república independente do Novo Mundo. Após a independência, os haitianos continuaram a apoiar a causa da libertação dos negros. As primeiras edições da *Gazette officielle de l'état de Hayti*, publicada pela primeira vez em 1807, comemoravam a recente abolição do comércio britânico de escravos com um relato em série de toda a história, destacando o papel de William Wilberforce e outros abolicionistas proeminentes.[16] Os residentes da república negra também mantinham comunicação com os negros em outras partes do hemisfério. Apesar da série de problemas econômicos e políticos que assolavam a nova nação nascida de uma revolução de escravos, os haitianos fizeram contribuições importantes para o movimento pela liberdade política na América Latina.

Já em 1805, um ano após a independência haitiana, as autoridades brasileiras proibiram os negros da milícia do Rio de Janeiro de exibir retratos de Dessalines.[17]

Depois de 1804, o Haiti tomou o lugar de Cuba como o foco das reclamações das autoridades britânicas sobre os escravos que abandonaram a Jamaica. Um escravo fugitivo que retornou à ilha britânica em 1818 testemunhou que havia visto "de 30 a 40" fugitivos da Jamaica durante sua estada lá e explicou que os marinheiros do Haiti frequentemente incentivavam e ajudavam os escravos fugitivos. Alguns desses marinheiros podem ter sido refugiados da Jamaica ou de outros lugares. Em junho de 1818, quatro marinheiros jamaicanos negros ficaram presos em Londres após serem dispensados da marinha e solicitaram ajuda ao Committee for the Relief of Destitute Seamen (Comitê de Apoio aos Marinheiros Desamparados) para encontrar uma maneira de retornar à ilha. Dois deles, no entanto, estavam ansiosos para chegar em casa apenas porque "isso facilitaria sua passagem para St. Domingo", onde esperavam "conseguir trabalho em um navio pesqueiro ou uma embarcação costeira".[18] Ocasionalmente, as autoridades até descobriam haitianos envolvidos em ativismo explícito nas ruas da Jamaica. Em 1817, a Assembleia acusou Thomas Strafford, um residente do Haiti, de ter "circulado papéis impressos aqui com uma tendência muito perniciosa", citando como prova um panfleto intitulado "Reflections on Blacks and Whites" (Reflexões sobre negros e brancos).[19]

Durante os movimentos de independência hispano-americanos, os líderes haitianos ofereceram asilo a Simón Bolívar e outros revolucionários. Em 1817, Bolívar equipou navios em Cayes com tripulações "de diferentes nações e cores" para navegar "contra os inimigos da Venezuela"; muitos outros navios que navegavam sob a bandeira da Venezuela eram, na verdade, "de propriedade de e operados por nativos do Haiti". Durante a mesma década, as autoridades espanholas relataram que os cidadãos negros do Haiti se manifestaram abertamente a favor da independência em lugares tão distantes quanto o México. Os navios espanhóis apreenderam exemplares do jornal haitiano *Le Telegraph* em navios que se dirigiam a portos hispano-americanos; até mesmo o título do jornal faz referência ao imaginário da comunicação de longa distância.[20]

Durante o século XIX e o começo do XX, negros norte-americanos se inspiraram no exemplo da liberdade haitiana e mantiveram contato direto e indireto com a ilha. Denmark Vesey, de Charleston, que viajou para o Caribe como grumete várias vezes durante sua juventude e morou por alguns anos em Saint-Domingue, organizou uma conspiração de escravos e negros livres em 1822 que teve o Haiti pelo menos parcialmente como referência. Vesey e seus tenentes acompanhavam os eventos na nova nação negra, repassando jornais de mão em mão. No julgamento de Vesey, um de seus conspiradores depôs que ele "tinha o hábito de ler para mim todas as passagens nos jornais sobre Santo Domingo". Alegando ter trocado correspondências por meio de cozinheiros negros de navios comerciais entre Charleston e o Haiti, Vesey prometeu aos seus seguidores que os haitianos viriam auxiliá-los se eles desferissem o golpe inicial pela sua liberdade.[21] Os anos 1820 também viram a primeira onda de emigração de negros livres dos Estados Unidos ao Haiti, e a migração para a república negra continuou muito depois do fim da escravidão.[22]

Historiadores afro-norte-americanos do século XIX, como o ex-escravo William Wells Brown, caracterizaram a revolução em Saint-Domingue como o principal evento na história dos afro-americanos. Na década de 1850, Brown proferiu palestras sobre o assunto, e sua pesquisa sobre Toussaint Louverture e a história do Haiti o levou aos arquivos de Londres e Paris. Até os dias de hoje, Toussaint e a Revolução Haitiana continuam ocupando um lugar central na memória cultural dos negros na América do Norte. Um século depois de Brown ter publicado sua popular palestra sobre a revolução, Ntozake Shange descobriu Toussaint quando era criança e crescia no Meio-Oeste dos Estados Unidos na década de 1950, e esse incidente inspira um dos fragmentos notáveis de sua obra recente.[23]

Notas

[1] "Minutes of the examination of Duke", 11 de janeiro de 1792, C.O. 137/90, PRO.

[2] Para abordagens mais completas da diplomacia extremamente complexa nesse período, ver Logan, 1941, pp. 64-111; DeConde, 1966, pp. 130-141; e B. Perkins, 1955, pp. 106-111.

[3] United States, 1834-1856, 5º Congresso (1797-1799), vol. II, col. 2057; Lewis Toussard para Secretário de Guerra, 28 de junho de 1798, reproduzido em United States, 1935-1938, vol. I, p. 149 (doravante *Quasi-War Documents*).

[4] Manuel de Guevara para Antonio Cornel, Caracas, 31 de agosto de 1800, AGI, Caracas, leg. 97.

[5] Parker para Spencer, 8 de dezembro de 1799, em Corbett & Richmond, 1913-1924, vol. III, pp. 282-283; Antoine Chaulatte para Ministro da Marinha (trad.), [1800], C.O. 137/105, PRO; John Wigglesworth para Duque de Portland, 26 de dezembro de 1799, War Office Records, Classe 1/Vol. 74, PRO (doravante W.O. 1/74, PRO); "Dispositions à suivre pour preparer la descente et s'emparer de l'Isle de la Jamaïque", s.d., C.O. 137/103, PRO.

[6] Thomas Jefferson para James Madison, 12 de fevereiro de 1799, reproduzido em Ford, 1892-1899, vol. VII, p. 349; Hyde Parker para Lorde Spencer, 19 de maio de 1799, reproduzido em Corbett & Richmond, 1913-1924, vol. III, pp. 275-276; Jamaica Assembly, 1800, p. 15.

EPÍLOGO

[7] Jamaica Assembly, 1800, p. 48; Balcarres para Portland, Maitland para Balcarres, 4 de junho de 1799, C.O. 137/102, PRO.

[8] Portland para Balcarres, 17 de junho de 1799, C.O. 137/101, PRO.

[9] "Artigos" de Thomas Pickering sobre o comércio com Saint-Domingue, em Adams, 1850--1856, vol. VIII, 639n.; Robert Liston para Edward Robinson, 4 de novembro de 1800, C.O. 137/105, PRO.

[10] Portland para Balcarres, 17 de janeiro de 1799, C.O. 137/101, PRO.

[11] Thomas Maitland para Hyde Parker, 31 de maio de 1799, C.O. 137/102, PRO; Edward Stevens para Christopher R. Perry, 11 de outubro de 1799, *Quasi-War Documents*, vol. IV, pp. 279-280.

[12] "List of General Toussaint's force by sea", [1º de dezembro de 1799], *Quasi-War Documents*, vol. IV, pp. 468-469.

[13] Wigglesworth para Portland, 20 de dezembro de 1799, W.O. 1/74, PRO; Henry Shirley para Edward Shirley, 21 de maio de 1800, C.O. 137/104, PRO; Parker para Balcarres, 6 de fevereiro de 1800, C.O. 137/105, PRO.

[14] "Extract of a Letter from Gen. Toussaint to Edw. Robinson dated 26 Fructidor an 8", Edward Corbet para Balcarres, 31 de março de 1801, C.O. 137/105, PRO.

[15] Marqués de Someruelos para Mariano Luis de Urquijo, La Habana, 6 de agosto de 1799, AGI, Estado, leg. 2, doc. 11; H. Shirley para E. Shirley, 21 de maio de 1800, C.O. 137/104, PRO; Hugh Cathcart para Balcarres, 16 de setembro de 1799, C.O. 137/102, PRO.

[16] *Gazette officielle de l'état de Hayti* (Port-au-Prince), 7, 14 de maio de 1807, cópias na British Library, Londres.

[17] Mott, 1982, p. 5.

[18] George Hibbert para Lorde Bathurst, [abril de 1818], J. Erokson para Henry Gaulburn, 17 de junho de 1818, C.O. 137/146, PRO; Patterson, 1967, p. 263.

[19] Jamaica Assembly, Sessional Papers, 28 de novembro de 1817, C.O. 140/100, PRO.

[20] Investigação de Antoine Louis Pellerin, 23 de maio de 1817, C.O. 137/144, PRO; J. Fray para John Bennett, Jr., 21 de novembro de 1816, C.O. 137/145, PRO; "Papeles que remite desde la bahía de Santo Domingo el Comandante del bergantín Perignon", 12 de março de 1817, AGI, Estado, leg. 4, doc. 13. Córdova-Bello, 1964, pp. 115-170, faz um resumo do papel do Haiti na independência da América Latina.

[21] Lofton, 1964, pp. 5-26, 73; *The Trial Record...*, 1970, pp. 28, 42, 68, 70-71, 88, 93, 117; confissões de Bacchus e John, s.d., Hammet Papers.

[22] Miller, 1975, pp. 74-82, 232-249.

[23] Brown, 1855; 1874, pp. 140-242; Shange, 1977, pp. 25-30.

BIBLIOGRAFIA

Fontes Primárias

Manuscritos

Archivo General de Indias, Sevilha, Espanha

Sección de Gobierno, Audiencia de Caracas, legajos 15, 94-97, 113-115, 153, 168, 180, 426, 472, 503, 505, 507, 514, 907

Sección de Gobierno, Audiencia de México, legajos 3024, 3025

Sección de Gobierno, Audiencia de Santo Domingo, legajos 953-957, 1027, 1028, 1031, 1032, 1110, 1253-1256, 1259-1264

Sección de Indiferente General, legajos 802, 1595, 2787, 2822

Sección de Estado, legajos 2, 4, 11, 13, 14, 58, 65

Papeles procedentes de la isla de Cuba, legajos 1434, 1435, 1439, 1446, 1460, 1465, 1468, 1469, 1474, 1486, 1488-1490, 1499-A, 1508-A, 1526, 1528

Pasquines y Loas, 4

John Carter Brown Library, Providence, Rhode Island

Révolutions de Saint-Domingue Collection

Duke University Library, Durham, Carolina do Norte

Bedinger-Dandridge Family Papers

Stephen Fuller Papers

William and Benjamin Hammet Papers

James Iredell Papers

Jacob Read Papers

James Rogers Papers

John Rutledge Papers

Joseph Villars Dubreuil Papers

William Wilberforce Papers

Jamaica Archives, Spanish Town, Jamaica

Records of the Jamaica High Court of Vice-Admiralty, 1793-1799

National Library of Jamaica (Institute of Jamaica), Kingston, Jamaica

MS 368, 1731

Petersburg Courthouse, Petersburg, Virginía

Minute Book, Hustings Court (1791-1797)

Public Record Office, Londres, Inglaterra

Admiralty Records, 1/244, 245

Colonial Office Records, 71/14-20; 137/25, 87-91, 95, 96, 98, 101-105, 144, 145; 140/103

Foreign Office Records, 4/11

War Office Records, 1/74

University of Virginia Library, Charlottesville, Virginía

West Indian Travel Journal of Robert Fisher, 1800-1801 (manuscrito)

West India Committee Archives. Institute of Commonwealth Studies, Londres, Inglaterra

Minutes of the West India Planters and Merchants (microfilme, 17 rolos), M-915

Impressos

ADAMS, Charles Francis, (ed.). *The Works of John Adams.* 10 vols. Boston, Little, Brown, and Co., 1850-1856.

BURDON, Sir John Alder (ed.). *Archives of British Honduras.* 3 vols. London, Sifton, Praed, & Co., Ltd., 1931-1935.

CANDY, Thomas D. (ed.). *A Digest of the Laws of the United States and the State of South Carolina, now of Force,... for the Government of Slaves and Free Persons of Color.* Charleston, A. E. Miller, 1830.

COMMERCE of Rhode Island, 1726-1800. 2 vols. Boston, Massachusetts Historical Society, 1915.

CORBETT, Julian S. & RICHMOND, Hebert William (ed.). *Private Papers of George, Second Earl Spencer, First Lord of the Admiralty, 1794-1801.* 4 vols. London, Navy Records Society, 1913-1924.

CORRE, Armand. *Les papiers du Général A.-N. de la Salle (Saint-Domingue 1792-93).* Quimper, Imprimerie Ch. Cotonnec, 1897.

DEBRETT, John (ed.). *The Parliamentary Register, or History of the Proceedings and Debates of the House of Commons.* 45 vols. London, Printed for J. Debrett, 1781-1796.

DIGEST *to the Laws of the State of Georgia, from its Settlement as a British Province, in 1755, to the Session of the General Assembly in 1800, Inclusive.* Savannah, n.p., 1802.

DONNAN, Elizabeth (ed.). *Documents Illustrative of the History of the Slave Trade to America.* 4 vols. Washington, Carnegie Institution of Washington, 1930-1935.

FORD, Paul Leicester (ed.). *The Writings of Thomas Jefferson.* 10 vols. New York, G. P. Putnam's Sons, 1892-1899.

FRANCO, José Luciano (ed.). *Documentos para la historia de Haití en el Archivo Nacional.* La Habana, Archivo Nacional de Cuba, 1954.

GREAT Britain. Board of Trade. *Report of the Lords of the Committee of Council appointed for the consideration of all matters relating to trade and foreign Plantations.* 6 pts. London, n.p., [1789].

HOARE, Prince (ed.). *Memoirs of Granville Sharp. Esq., Composed from own Manuscripts and other Authentic Documents in the Possession of his Family and of the African Institution.* London, Printed for Henry Colburn, 1820.

IREDELL, James (ed.). *Laws of the State of North-Carolina.* Edenton, Hodge & Wills, 1791.

JAMAICA Assembly. *The New Act of Assembly of the Island of Jamaica. Commonly Called. The New Consolidated Act, which was passed by the Assembly on the 6th of November–by the Council on the 5th Day of December–and by the Lieutenant Governor on the 6th Day of December 1788; Being the Present Code Noir of that Island.* London, Printed for B. White and Son, J. Sewell, R. Faulder, J. Debrett, and J. Stock-dale, 1789.

———. *Proceedings of the Honourable House of Assembly of Jamaica, on the Sugar and Slave-Trade. In a Session which Began the 23d of October. 1792.* London, Stephen Fuller, 1793.

JAMAICA Assembly. *The Proceedings of the Governor and Assembly of Jamaica, in Regard to the Maroon Negroes; Published by Order of the Assembly.* London, John Stockdale, 1796.

____. *Report from the Committee of the Honourable House of Assembly, Appointed to Inquire into the State of the Colony, as to Trade. Navigation, and Culture. Ac. Since the Report made to the House, on the 23d of November, 1792.* St. Jago de la Vega, Alexander Aikman, 1800.

____. *Further Proceeding of the Honourable House of Assembly of Jamaica, Relative to a Bill Introduced into the House of Commons, for Effectually Preventing the Unlawful Importation of Slaves, and Holding Free Persons in Slavery, in the British Colonies.* London, Printed for J. M. Richardson and J. Ridgeway, 1816.

____. *Journals of the Assembly of Jamaica.* 14 vols. Jamaica, A. Aikman and John Lunan, 1811-1829.

JAMESON, John Franklin (ed.). *Privateering and Piracy in the Colonial Period; Illustrative Documents.* New York, Macmillan, 1923.

KING, Charles R. (ed.). *The Life and Correspondence of Rufus King; Comprising His Letters, Private and Official. His Public Documents, and His Speeches.* 6 vols. New York, G. P. Putnam's Sons, 1894-1900.

KONETZKE, Richard. *Colección de documentos para la historia de la formación social de Hispanoamérica.* 3 vols. Madrid, Consejo Superior de Investigaciones Científicas, 1953-1962.

MEMOIR of the Life, Writings, and Correspondence of James Currie. 2 vols. London, Longman, Rees, Orme, Brown, and Green, 1831.

PALMER, William P. & McRAE, Sherwin (ed.). *Calendar of Virginia State Papers and Other Manuscripts. Preserved in the Capitol at Richmond.* 11 vols. Richmond, James K. Goode, Printer, 1875-1893.

LA RÉVOLUTION française et l'abolition de l'esclavage; Textes et documents. 12 tomos. Paris, Éditions d'histoire sociale, [1968].

ROBERTSON, James Alexander (ed.). *Louisiana under the Rule of Spain, France, and the United States, 1785-1807.* 2 vols. Cleveland, Arthur H. Clark Co., 1911.

THE TRIAL Record of Denmark Vesey. Boston, Beacon Press, 1970.

UNITED States. Congress. *American State Papers: Documents, Legislative and Executive, of the Congress of the United States, from the First Session of the First to the Second Session of the Tenth Congress, Inclusive. 1789-1809.* 2 vols. Washington, Gales and Seaton, 1834.

BIBLIOGRAFIA

UNITED States. *The Debates and Proceedings in the Congress of the United States (Annals of Congress), First to Eighteenth Congress.* 42 vols. Washington, Gales and Seaton, 1834-1856.

_____. "Office of Naval Records and Library". *Naval Documents Related to the Quasi--War between the United States and France.* 7 vols. Washington, Government Printing Office, 1935-1938.

WHITAKER, Arthur Preston (ed.). *Documents Relating to the Commercial Policy of Spain in the Floridas with Incidental Reference to Louisiana.* Deland, Fl., Florida State Historical Society, 1931.

WILLIAMS, Eric (ed.). *Documents on British West Indian History, 1807-1833.* Port--of-Spain, Trinidad Publishing Co., 1952.

Relatórios de viajantes e contemporâneos

ATWOOD, Thomas. *History of the Island of Dominica.* London, Printed for J. Johnson, 1791.

BECKFORD, William. *A Descriptive Account of the Island of Jamaica.* 2 vols. London, Printed for T. and J. Egerton, 1790.

BRISSOT DE WARVILLE, Jacques Pierre. *New Travels in the United States of America, 1788.* Trad. Mara Soceany Vamos e Durand Echeverria. Ed. Durand Echeverria. Cambridge, Harvard University Press, 1964.

[CARTEAU, Félix.] *Soirées bermudiennes, ou entretiens sur les événemens qui ont opéré la ruine de la partie française de l'isle Saint-Domingue.* Bordeaux, Pellier--Lawalle, 1802.

CHALMERS, Colonel. *Remarks on the Late War in St. Domingo, with Observations on the Relative Situation of Jamaica, and Other Interesting Subjects.* London, Nichols and Son, 1803.

CLARKSON, Thomas. *An Essay on the Impolicy of the Slave Trade, In Two Parts.* London, J. Phillips, 1788.

_____. *The History of the Rise. Progress, and Accomplishment of the Abolition of the African Slave-Trade by the British Parliament.* 2 vols. London, Longman, Hurst, Rees, and Orme, 1808.

CONSIDERATIONS *on the Present Crisis of Affairs, as it respects the West-India Colonies, And the probable Effects of the French Decree for Emancipating the Negroes. Pointing out a Remedy for Preventing the Calamitous Consequences in the British Islands.* London, T. Gillet, 1795.

CUGOANO, Ottobah. *Thoughts and Sentiments on the Evil and Wicked Traffic of the Slavery and Commerce of the Human Species. Humbly Submitted to the Inhabitants of Great Britain.* London, n.p., 1787.

DALLAS, Robert Charles. *The History of the Maroons, from their Origin to the Establishment of their Chief Tribe at Sierra Leone.* 2 vols. London, A. Strahan, 1803.

DUCŒURJOLY, S. J. *Manuel des habitans de Saint-Domingue.* 2 tomos. Paris, Lenoir, 1802.

EDWARDS, Bryan. *The History, Civil and Commercial, of the British Colonies in the West Indies.* 4. ed. 3 vols. London, John Stockdale, 1807.

[EQUIANO, Olaudah.] *The Life of Olaudah Equiano, or Gustavus Vassa the African. Written by Himself.* London, Isaac Knapp, 1837; reimpr. New York, Negro Universities Press, 1969.

[FALCONBRIDGE, Anna Maria.] *Narrative of Two Voyages to the River Sierra Leone. During the Years 1791-1793.* Performed by A. M. Falconbridge. 2. ed. London, L. I. Higham, 1802.

HILLIARD D'AUBERTEUIL, Michel René. *Considérations sur l'état présent de la colonie française de Saint-Domingue.* 2 tomos. Paris, Grangé, 1776.

HUMBOLDT, Alexander von. *Personal Narrative of Travels to the Equinoctial Regions of America, during the Years 1799-1804.* Trad. e ed. Thomasina Ross. 3 vols. London, G. Bell & Sons, 1831.

_____. *The Island of Cuba.* Trad. J. S. Thrasher. New York, Derby & Jackson, 1856.

_____. *Ensayo politico sobre la isla de Cuba.* La Habana, Publicaciones del Archivo Nacional de Cuba, 1960.

KELLY, James. *Voyage to Jamaica, and Seventeen Years' Residence in that Island: Chiefly Written with a View to Exibit Negro Life and Habits.* 2. ed. Belfast, J. Wilson, 1838.

LEWIS, Matthew Gregory. *Journal of a Residence among the Negroes in the West Indies.* London, John Murray, 1845.

MOREAU DE SAINT-MÉRY, Louis-Élie. *Description topographique, physique, civile, politique et historique de la partie française de l'isle Saint-Domingue.* Nova ed. 3 tomos. Paris, Société Française d'Histoire d'Outre-Mér, 1958.

NATION, Robert. *A Letter to a Member of Parliament: proposing a Plan of Regulations for the Better and More Compleat Manning the Navy.* London, Printed for the Author, 1788.

PERKINS, Samuel G. *Reminiscences of the Insurrection in St. Domingo*. Cambridge, Mass., John Wilson and Son, 1886.

PINCKARD, George. *Notes on the West Indies*. 2 vols. London, Baldwin, Cradock, and Jay, 1816.

"QUERIES Respecting the Slavery and Emancipation of Negroes in Massachusetts, Proposed by the Hon. Judge Tucker of Virginia, and Answered by the Rev. Dr. Belknap. Williamsburg, Virginia, January 24, 1795". *Collections of the Massachusetts Historical Society*, 1st ser. 1795.

THOMAS, Ebenezer Smith. *Reminiscences of the Last Sixty-Five Years, Commencing with the Battle of Lexington*. 2 vols. Hartford, Case, Tiffany, and Burnham, 1840.

TUCKER, St. George. *Letter to a Member of the General Assembly of Virginia on the Subject of the late Conspiracy of the Slaves, with a Proposal for their Colonization*. 2. ed. Richmond, H. Pace, 1801.

VALOUS, Marquis de. *Avec les "rouges" aux Iles du Vent: Souvenirs du Chevalier de Valous*. Paris, Calmann-Lévy, 1930.

WALTON JR., William. *Present State of the Spanish Colonies: including a Particular Report of Hispañola, or the Spanish Part of Santo Domingo*. 2 vols. London, Longman, Hurst, Rees, Orme, and Brown, 1810.

Jornais

Affiches américaines (Port-au-Prince), 1790.

Affiches américaines (Supplément) (Cap Français), 1790.

The American Star, or, Historical, Political, and Moral Journal (Philadelphia), 1793--1794.

L'Ami de la Liberté, l'Ennemi de la Licence (Port of Spain), 1791.

Barbados Gazette (Bridgetown), 1788.

The Charibbean Register, or Ancient and Original Dominica Gazette (Roseau), 1791.

Cornwall Chronicle and Jamaica General Advertiser (Montego Bay), 1791.

Courrier de la France et des colonies (Philadelphia), 1795.

Daily Intelligencer (Baltimore), 1793.

Gallagher's Weekly Journal Extraordinary (Roseau, Dominica), 1790.

Gazette Nationale ou le Moniteur Universel (Paris), 1790.

Gazette officielle de l'état de Hayti (Port-au-Prince), 1807.

Independent Chronicle (Boston), 1793.

Journal des Révolutions de la partie française de Saint-Domingue (Philadelphia), 1793-1794.

Kingston Daily Advertiser (Kingston), 1791.

Morning Chronicle (London), 1792.

Nouvelles diverses (Port-au-Prince), 1790.

Royal Gazette (Kingston), 1787, 1791-1793.

St. George's Chronicle and New Grenada Gazette (St. George's, Grenada), 1790.

Savanna-la-Mar Gazette (Savanna-la-Mar, Jamaica), 1788.

Virginia Argus (Richmond), 1800.

Fontes secundárias

Livros e artigos publicados antes de 1900

[ASPINALL, James]. *Liverpool a Few Years Since, by an Old Stager.* 2. ed. Liverpool, A. Holden, 1869.

BARBÉ-MAROIS, François. *The History of Louisiana. Particularly of the Cession of that Colony to the United States of America: with an Introductory Essay on the Constitution and Government of the United States.* [Tradutor anônimo] Philadelphia, Carey and Lea, 1830.

BRÉARD, Charles. *Notes sur Saint-Domingue, tirées des papiers d'un armateur du Havre. 1780-1802.* Rouen, Imprimerie de Espérance Cagniard, 1893.

BRIDGES, George Wilson. *The Annals of Jamaica.* 2 vols. London, John Murray, 1828.

BROOKE, Richard. *Liverpool as it was during the last Quarter of the Eighteenth Century. 1775 to 1800.* Liverpool/London, J. Mawdsley and Son/J. R. Smith, 1853.

BROWN, William Wells. *St. Domingo: Its Revolutions and its Patriots.* Boston, Bela Marsh, 1855.

_____. *The Rising Son: or, the Antecedents and Advancement of the Colored Race.* Boston, A. G. Brown & Co., 1874.

DESCHAMPS, Léon. *Les colonies pendant la Révolution, la Constituante et la réforme coloniale.* Paris, Perrin et Cie., 1898.

BIBLIOGRAFIA

DuBOIS, William Edward Burghardt. *The Philadelphia Negro; A Social Study.* Philadelphia, Published for the University of Pennsylvania, 1899.

GARDNER, William James. *A History of Jamaica, from its Discovery by Christopher Columbus to the Year 1872.* Reimpr., nova ed. London, Frank Cass & Co., Ltd., 1971.

GAYARRÉ, Charles. *History of Louisiana.* 4 vols. New Orleans, A. Honiker, 1885.

HIGGINSON, Thomas Wentworth. *Travellers and Outlaws: Episodes in American History.* Boston, Lee and Shepard, 1889.

HILL, Robert T. *Cuba and Porto Rico, with the other Islands of the West Indies.* New York, Century, 1899.

JOSEPH, Edward Lanzer. *History of Trinidad.* Trinidad/London/Glasgow, Henry James Mills/A. K. Newman and Co./F. Orr and Sons, 1838.

PEYTRAUD, Lucien. *L'esclavage aux Antilles françaises avant 1789. D'après des documents inédits des archives coloniales.* Paris, Hachette, 1897.

PICTON, James Allanson. *Memorials of Liverpool Historical and Topographical, Including a History of the Dock Estate.* 2 vols. London and Liverpool/London, Longmans, Green, & Co./Walmsley, 1875.

SAGRA, Ramon de la. *Histoire physique et politique de l'isle de Cuba.* 2 tomos. Paris, A. Bertrand, 1844.

STEWARD, Theophilus Gould. *How the Black St. Domingo Legion Saved the Patriot Army in the Siege of Savannah. 1779.* Washington, The American Negro Academy, 1899.

VALDÉS, Antonio José. *Historia de la isla de Cuba y en especial de la Habana.* [Reprodução da ed. de 1813]. La Habana, Comisión Nacional Cubana del UNESCO, 1964.

WILLIAMS, Gomer. *History of the Liverpool Privateers and Letters of Marque, with an Account of the Liverpool Slave Trade.* London/Liverpool, W. Heinemann/E. Howell, 1897.

Livros e artigos publicados após 1900

ABRAHAMS, Roger D. *Deep the Water. Shallow the Shore: Three Essays on Shantying in the West Indies.* Austin and London, The University of Texas Press, 1974.

ACOSTA SAIGNES, Miguel. *La trata de esclavos en Venezuela.* Caracas, Centro de Estudios Históricos, 1961.

AIMES, Hubert Hillary Suffern. *A History of Slavery in Cuba, 1511 to 1868*. New York and London, G. P. Putnam's Sons, 1907.

ANSTEY, Roger. *The Atlantic Slave Trade and British Abolition 1760-1810*. London and Basingstoke, Macmillan, 1975.

APTHEKER, Herbert. *American Negro Slave Revolts*. Nova ed. New York, International Publishers, 1974.

ARCAYA, Pedro M. *Insurrección de negros de la Serranía de Coro*. Caracas, Instituto Panamericano de Geografía e Historia, 1949.

ARCAYA U., Pedro M. *El cabildo de Caracas*. [Caracas, Comisión de Cultura del Cuatricentenario de Caracas, 1965].

ARMYTAGE, Frances. *The Free Port System in the British West Indies; A Study in Commercial Policy, 1766-1822*. London, New York, and Toronto, Longmans, Green, and Company, 1953.

ASPINALL, Arthur. "The Reporting and Publishing of the House of Commons' Debates 1771-1834". *In*: PARES, Richard & TAYLOR, A. J. P. (ed.). *Essays Presented to Sir Lewis Namier*. London, St. Martin's Press, 1956, pp. 227-257.

BARALT, Guillermo A. *Esclavos rebeldes: conspiraciones y sublevaciones de esclavos en Puerto Rico (1795-1873)*. Río Piedras, Ediciones Huracán, 1981.

BAUR, John. "International Repercussions of the Haitian Revolution". *The Americas*, 26 (June 1970): 394-418.

BEEMAN, Richard R. *The Old Dominion and the New Nation, 1788-1801*. Lexington, University Press of Kentucky, 1972.

BEGOUËN-DÉMEAUX, Maurice. *Memorial d'une famille du Havre: Stanislas Foäche (1737-1806)*. Paris, Larose, 1951.

BESSON, Maurice. "La police des noirs sous Louis XVI en France". *Revue de l'histoire des colonies françaises*, 21 (Juillet-août 1928): 433-446.

BLUME, Helmut. *The Caribbean Islands*. Trad. Johannes Maczewski e Ann Norton. London, Longman, 1974.

BOGGER, Tommy L. "Slave Resistance in Virginia during the Haitian Revolution". *Journal of Ethnic Studies*, 5 (April 1978): 86-100.

BOYD, Thomas. *Light-horse Harry Lee*. New York and London, Charles Scribner's Sons, 1931.

BRATHWAITE, Edward. *The Development of Creole Society in Jamaica 1770-1820*. London, Oxford University Press, 1971.

BRUTUS, Edner. *Révolution dans Saint-Domingue*. 2 tomos. [Bélgica], n.p., n.d.

BUCKLEY, Roger Norman. *Slaves in Red Coats: The British West India Regiments, 1795-1815*. New Haven and London, Yale University Press, 1979.

BURNS, Sir Alan. *History of the British West Indies*. London, George Allen & Unwin, 1954.

BURSON, Caroline Maude. *The Stewardship of Don Esteban Miró, 1782-1792*. New Orleans, American Printing Co., 1940.

CALLAHAN JR., William J. "La propaganda, la sedición y la Revolución Francesa en la Capitanía General de Venezuela (1789-1796)". *Boletín histórico*. Caracas, 14 (mayo de 1967): 177-205.

CARROLL, Joseph Cephas. *Slave Insurrections in the United States, 1800-1865*. Boston, Chapman & Grimes, 1938.

CHILDS, Frances Sergeant. *French Refugee Life in the United States, 1790-1800: An American Chapter of the French Revolution*. Baltimore, The Johns Hopkins University Press, 1940.

CHRISTELOW, Allan. "Contraband Trade between Jamaica and the Spanish Main, and the Free Port Act of 1766". *Hispanic American Historical Review*, 22 (May 1942): 309-343.

CLARKE, Colin G. *Kingston, Jamaica: Urban Development and Social Change, 1692-1962*. Berkeley, Los Angeles, and London, University of California Press, 1975.

COATSWORTH, John H. "American Trade with European Colonies in the Caribbean and South America, 1790-1812". *William and Mary Quarterly*, 3rd ser., 24 (April 1967): 243-266.

CÓRDOVA-BELLO, Eleazar. *La independencia de Haití y su influencia en Hispanoamérica*. Caracas, Instituto Panamericano de Geografía e Historia, 1964.

COUPLAND, Reginald. *The British Anti-Slavery Movement*. London, Frank Cass & Co., 1964.

COX, Edward L. *Free Coloreds in the Slave Societies of St. Kitts and Grenada. 1763-1833*. Knoxville, University of Tennessee Press, 1984.

CRATON, Michael. *Testing the Chains: Resistance to Slavery in the British West Indies*. Ithaca and London, Cornell University Press, 1982.

CURTIN, Philip D. *The Atlantic Slave Trade: A Census*. Madison, Milwaukee, and London, University of Wisconsin Press, 1969.

DAVIS, David Brion. *The Problem of Slavery in the Age of Revolution. 1770-1823*. Ithaca and London, Cornell University Press, 1975.

DEBIEN, Gabriel. "Gens de couleur libres et colons de Saint-Domingue devant la Constituante (1789-mars 1790)". *Revue d'histoire de 1'Amérique française*, 4 (décembre 1950): 393-426.

_____. "Les colons de Saint-Domingue refugies à Cuba (1793-1815)". *Revista de Indias*, 13 (octubre-diciembre 1953): 559-605.

_____. "Les colons de Saint-Domingue refugies à Cuba (1793-1815) (Conclusión)". *Revista de Indias*, 14 (enero-junio de 1954): 11-36.

_____. *Études antillaises (XVIIIᵉ siècle).* Paris, Librairie Armand Colin, 1956.

_____. *Plantations et esclaves à Saint-Domingue.* Dakar, Publications de la Section d'Histoire, 1962.

_____. "Le marronage aux Antilles françaises au XVIIIᵉ siècle". *Caribbean Studies*, 6 (October 1966a): 3-41.

_____. "Les marrons de Saint-Domingue en 1764". *Jamaican Historical Review*, 6 (1966b): 9-20.

DeCONDE, Alexander. *The Quasi-War: The Politics and Diplomacy of the Undeclared War with France, 1797-1801.* New York, Charles Scribner's Sons, 1966.

DEERR, Noel. *The History of Sugar.* 2 vols. London, Chapman and Hall, 1949-1950.

DIN, Gilbert C. "Proposals and Plans for Colonization in Spanish Louisiana, 1787--1790". *Louisiana History*, 11 (Summer 1970): 197-213.

DOMÍNGUEZ, Jorge I. *Insurrection or Loyalty; The Breakdown of the Spanish American Empire.* Cambridge, Mass. and London, Harvard University Press, 1980.

DUNN, Richard S. *Sugar and Slaves: The Rise of the Planter Class in the English West Indies, 1624-1713.* Chapel Hill, University of North Carolina Press, 1972.

ELLIOTT, Marianne. *Partners in Revolution: The United Irishmen and France.* New Haven and London, Yale University Press, 1982.

FARMER, Henry George. *Military Music.* London, Parrish, 1950.

FISHER, Ruth Anna. "Manuscript Materials Bearing on the Negro in British Archives". *Journal of Negro History*, 27 (January 1942): 83-93.

FONER, Eric. *Politics and Ideology in the Age of the Civil War.* Oxford, New York, Toronto, and Melbourne, Oxford University Press, 1980.

FORDHAM, Monroe. "Nineteenth-Century Black Thought in the United States, Some Influences of the Santo Domingo Revolution". *Journal of Black Studies*, 6 (December 1975): 115-126.

BIBLIOGRAFIA

FOUCHARD, Jean. *Les marrons du syllabaire*. Port-au-Prince, H. Deschamps, 1953.

——. *Les marrons de la liberté*. Paris, Éditions de l'École, 1972.

FOUCHARD, Jean & DEBIEN, Gabriel. "Aspects de l'esclavage aux Antilles françaises: le petit marronage à Saint-Domingue autour du Cap (1790-1791)". *Cahiers des Amériques Latines: série "Sciences de l'homme"*, 3 (janvier-juin 1969): 31-67.

FRANCO, José Luciano. "La conspiración de Morales". *Ensayos históricos*. La Habana, Editorial de Ciencias Sociales, 1974, pp. 95-100.

——. *Las minas de Santiago del Prado y la rebelión de los cobreros, 1530-1800*. La Habana, Editorial de Ciencias Sociales, 1975.

FURNESS, A. E. "The Maroon War of 1795". *Jamaican Historical Review*, 5 (November 1965): 30-49.

GARCÍA CHUECOS, Hector. "Una insurrección de negros en los dias de la colonia". *Revista de historia de América*, 29 (junio de 1950): 67-76.

GARRETT, Mitchell Bennett. *The French Colonial Question, 1789-1791*. Ann Arbor, George Wahr, 1916.

GASPAR, David Barry. "A Dangerous Spirit of Liberty: Slave Rebellion in the West Indies during the 1730s". *Cimarrons*, 1 (1981): 79-91.

GEGGUS, David Patrick. "From His Most Catholic Majesty to the Godless République: The "Volte-Face" of Toussaint Louverture and the Ending of Slavery in Saint-Domingue". *Revue française d'histoire d'Outre-Mer*, 65 (1978): 481-499.

——. "Jamaica and the Saint Domingue Slave Revolt, 1791-1793". *The Americas*, 38 (October 1981): 219-233.

——. *Slavery, War, and Revolution: The British Occupation of Saint Domingue 1793--1798*. London, Oxford University Press, 1982.

GENOVESE, Eugene D. *From Rebellion to Revolution: Afro-American Slave Revolts in the Making of the Modern World*. Baton Rouge and London, Louisiana State University Press, 1979.

GEORGE, Carol V. R. *Segregated Sabbaths: Richard Allen and the Emergence of Independent Black Churches, 1760-1840*. New York, Oxford University Press, 1973.

GERSHOY, Leo. *The French Revolution and Napoleon*. New York, Appleton--Century-Crofts, 1964.

GIPSON, Lawrence Henry. *The British Empire before the American Revolution*. 15 vols. New York, Alfred A. Knopf, 1966-1970.

GOSLINGA, Cornelis Christiaan. *Emancipatie en emancipator: de geschiedenis van de slavernij op de Benedenwindse eilanden en van het werk der bevrijding*. Assen, Van Gorcum & Comp., [1956].

_____. *A Short History of the Netherlands Antilles and Surinam*. The Hague, Boston, and London, Martinus Nijhoff, 1979.

GOVEIA, Elsa. *Slave Society in the British Leeward Islands at the End of the Eighteenth Century*. New Haven, Yale University Press, 1965.

GREENE, Lorenzo Johnston. *The Negro in Colonial New England*. New York, Columbia University Press, 1942.

GUERRA Y SÁNCHEZ, Ramiro. *Sugar and Society in the Caribbean: An Economic History of Cuban Agriculture*. New Haven and London, Yale University Press, 1964.

HARING, Clarence H. *The Buccaneers in the West Indies in the XVII Century*. London, Methuen & Co., 1910.

HARRIS, Sheldon H. *Paul Cuffe: Black America and the African Return*. New York, Simon and Schuster, 1972.

HARTRIDGE, Walter Charlton. "The Refugees from the Island of St. Domingo in Maryland". *Maryland Historical Magazine*, 38 (June 1943): 103-122.

HEUMAN, Gad J. *Between Black and White: Race, Politics, and the Free Coloreds in Jamaica, 1792-1865*. Westport, Greenwood Press, 1981.

HILL, Christopher. *The World Turned Upside Down: Radical Ideas during the English Revolution*. London, Maurice Temple Smith Ltd., 1972.

_____. "Radical Pirates?". *In*: JACOB, Margaret & JACOB, James (ed.). *The Origins of Anglo-American Radicalism*. London, Boston, and Sydney, George Allen & Unwin, 1984, pp. 17-32.

HOLMES, Jack D. L. *Honor and Fidelity: The Louisiana Infantry Regiment and the Louisiana Militia Companies, 1766-1821*. Birmingham, Al., By the Author, 1965.

_____. "The Abortive Slave Revolt at Pointe Coupée, Louisiana, 1795". *Louisiana History*, 11 (Fall 1970): 341-362.

JACKSON, Melvin H. *Privateers in Charleston, 1793-1796: An Account of a French Palatinate in South Carolina*. Washington, Smithsonian Institution Press, 1969.

JAMES, Cyril Lionel Robert. *Mariners, Renegades, and Castaways: The Story of Herman Melville and the World We Live In*. New York, By the Author, 1953.

____. *The Black Jacobins: Toussaint L'Ouverture and the San Domingo Revolution*. 2. ed. rev. New York, Vintage, 1963.

KATZIN, Margaret Fisher. "The Jamaican Country Higgler". *Social and Economic Studies*, 8 (December 1959): 421-435.

KING, James Ferguson. "Evolution of the Free Slave Trade Principle in Spanish Colonial Administration". *Hispanic American Historical Review*, 22 (February 1942): 34-56.

KIPLE, Kenneth F. *Blacks in Colonial Cuba, 1774-1899*. Gainesville, University of Florida Press, 1976.

KLEIN, Herbert S. *The Middle Passage: Comparative Studies in the Atlantic Slave Trade*. Princeton, Princeton University Press, 1978.

KUETHE, Allan J. "The Status of the Free Pardo in the Disciplined Militia of New Granada". *Journal of Negro History*, 56 (April 1971): 105-117.

LACHANCE, Paul F. "The Politics of Fear: French Louisianans and the Slave Trade, 1786-1809". *Plantation Society in the Americas*, 1 (June 1979): 162-197.

LANDERS, Jane. "Spanish Sanctuary: Fugitives in Florida, 1687-1790". *Florida Historical Quarterly*, 62 (January 1984): 296-313.

LEAL, Ildefonso. "La aristocracia criolla venezolana y el Código Negrero de 1789". *Revista de Historia*. Caracas, 6 (febrero de 1961): 61-81.

LEE, Everett S. & LALLI, Michael. "Population". *In*: GILCHRIST, David T. (ed.). *The Growth of the Seaport Cities, 1790-1825*. Charlottesville, University Press of Virginia, 1967, pp. 25-37.

LEFEBVRE, Georges. *The Great Fear of 1789: Rural Panic in Revolutionary France*. Trad. Joan White. New York, Vintage, 1973.

LÉMERY, Henry. *La Révolution française à la Martinique*. Paris, Larose, 1936.

LEMISCH, Jesse. "Jack Tar in the Streets: Merchant Seamen in the Politics of Revolutionary America". *William and Mary Quarterly*, 3rd ser., 25 (July 1968): 371-407.

LÉON, Pierre. *Marchands et spéculateurs dans le monde antillais du XVIIIe siècle; les Dolle et les Raby*. Paris, Société d'édition "Les Belles Lettres", 1963.

LILJEGREN, Ernest R. "Jacobinism in Spanish Louisiana, 1792-1797". *Louisiana Historical Quarterly*, 22 (January 1939): 47-97.

LINEBAUGH, Peter. "What if C. L. R. James had met E. P. Thompson in 1792?". *Urgent Tasks*, 12 (Summer 1981): 108-10.

LINK, Eugene Perry. *Democratic-Republican Societies, 1790-1800*. Morningside Heights, N.Y., Columbia University Press, 1942.

LOFTON, John. *Insurrection in South Carolina: The Turbulent World of Denmark Vesey*. Yellow Springs, Oh., Antioch Press, 1964.

LOGAN, Rayford W. *The Diplomatic Relations of the United States with Haiti, 1776-1891*. Chapel Hill, University of North Carolina Press, 1941.

LOWENTHAL, David. *West Indian Societies*. London, New York, and Toronto, Oxford University Press, 1972.

LYNCH, John. *Spanish Colonial Administration, 1782-1810: The Intendant System in the Viceroyalty of Río de la Plata*. London, University of London Press, 1958.

McCLOY, Shelby T. *The Negro in France*. Lexington, University Press of Kentucky, 1960.

McCONNELL, Roland C. *Negro Troops of Antebellum Louisiana: A History of the Battalion of Free Men of Color*. Baton Rouge, Louisiana State University Press, 1968.

MacINNES, Charles Malcolm. *A Gateway of Empire*. London, Arrowsmith, 1939.

_____. "Bristol and the Slave Trade". *In*: McGRATH, Patrick (ed.). *Bristol in the Eighteenth Century*. Bristol, David and Charles, 1972, pp. 161-184.

MANIGAT, Leslie. "The Relationship between Marronage and Slave Revolts and Revolution in St-Domingue-Haiti". *In*: RUBIN, Vera & TUDEN, Arthur (ed.). *Comparative Perspectives on Slavery in New World Plantation Societies*. New York, New York Academy of Sciences, 1977, pp. 420-438.

METCALF, George. *Royal Government and Political Conflict in Jamaica. 1729-1783*. London, Longmans, 1965.

MILLER, Floyd J. *The Search for a Black Nationality: Black Emigration and Colonization, 1787-1863*. Urbana, Chicago, and London, University of Illinois Press, 1975.

MINTZ, Sidney & HALL, Douglas. "The Origins of the Jamaican Internal Marketing System". *Yale University Publications in Anthropology* 57, 1960.

MONTAGUE, Ludwell Lee. *Haiti and the United States, 1714-1938*. Durham, Duke University Press, 1940.

MORENO FRAGINALS, Manuel. *The Sugarmill: The Socioeconomic Complex of Sugar in Cuba 1760-1860*. Trad. Cedric Belfrage. New York and London, Monthly Review Press, 1976.

MÖRNER, Magnus. *Race Mixture in the History of Latin America*. Boston, Little, Brown and Co., 1967.

MOTT, Luiz R. B. "A revolução dos negros do Haiti e o Brasil". *Mensario do Arquivo Nacional*. Rio de Janeiro, 13 (1982): 3-10.

MULLIN, Gerald W. *Flight and Rebellion: Slave Resistance in Eighteenth-Century Virginia*. New York, Oxford University Press, 1972.

NASH, Gary B. *The Urban Crucible: Social Change, Political Consciousness, and the Origins of the American Revolution*. Cambridge and London, Harvard University Press, 1979.

NELSON, George H. "Contraband Trade under the Asiento". *American Historical Review*, 51 (October 1945): 55-67.

NICHOLLS, David. *From Dessalines to Duvalier: Race, Colour, and National Independence in Haiti*. Cambridge, Cambridge University Press, 1979.

OTT, Thomas O. The Haitian Revolution, 1789-1804. Knoxville, University of Tennessee Press, 1973.

PACKWOOD, Cyril Outerbridge. *Chained on the Rock: Slavery in Bermuda*. New York, Eliseo Torres; Bermuda, Baxter's Ltd., 1975.

PARES, Richard. "The Manning of the Navy in the West Indies, 1702-63". *Transactions of the Royal Historical Society*, 4th ser., 20 (1937): 31-60.

_____. *Yankees and Creoles: The Trade between North America and the West Indies before the American Revolution*. Cambridge, Harvard University Press, 1956.

_____. *Merchants and Planters*. Cambridge, Cambridge University Press, 1960.

PATTERSON, Orlando. *The Sociology of Slavery: An Analysis of the Origins. Development, and Structure of Negro Slave Society in Jamaica*. Rutherford, Madison, and Teaneck, Farleigh Dickinson University Press, 1967.

PERKINS, Bradford. *The First Rapprochement: England and the United States, 1795-1805*. Philadelphia, University of Pennsylvania Press, 1955.

PHILLIPS, Ulrich B. "The South Carolina Federalists, II". *American Historical Review*, 14 (July 1909): 731-743.

PITMAN, Frank Wesley. *The Development of the British West Indies, 1700-1763*. New Haven, Yale University Press, 1917.

PRICE, Richard (ed.). *Maroon Societies: Rebel Slave Communities in the Americas*. Baltimore, The Johns Hopkins University Press, 1979.

QUARLES, Benjamin. *The Negro in the American Revolution*. Chapel Hill, University of North Carolina Press, 1961.

RAGATZ, Lowell Joseph. *The Fall of the Planter Class in the British Caribbean, 1763-1833*. New York and London, Century, 1928.

REINECKE, John E. "Trade Jargons and Creole Dialects as Marginal Languages". *Social Forces*, 17 (October 1938): 107-118.

RESNICK, Daniel P. "The Société des Amis des Noirs and the Abolition of Slavery". *French Historical Studies*, 7 (Fall 1972): 558-569.

ROBERTS, George W. *The Population of Jamaica*. Cambridge, Cambridge University Press, 1957.

ROGERS, H. C. B. *The British Army of the Eighteenth Century*. New York, Hippocrene, 1977.

ROGERS JR., George C. *Charleston in the Age of the Pinckneys*. Norman, University of Oklahoma Press, 1969.

ROSE, Lisle A. "A Communication". *William and Mary Quarterly*, ser., 26 (January 1969): 162-164.

ROSE, R. Barrie. "A Liverpool Sailors' Strike in the Eighteenth Century". *Transactions of the Lancashire and Cheshire Antiquarian Society*, 68 (1959): 85-92.

ROUT JR., Leslie B. *The African Experience in Spanish America: 1502 to the Present Day*. Cambridge, London, New York, and Melbourne, Cambridge University Press, 1976.

RYDJORD, John. *Foreign Interest in the Independence of New Spain: An Introduction to the War for Independence*. Durham, Duke University Press, 1935.

SÁNCHEZ-ALBORNOZ, Nicolás. *The Population of Latin America: A History*. Trad. W. A. R. Richardson. Berkeley, Los Angeles, and London, University of California Press, 1974.

SANZ TAPIA, Angel. *Los militares emigrados y los prisoneros franceses en Venezuela durante la guerra contra la Revolución: Un aspecto fundamental de la época de la preëmancipación*. Caracas, Instituto Panamericano de Geografía e Historia, 1977.

SHANGE, Ntozake. *for colored girls who have considered suicide/when the rainbow is enuf*. New York, Macmillan, 1977.

SHERIDAN, Richard B. *Sugar and Slavery: An Economic History of the British West Indies 1623-1775*. Baltimore, The Johns Hopkins University Press, 1973.

_____. "The Jamaica Slave Insurrection Scare of 1776 and the American Revolution". *Journal of Negro History*, 61 (July 1976): 290-308.

BIBLIOGRAFIA

SIEBERT, Wilbur H. *The Legacy of the American Revolution to the British West Indies and Bahamas: A Chapter out of the History of the American Loyalists.* Columbus, Ohio State University, 1913.

STERKX, H. E. *The Free Negro in Ante-Bellum Louisiana.* Rutherford, Madison, and Teaneck, Farleigh Dickinson University Press, 1972.

STODDARD, T. Lothrop. *The French Revolution in San Domingo.* Boston and New York, Houghton Mifflin, 1914.

TARRADE, Jean, *Le commerce colonial de la France à la fin de l'Ancien Régime; l'évolution du régime de l'Exclusif de 1763 à 1789.* 2 tomos. Paris, Presses Universitaires de France, 1972.

TePASKE, John J. "The Fugitive Slave: International Rivalry and Spanish Slave Policy, 1687-1764". *In*: PROCTOR, Samuel (ed.). *Eighteenth-Century Florida and Its Borderlands.* Gainesville, University of Florida Press, 1975, p. 1-12.

THÉSÉE, Françoise. *Négociants bordelais et colons de Saint-Domingue; "Liaisons d'habitations"; La maison Henry Romberg. Bapst et Cie, 1783-1793.* Paris, Société Française d'Outre-Mer, 1972.

THOMPSON, Edward Palmer. *The Making of the English Working Class.* New York, Pantheon, 1964.

____. "Patrician Society, Plebeian Culture". *Journal of Social History*, 7 (Summer 1974): 382-405.

TODD, Loreto. *Pidgins and Creoles.* London and Boston, Routledge and Kegan Paul, 1974.

TORRE REVELLO, José. "Origen y aplicación del Código Negrero en la América española (1788-1794)". *Boletín del Instituto de Investigaciones Históricas.* Buenos Aires, 15 (julio-septiembre de 1932): 42-50.

TOTH, Charles W. (ed.). *The American Revolution in the West Indies.* Port Washington, N.Y. and London, Kennikat Press, 1975.

TREUDLEY, Mary. "The United States and Santo Domingo, 1789-1866". *Journal of Race Development* 7 (July 1916a): 83-145.

____. "The United States and Santo Domingo, 1789-1866". *Journal of Race Development*, 7 (October 1916b): 220-274.

TROUILLOT, Hénock. "Les sans-travail, les pacotilleurs et les marchands à Saint-Domingue". *Revue de la société haïtienne d'histoire*, 29 (1956): 47-66.

VASSIÈRE, Pierre de. *Saint-Domingue: la société et la vie créoles sous l'ancien régime (1629-1789).* Paris, Librairie Académique, 1909.

VILES, Perry. "The Slaving Interest in the Atlantic Ports, 1763-1792". *French Historical Studies*, 7 (Fall 1972): 529-543.

VILLIERS DU TERRAGE, Marc de. *The Last Years of French Louisiana*. Trad. Hosea Phillips. Ed. Carl A. Brasseaux e Glenn R. Conrad. Lafayette, La., Center for Louisiana Studies, University of Southwestern Louisiana, 1982.

VIOTTI DA COSTA, Emilia. "The Political Emancipation of Brazil". *In*: RUSSELL-WOOD, Anthony John R. (ed.). *From Colony to Nation: Essays on the Independence of Brazil*. Baltimore, The Johns Hopkins University Press, 1975, pp. 43-88.

WALKER, James W. St. G. *The Black Loyalists: The Search for a Promised Land in Nova Scotia and Sierra Leone 1783-1870*. London, Longman and Dalhousie University Press, 1976.

WALVIN, James. *The Black Presence: A Documentary History of the Negro in England, 1555-1860*. London, Orbach and Chambers, 1971.

____. "The Public Campaign in England Against Slavery". *In*: ELTIS, David & WALVIN, James (ed.). *The Abolition of the Atlantic Slave Trade*. Madison and London, University of Wisconsin Press, 1981, pp. 63-79.

WELLS, Robert V. *The Population of the British Colonies in America before 1776: A Survey of Census Data*. Princeton, Princeton University Press, 1975.

WINSHIP, George Parker. "French Newspapers in the United States from 1790 to 1800". *Papers of the Bibliographical Society of America*, 14 (1920): 82-147.

WOOD, Peter H. *Black Majority; Negroes in Colonial South Carolina from 1670 through the Stono Rebellion*. New York, Alfred A. Knopf, 1974.

____. "'Taking Care of Business' in Revolutionary South Carolina: Republicanism and the Slave Society". *In*: CROW, Jeffrey J. & TISE, Larry E. (ed.). *The Southern Experience in the American Revolution*. Chapel Hill, University of North Carolina Press, 1978, pp. 268-293.

WOODSON, Carter G. *The History of the Negro Church*. Washington, Associated Publishers, 1921.

ZILVERSMIT, Arthur. *The First Emancipation: The Abolition of Slavery in the North*. Chicago and London, University of Chicago Press, 1967.

Teses de mestrado e doutorado

FIEHRER, Thomas Marc. *The Barón de Carondelet as Agent of Bourbon Reform: A Study of Spanish Colonial Administration in the Years of the French Revolution*. Tulane University, 1977 (Ph.D. dissertation).

HUNT, Alfred Nathaniel. *The Influence of Haiti on the Antebellum South*. University of Texas at Austin, 1975 (Ph.D. dissertation).

TERRY, George D. *A Study of the Impact of the French Revolution and the Insurrections on Saint-Domingue upon South Carolina: 1790-1805*. University of South Carolina, 1975 (M.A. thesis).

ÍNDICE REMISSIVO

A

abolicionismo
movimento abolicionista, 96, 99, 101--103, 105, 107-108, 110-114, 121-125, 129, 182, 201-202, 206-207, 220
movimento antiescravista, 64, 91
Adam (escravo), 89
Adams, John, 73, 98, 213 (n. 85), 217
administradores de cais, 109
africanos urbanos, 45
Afro-América
capitais da, 36-37
expectativa e rumores que circulavam na, 99-100
fluxo de informações e notícias na, 95--96, 114-115
vento comum como vínculo entre as sociedades da, 135
agricultura comercial, 37
alcabala (imposto sobre vendas), 189
Alien and Sedition Acts, 216
Anderson, Joe, 89
Anketell, Thomas, 150
antiescravidão francesa, 176, 182
Antoine, 142-143
asiento (sistema de assentamento), 69-70
asilo religioso, 79-80
Atos de Navegação Britânicos, 65
Atwood, Thomas, 148

B

Bailly, Pedro (ou Pierre), 195-196, 204

Balcarres, Lord, 40, 52
batistas
aceitação pelo escravo Adam, 88-89
introdução à Jamaica, 76
pregadores batistas, 130 (n. 8)
Bartlett, Robert, 160
barcos de banana-da-terra, 85-86, 89
Bayamo, 42-43, 81, 83, 187
Beckford, William, 104
Benoit, Luis, 197
Bermuda, 89, 98
Besse, Martial, 75
Biassou, 179-182
Bob (escravo jamaicano), 88
Bolívar, Simón, 221
Boukmann, 72
Bowers, Newport, 203-205, 208
Bridgewater, 205
Brown, Michael, 211 (n. 43)
Brown, William Wells, 222
Bruny (capitão naval), 138
Brutus Town, 32
bucaneiros, 25-26, 29, 37, 59, 64
Buenos Aires, 37, 121
Bullman, Thomas, 168

C

Cabello, Domingo, 117
Cádiz, Juan de, 97
"Caixa de Pandora", 52
canções populares, 172 (n. 62)

cantos de trabalho, 63

Cap Dame-Marie, 71-72

Cap Français, 36-37, 39, 41-42, 45, 49, 51, 60, 64-65, 67, 72, 125-129, 137-140, 152-154, 157, 176-178, 180-181, 193, 195, 197-198, 200, 203, 205-206

Cap Tiburon, 67

Caracas, 37, 41, 43, 65, 70, 78-79, 97, 114, 118--121, 136, 138, 142, 144-145, 176, 183-186, 188-189

Caribe

desenvolvimento econômico no, 69

emigração para o US, 197-202

Era da Revolução no, 37

imigração negra norte-americana para o, 76

interesse pela Revolução Francesa proveniente do, 144-145

Louisiana compartilhando várias características com colônias insulares do leste do Caribe, 192-193

população subterrânea, 60-61, 63-64

rebeldia no Caribe Britânico, 55 (n. 8)

sem senhores, 30, 42, 95, 208

St. Thomas como primeiro porto livre no, 65

Carondelet, Barão de, 193-194, 196-197

Cayes, 39, 65, 67-68, 153, 161, 205, 221

cédula, 70, 81, 97, 114, 117-121, 141-143, 192--193

Cellestine (nascido em Dominica), 143

Chacon, José María, 142-144, 146, 150, 187--188

chalupas, 85, 88, 161

Charmant (cabeleireiro), 160

Charming Sally, 154

Chirinos, Jose Leonardo, 190

Christophe, Henry, 72, 75

City Gazette (Charleston), 203

Claiborne, W. C. C., 197

Clarkson, John, 110

Clarkson, Thomas, 108, 110, 124

Club Massiac, 123-126, 128

cobreros, 34-35

Cocofio, 121

colônia de escravos

Jamaica como colônia de escravos britânica, 163

Saint-Domingue como a mais rica e lucrativa do mundo, 29-30

comércio regional, 37, 66, 69

comércio/tráfico ilegal/lícito, 40, 65, 67, 69, 73-74, 77-78, 81-82, 148

Companhia de Caracas, 97

código escravo de 1789, 171 (n. 40)

código de 1789, 120-121

comércio livre, 70, 136, 184

comunicação. Ver também folhetos; gazetas; jornais; panfletos; rumores

atuação de pessoas estrangeiras sem senhores na, 166

comunicação intercolonial, 65, 145

habilidades especiais de escravos e pessoas livres de cor, 143

proibição de comunicação entre escravos locais e estrangeiros, 165-166

rede [informal] de informações, 96, 98--99

rede regional de, 135-136, 140

revolta dominicana de 1791, 149-150

vários canais de, 95-96, 107

comércio de escravos, 28-30, 69, 99-102, 104-107, 108-115, 123-125, 129, 136-137, 146, 149, 155-156, 196-197, 220

Congo Jack, 164

controle social, 61, 77, 95

conspirações, 83, 107, 155-156, 176, 183, 196--197, 206-207, 215, 221-222

contrabando, 50, 52, 56 (n. 29), 65, 69, 71, 77-78, 82, 85, 176, 188-189, 217

Convenção de 1791, 84

Convenção Nacional, 84, 166, 168, 176-180, 182, 201-202, 206-207

Conselho das Índias, 114-116

corsários, 66, 99, 187-188, 191, 206, 219

Cuba

ansiedade oficial sobre a atividade quilombola, 34

auge do açúcar, 28

comércio de pequenos navios como fonte mais confiável de informações sobre o que ocorre em Saint-Domingue e na Europa, 170 (n. 15)

comércio ilegal em, 77-78

como economia de *plantation*, 114

conexão comercial da Jamaica com os espanhóis em, 66

decisão da Coroa de proteger fugitivos negros em, 79

deserção de escravos em, 35, 80-85, 90

escravos fugitivos atraídos para, 80-85, 90

escravos fugitivos da Jamaica, 33-34

escravos jamaicanos desertando para, 94 (n. 69)

Haiti tomando lugar de Cuba como foco das queixas dos oficiais britânicos sobre escravos abandonando a Jamaica, 221

influência das ideias da Revolução Francesa em, 176

investimento na indústria açucareira, 29

marinheiros britânicos naufragados fugindo para, 78

população branca de, 29

população negra livre em, 42

refugiados franceses em, 177

Cuffe, Paul, 74

Curaçau, 66, 68, 70, 72, 79, 84, 121, 162, 183, 188-192

    Curaçau Holandesa, 67-68

    revolta de Curaçau, 191-192

Currie, James, 101

D

Daniel, 76-77

Daniel (jovem homem pardo em Kingston), 88

Daphne, 160

d'Auberteuil Hilliard, 49

Davison, John, 154

Décimo Regimento de Infantaria, 53

Declaração dos Direitos do Homem, 100, 123, 155, 167-169

Declonet, Luis, 195

Decreto de Maio, 151

"Decreto Policial" de 1789 (Grenada), 62

Delrrival ("negro livre"), 180

desenvolvimento econômico, no Caribe, 69-70

Dinamarca, criação de St. Thomas como primeiro porto livre do Caribe, 65

deserção

    de escravos, 31, 36, 46, 50-53, 82-84, 138

    de marinheiros, 78, 108

    de negros das ilhas britânicas, 80

    dos militares, 77, 95

Deslondes, Charles, 197

Dessalines, Jean-Jacques, 220

D'Estaing, 75

Deus, Joao de, 212 (n. 52)

Diana, 88

Dick, Solomon, 76

Dineley, William, 111, 156

Dominica, 65, 69-70, 103, 141, 146-151, 191--192

droggers (navios de pesca holandeses), 85, 87-89, 219, 221

Duchesne, Francis, 87

Dupuy, Jean, 193

E

Echenique, Juan José, 118-119

Edwards, Bryan, 48, 107

Effingham, Governador, 82, 112, 156, 158

Ellis, Mary, 53-54

emancipação negra, notícias que alimentaram esperanças de, 97-100

embarcações, como refúgio para descontentes, 59

emigração

    de negros livres dos Estados Unidos para o Haiti, 221-222

    de Saint-Domingue, 197-202, 203-204, 207-208

    de Savannah para Jamaica, 75-76

escravidão, fim da, 208

escravos, extenso contato com marinheiros, 62-64

Equiano, Olaudah, 59, 74, 87, 111-112

escravos crioulos, 71-72, 117, 120-121, 159

escravos fugitivos, 25, 27-28, 30-37, 40-42, 47-52, 59, 68-69, 71-72, 76-86, 88-91, 95,

97, 99, 106-107, 126, 128, 141-144, 147-148, 158-159, 161, 179-181, 183-184, 189, 201-202, 221

Eskirkin, George Theodorus (Dorus), 53-54

Estados Unidos

Alien and Sedition Acts, 216

apoio à Revolução Francesa entre organizações de marinheiros, 154

comércio com Saint-Domingue, 74, 153, 216

delegação para solicitar assistência no combate aos rebeldes negros, 152

efeito da revolta de Saint-Domingue na política dos, 196

emigração de negros livres para o Haiti, 222

migrações do Caribe para, 197-202

rebeliões negras no Caribe assustando senhores de escravos e inspirando escravos nos, 73

trabalhadores negros escravizados nos, 99

tratado comercial entre as Índias Ocidentais Francesas e os, 75

estrangeiros

comércio de escravos estrangeiros, 114--115

escravos estrangeiros, 72, 144, 158-159, 183

lei de escravos estrangeiros, 159

navios negreiros estrangeiros, 69-70

reação dos jamaicanos brancos aos, 67--69

exclusif francês, 65, 67

F

Falmouth, 38

Fame, 111

Flores, Luis, 180

Flores, Rafael, 180

flota espanhola, sistema de, 65

fogos de artifício, foguetes, 186

Fouchard, Jean, 56 (n. 20)

Fox, 205

folhetos, 122, 145, 162, 179

Free Port Act (Ato de Porto Livre), 65, 68, 164

Freneau, Peter, 203

Fuller, Rose, 68

Fuller, Stephen, 105-106

G

Gabriel, 207, 215. Ver também Prosser, Gabriel

García, governador, 181

García de Quintana, Francisco, 118

Gardoqui, Diego de, 192

gazette de Saint Domingue, 41

gazette officielle de l'état de Hayti, 220

gazetas, 137, 145, 150. Ver também *Royal Gazette*

gens de couleur, 123, 125, 127-128, 201

Ginna, 206

Gonaïves, 39

González, José Caridad, 121, 189-190

Gordon Riots, 130 (n. 10)

Granada, 62, 87-88, 141-143, 145, 148, 167

Grandes Antilhas, 28, 70

Guadalupe, 78-79, 124, 141, 147-150, 184

Guillelmi, Juan, 72, 144, 189

Guy ("menino de espera"), 164

H

Haiti

emigração de negros livres dos Estados Unidos para, 221-222

independência do, 42-43, 197, 220

manifestação de cidadãos negros a favor da independência, 221-222

substituindo Cuba como foco das queixas dos oficiais britânicos sobre escravos foragidos da Jamaica, 220--221

temor de, 207-208

Hall, Prince, 208, 220

Hamilton, Henry, 51

Hampton, Wade, 197

Havana

atividade econômica e reforma em, 37

cédula de 1789, 70, 117

como uma capital de Afro-América, 36-37

ocupação britânica de, 29
pessoas livres de cor em, 42
prisioneiros políticos enviados para, 195
problema de escravos fugitivos em, 41
"Heads of Inquiry" ("Pontos de Investigação"), 105
Hector (pedreiro africano), 143
higgler (vendedor ambulante), 46
Hispaniola, 28-29, 38, 66, 80, 114-115, 138, 156-157, 160-162, 164, 175, 178, 181-182, 184, 186, 188, 197, 205-207
Holguin, 38
Humboldt, Alexander von, 42-43, 188
Hunter, Robert, 48
Hyam, Jacob, 53-54

I

idiomas pidgin e crioulo, 63-64, 128, 170 (n. 18), 189
ilhas cedidas, 192
imigração
de norte-americanos negros para o Caribe, 76
de Saint-Domingue, 202
desencorajamento da imigração de negros estrangeiros, 69
incentivo à imigração de escravos fugitivos de colônias estrangeiras, 83
leis que restringiam a imigração negra das Índias Ocidentais, 200
para Saint-Domingue, 48-49
uso de imigrantes contratados, 47-48
imigrantes contratados, uso de, 47-48
Império britânico, movimento para abolir o comércio de escravos, 114, 123-124
Império espanhol. Ver também cédula
esforços para apagar a influência francesa em Venezuela e as revoluções em seu território, 186
monitoramento do progresso da rebelião negra em Saint-Domingue, 178-183
movimento para reformar o comércio de escravos em, 114-121
prevenção da influência da Revolução Francesa, 137-138

independência, 40
Índias Ocidentais, conexões com a América do Norte Britânica, 73-77
informação
fluxo de, 95-96, 107
troca de, 135

J

Jacmel, 39, 67, 219
Jamaica
animosidade contra os espanhóis em, 173 (n. 83)
chegada de negros de Saint-Domingue, 158-162
como centro do comércio de contrabando, 69
emigração de Savannah para, 75
entrada no sistema de portos livres, 65-66
escravos domésticos fugitivos de Saint-Domingue em, 173 (n. 68)
impacto das notícias da rebelião em Saint-Domingue sobre, 156-157
importância econômica de açúcar, 28-29
inquietação de escravos em, 30
introdução da fé batista em, 76
manejo da deserção em, 51
papel no comércio regional de contrabando, 56 (n. 29)
pessoas de cor livres em, 44
Jean-François, 179, 181-182, 195, 203
Jean-Louis, 128
Jemmy, 89
Jeremiah, Thomas, 130 (n. 5)
Jérémie, 39, 67, 161
Jesús, Diego de, 117
"Jingling Johnies", 52
John (natural de Grenada), 143
Johnson, William, 205
jornais, 51, 53, 61, 66, 71, 79, 86-88, 95, 103-106, 115-116, 124-125, 128, 136, 139-140, 142, 144-146, 150-151, 155-156, 168-169, 193, 199, 201-204, 206, 221-222. Ver também jornais específicos
Juno, 204-205

K

Kelly, James, 62-63, 87

King, Tom, 59

King John, 143

Kingston

"ar de insolência" entre negros em, 113

casa de correção em, 68-69, 76, 79, 159, 161, 204

circulação de informação sobre a insurreição em, 156

como centro de comércio na órbita britânica, 37

como uma capital de Afro-América, 36-37

imigração de pessoas de cor livres da Jamaica para, 44-45

população de, 36-37

problema de escravos fugitivos em, 40--41, 70

refugiados franceses em, 159

seção "Damnation-alley" de, 36

Kitty (vendedora de mercadorias ao redor de St. George), 143

L

La Guaira, 120, 184-187, 189-190

La Luzerne, 63, 124, 126

L'Ami de la Liberté. l'Enemi de la Licence (*O Amigo da Liberdade, o Inimigo da Licença*), 150

"La Pierre" (mulato francês), 142

La Salle, A. N. de, 122, 125

Las Casas, Luis de, 175, 177-178, 180

Lees, Joseph, 53

lei marcial, 157, 164

Leis de Deficiência, 48

levantes/revoltas/rebeliões/motins de escravos, 31, 33-34, 36, 44-45, 47, 66, 72--75, 87-88, 97-101, 104-107, 116-117, 119-121, 124, 127-129, 130 (n. 10), 135, 137-138, 140--141, 146, 148-149, 151-154, 155-158, 161-164, 166, 175-181, 183, 188-192, 193-195, 196-199, 201-203, 206-208, 215, 217

Liele, George, 76

Liston, Robert, 218

London Committee, 123

long boats, 85

Louisiana, como compartilhando várias características com as colônias insulares do Caribe oriental, 192-198

Luís XVI, 123, 126, 166

Lucea, 38, 166-167

M

Mackandal, 47, 72

Maitland, Thomas, 215

Mansfield, Lord, 97-98, 100

Maracaibo, 187-188, 216

Marco Antônio, 180

Marine Anti-Britannic Society, 154

marketing, sistemas internos de, 46-47

marinheiros

abusos contra, 111

desertores e dispensados, 108-110

extenso contato com escravos locais, 62-64

legislação direcionada contra marinheiros nas Índias Ocidentais, 61-62

marinheiros europeus que viajaram para colônias das Índias Ocidentais, 60-61

nas redes subterrâneas do Caribe, 60--61, 63

marinheiros de passagem (*Jack Tars*), 61

Martha Brae, 38-39

Martin, Richard, 82

Martinica, 49, 79, 97, 124-127, 137, 146-149, 151, 184

McArthur, John, 173 (n. 72)

McGregor, John Wilcox, 82-83, 90

"mercado branco", 64

metodistas, 89; pregadores metodistas, 130 (n. 8)

"migrantes a barco", 80

mobilidade

barreiras para dificultar mobilidade de negros e pardos, 143

do trabalho, 26-27

durante os primeiros anos da Revolução Haitiana, 162-166

inter-ilhas, 54, 68, 78, 95, 148

ÍNDICE REMISSIVO

Moïse, 71-72
Môle Saint-Nicolas, 39, 65, 67
monocultura do açúcar, 28
Montego Bay, 33, 38-39, 68, 164-167
moreno, 43-44, 57 (n. 45)
Moultrie, Governador, 200
Moreau de Saint-Méry, 60, 64, 67, 137
mulato, 42-45, 47, 49, 51-52, 69, 75, 123, 128, 138-140, 142, 148-152, 158, 160, 162, 177, 179-180, 183, 186-187, 195, 198-199, 205, 217
músicos negros, em regimentos militares, 52-54

N
Nailor, Jack, 54
Nancy, 87, 205
Neale, Jeremiah, 88
negros norte-americanos
    como testemunhas das primeiras fases da revolução em Saint-Domingue, 204
    no Caribe, 76
    viajando para Saint-Domingue, 205
negros franceses, 79, 90, 158-160, 164, 169, 182, 185, 189-191, 198-201, 204, 206-208
negros marinheiros, 89-91, 143
Nova Granada, 117
Nova Orleans, como destino de muitos durante a Revolução Haitiana, 194
Nicoló, 180

O
Ogé, Vincent, 128-129, 138-140, 151, 154
"Old Blue", 89-90
Olivares, Juan Bautista, 186
Orde, John, 103, 147-150
Osorio, Gregorio Cosme, 35

P
Paine, John, 169, 175, 179, 204
Paine, Tom, 113, 167-169, 172 (n. 52)
panfletos, 107, 122, 162, 168, 176, 179, 193, 221
pardo, 43-44, 57 (n. 45)
pardos de Curaçau, 190
Parker, Hyde, 217, 219

Parker, Robert, 33
Parry, Governador, 86, 110-111
paz de 1783, 67, 99
pesos fuertes, 77
pessoas de cor livres, 42-44, 49, 78, 86, 95, 117, 123-124, 128-129, 136, 140-141, 143, 145-146, 148-149, 158, 180, 185, 194-195
Petit-Goave, 71
petits blancs, 49
Pettigrew, Ebenezer, 199
Phebe (costureira), 46
Philip ("negro espanhol"), 165-166
Phillips, Joseph, 72
Phillips, Williams, 72
Pierrot (ex-escravo), 181-182, 203
Pinney, John, 101
piratas, 25-26, 59, 88
Pitt, William, 102-103, 105-106
plantation
    consolidação, 28
    dissidentes, 40-41, 71
    monocultura de, 25
Plymouth, 72
Porlier, Antonio, 115-116
Port Antonio, 38, 89
Port-au-Prince, 39, 65, 67-68, 71-72, 126-127, 153-154, 180, 204-205. Ver também Port Républicain
portos livres, 39, 65-66, 67-68, 69-70, 141, 147, 160
Port Républicain, 219
Port Royal, 25, 37, 39, 42, 51, 59, 61, 85, 88, 140, 160-163, 219
Pousson, Jean, 193
Poydras, Julien, 196
Primeira Guerra dos Quilombolas (Maroon War), 34
Prosser, Gabriel, 207
Puerto Príncipe, 38
Porto Rico, 70, 78-80, 84, 114-115, 138-139
Puncel, Josef Isidro, 51-52

Q
Quakers, 101-102, 164
quilombolas, 30-32, 34-36, 39, 47, 72, 217

R

Raimond, Julien, 123

rede de comunicação informal dos escravos, 96, 98-99

rebeldia, no Caribe Britânico, 55 (n. 8)

Reed, Samuel, 53

"Republicanismo puro", 172 (n. 52)

reformistas borbônicos, 65, 80, 99-100, 115

Regan, James, 50

regulamentos de livre comércio, 67

renegados, 141

republicanismo irlandês, relação com a Revolução Francesa, 58 (n. 73)

resistência popular, 27, 50, 54

revolta de Coro, 189, 192

revoltas Church and King, 130 (n. 10)

Revolução Francesa
  adaptação da ideologia igualitária à política racial do Caribe, 180
  amplo apelo das ideias e exemplo da, 176
  celebrações contrarrevolucionárias, 168--169
  dimensão pública das ideias e políticas da, 166, 168-169
  hostilidade dos oficiais espanhóis em relação à, 138
  impacto sobre a eventual liberdade negra nas Américas, 121-129
  impacto sobre os brancos na Jamaica Britânica, 139-140
  interesse do Caribe, 144-145
  relação do republicanismo irlandês com a, 58 (n. 73)

Revolução Haitiana, 113
  Controversa "deserção" de Toussaint, 182--183
  ideias de autodeterminação e abolição desencadeadas pela revolução, 207--208
  Nova Orleans como destino para grande número de escravos e pessoas de cor livres durante a revolução, 194
  preocupação causada por estrangeiros de cor durante seu desenvolvimento, 84
  questão da mobilidade nos primeiros anos da, 162-166

Rigaud, André, 75, 191

Rising Sun, 205

Rogers, James, 156

Royal Gazette, 156, 159, 162

rumores
  influência na política, 146
  sobre libertação, 136
  uso para avançar esperanças de emancipação negra, 97-98, 99-100

S

Saint-Domingue
  americanos e britânicos debatendo o futuro de, 216
  atração do transporte estrangeiro para, 67
  contatos entre comerciantes e fazendeiros de Saint-Domingue e ingleses, espanhóis, holandeses e dinamarqueses, 66-67
  crescimento econômica em, 29
  emigração massiva de, 197-202, 203-204, 207-208
  frustração do sonho de reconstruir, 219--220
  grupo diversificado de marinheiros europeus em, 63-64
  invasão espanhola, 184
  negros e pardos de Saint-Domingue participando da guerra pela independência norte-americana, 75-76
  negros norte-americanos viajando para, 205
  oportunidades de fugas de escravos, 35-36
  orientação para suas cidades, 38-39
  revolta de escravos de 1791, 45
  revolução de escravos em, 68-69, 72, 112, 151-156, 176-177, 182-183, 196-197, 208, 222

Saint-Marc, 39, 161

"Sans-Peur" ("Sem Medo"), 72

Santiago de Cuba, 34-35, 38-39, 41-42, 70, 81-82, 136, 176, 217

Santo Domingo, 70, 117, 138-140, 143, 180--182, 184, 186, 222

Savanna-la-Mar, 38, 53, 168-169
sem senhor/es
   convites à ausência de controle, 40
   embarcações como abrigo para as pessoas sem senhores, 86
   existência sem senhores, 26, 77
   expulsão de escravos das fileiras dos sem senhores, 44-45
   franceses sem senhores, 186
   franco-falantes fugitivos sem senhores, 144
   homens e mulheres sem senhores, 27, 36, 49-50, 54, 121
   marinheiros que viviam sem senhores, 63-64
   negros e pardos sem senhores, 59, 158, 181, 204
   "O Caribe sem senhores", 30, 42, 95, 208
   personagens sem senhores, 90
   perspectiva das pessoas sem senhores, 189
   pessoas sem senhores, 25, 46, 91, 95-96, 108-109, 118, 120, 165-166, 216
   presença urbana das pessoas sem senhores, 44
   subcultura das pessoas sem senhores, 64
Sevilha-Cádiz, monopólio sobre o comércio com as Índias, 65
Shange, Ntozake, 222
Sharp, Granville, 102, 111-112
Serra Leoa, 74, 109, 203
Sims, John, 53-54
Smith, Governador, 96
Sociedade dos Amigos dos Negros, 123
Sociedade para a Abolição do Tráfico de Escravos, 102
Sociedade dos Colonos Americanos, 123
Sociedade dos Colonos Franceses, 123
Somerset, James, 98, 100-101
Sonthonax, Leger Felicité, 176, 203
Spanish Town, 44, 54, 59, 113, 156, 159, 162-163, 169
St. Ann's Bay, 38, 61, 82-83, 90
St. Croix, 68, 80
St. Eustatius, 69-70, 79, 84
St. James, comitê de segurança, 164-165
St. John, 80

St. Kitts, 72, 80, 87, 136, 161
St. Maarten, 79
Strafford, Thomas, 221
St. Thomas, 65, 68, 80, 88
subterrânea, 27, 52-54, 60, 63-64, 114, 162
subversão, 95
Sydney, Lord, 105

T
Thompson, E. P., 26, 174 (n. 91)
"Toelo", 192
Toussaint Louverture, 182, 192, 215-220, 222
Tratado de Haia, 191
trabalho livre, 26-27, 106, 181
Trinidad, 38, 79-80, 82, 84, 96, 106, 141-145, 150-151, 160, 184, 187-188, 192
Tucker, St. George, 208
Turner, Nat, 197

V
Vaillant, Juan Baptista, 35, 82
Venezuela, 66, 72, 84, 114, 121, 136, 183-189, 216, 221
"vento comum", uso do termo, 135
Vesey, Denmark, 197, 221-222
Viloux, Jean, 146, 150

W
wherries, 85
Whitefield, George, 74
Whittaker, John, 33
Wilberforce, William, 110-114, 168-169, 220
William (um barbadense), 79
William ("escravo marinheiro bem conhecido em Grenada"), 87
Williams, Paul, 204
Williamson, Adam, 31, 39, 112, 199
Windward Passage, 39
Windwards/Ilhas de Barlavento, 80, 141
Winn, J. L., 164-165
Wordsworth, William, 220

Z
zambo, 183, 188, 190
Zong, 112

Título	O vento comum: correntes afro-americanas na Era da Revolução Haitiana
Autor	Julius S. Scott
Tradução	Elizabeth de A. S. Martins
Revisão da tradução	Lucas Koutsoukos Chalhoub
	Elizabeth de A. S. Martins
Coordenador editorial	Ricardo Lima
Secretário gráfico	Ednilson Tristão
Preparação dos originais	Laís de Souza Toledo Pereira
Revisão	Luis Dolhnikoff
Editoração eletrônica	Ednilson Tristão
Design de capa	Estúdio Bogari
Formato	16 x 23 cm
Papel	Avena 80 g/m^2 – miolo
	Cartão supremo 250 g/m^2 – capa
Tipologia	Minion Pro
Número de páginas	256

ESTA OBRA FOI IMPRESSA NA GRÁFICA CAMACORP VISÃO GRÁFICA
PARA A EDITORA DA UNICAMP EM DEZEMBRO DE 2024.